酢屋一族の日本史

加田主岐《かたすき》の系譜／時代の転換を支えた堺衆

酢谷能政

花伝社

まえがき

物心ついた時分から、酢谷《すたに》という苗字は自分でも珍しい苗字だと思っていました。私としては、昔、家業で米屋をやっていたので、多分「酢」も扱っていたのではないかと考えていたのです。

電話で「すたにさんはどのように書きますか?」と訊かれたとき、「お酢の酢です」とか、「料理の酢です」とか、あげくに「酢豚の酢」がわかりやすいのかなとか、「酉偏《とりへん》に作るの旁側《つくり》です」とか説明しているうちに、だんだんややこしくなって、結局巣谷さんとか須谷さんになって郵便物やファックスが返ってくることもありました。名刺を出しても、「すや」と読まれることの方が多いのです。ただ、北陸の富山や福井のホテルで「すたにと言います」と伝えると、すらすら「酢谷」と書いていただいたことがあり、北陸地方には酢谷姓があることから出自は北陸なのかと思っていました。

このような経験から定年後は、誰もが思うように自分のルーツについてゆっくり調べてみたいと思っていました。また、私の家には「堺で桂小五郎を助けた」という伝聞があり、この話を母から何度も聞かされていましたので、この件についても調べてみたいと思っていました。しかし手掛かりもなく、この話をこの頃まで私は疑ってさえいました。

ところが平成一八（二〇〇六）年夏、親戚のおばさんによって、母のもとに木箱に入った杯など、先祖にゆかりのある品が届けられたのです。母は平成一六（二〇〇四）年秋のお彼岸の頃、堺の西湊の延長寺に墓参りした帰り、偶然、湊駅前にある本屋さんで郷土史研究家の鎌苅さんと「堺で桂小五郎を助けた」とい

桂小五郎 堺に潜伏か

「お礼」の錫杯発見

幕末のころ、幕府側に敗れて京都から逃走した倒幕の志士・桂小五郎（後の木戸孝允、1833〜1877年）をかくまったとされる堺市の旧家の親類の家から、桂が「お礼に」と贈ったという錫の杯が見つかった。桂の潜伏先としては兵庫県北部の出石（現・豊岡市）が有名だが、堺に逃れたという記録は見つかっておらず、歴史研究家らが鑑定の行方や資料収集に関心を寄せている。

酢谷家が桂小五郎から贈られたとされる錫杯

現在錫の杯を所有しているのは、先祖が現在の堺市堺区西湊町で米屋を営んでいたが、現在は他県に移り住んでいる酢谷博子さん(84)。品物は今年9月、親戚の家が取り壊される際に偶然、発見された。錫の杯、九谷焼のぐいのみなど3点で、酢谷さんの伯母が「木戸さんからもらった」と大事にしていたのを譲り受けた。

酢谷家の言い伝えでは、幕末のころ、4代前の当主・藤七さんの弟がネギ畑で畑仕事をしているときに、桂が「京都から逃げてきた。かくまってほしい」と依頼。桂はしばらく酢谷家に潜伏した後、この弟を一緒に連れて行ったという。

明治時代になって、お供を連れ、立派な服装をした弟が実家に寄り、「木戸様から『おれに』と預かってきた」と言って、いくつかの品を置いて行った。弟は、桂の引き立てで明治天皇の衣装係となったのだと家族に説明したという。

旧家の親類宅、言い伝え

しかし酢谷さんは「銀の杯か何かの焼き物と聞いていたのですが、現物がなかったので、これまで口外しませんでした」という。

見つかった品物の箱書きに署名などはなく、どれが桂が贈った品なのかは不明だが、有力視されているのは錫の杯。箱書きと杯の裏に「蔵六」の銘が刻まれている。京都市中京区に代々続く鋳金の名工、6代目秦蔵六さんは、杯と特徴ある銘を見て、「うちの初代の作に間違いない」と話す。

秦家に残っている資料によれば、初代は明治6（1873）年、宮内省から純金の天皇御璽製作を依頼され、同年3月から11月に皇居内に住み込みで作業をしたといい、現在でも初代がつくった作品が宮内庁に残っている。明治天皇の信が厚かった桂が秦蔵六の作品を持っていても不思議はないという。

京都市東山区にある霊山歴史館の木村幸比古学芸課長は「桂は元治元年（1864年）の禁門の変で幕府側に敗れ、出石へ逃れたが、堺へ寄ったとすれば、その前後だろう」と推測。翌年出石から地元・長州へ戻る際には、大阪を経由したという記録も残っている。

堺の歴史発掘に力を入れる堺市教委の担当者は「事実とすれば、明治維新に堺が重要な役割を果たしたことになる。幕末から明治にかけての堺の歴史を洗い直したい」としている。

桂小五郎　長州藩士の政治家。幕府側から追われる身だったころには、巧みに逃げるさまを表して「逃げの小五郎」と呼ばれた。藩の指導者となり、薩摩藩とともに幕府を打倒し、明治維新後は内務卿など要職を歴任。版籍奉還・廃藩置県などに尽力した。晩年は宮内省にたびたび出仕し、明治天皇が病床の木戸を手厚く見舞われるほど宮中とのかかわりは深かった。

2006 年 10 月 24 日　産経新聞

う立ち話をした縁があり、この杯の由来を調べてもらうことが出来、そのことが産経新聞に掲載されました。この記事がきっかけになり、私は調べを始めたのです。

まず苗字の由来については、明治時代になって平民も苗字を持つことが許されたこと、しかしなかなか苗字を持とうとしなかったため、明治八（一八七五）年に、すべての国民が姓を名乗ることが義務づけられたことに着目しました。この時、「祖先以来ノ苗字不分明ノ向キハ新ニ苗字ヲ設ケ候様」と通達され、国中が慌てて名前を付けたようです。パターンとして多いのが家の商売などをそのまま姓にしたもので、「〜谷」（ヤ、タニ）が多いのは、「〜屋」を置き換えたものであることを知りました。つまり酢谷も、明治になって屋号の酢屋からの改名だったと考えられます。それから堺市博物館で元禄の堺の町割り模型を見て、江戸時代の酢屋について調べ始めたわけです。

私の本籍地は堺の西湊で、元禄の堺の町割りから見ると外れており、元禄の町に酢屋の存在は期待はしていなかったのですが、町割りの中心部に大量の酢屋一族が住んでいることを発見しました。そして堺市立図書館にて、江戸時代の酢屋に関する市史資料を収集し、二年ほどかけて「堺衆酢屋一族の出来事」という小誌を作成しました。

その概要ですが、戦国時代、イエズス会宣教師に〝東洋のベニス〟と言わしめた堺は、商人が治める自由都市として栄えていましたが、大坂夏の陣で焼け野原になります。その後復興され、町は四つの郷に分かれ、郷の代表者の協議で運営された日本一の商人の町となり、鎖国時代には糸割符と呼ばれる貿易商人の町として繁栄を重ね、西鶴の「日本永代蔵」に登場するように裕福な家が多くあったといいます。やがて北前船や樽廻船によって大坂から江戸までの舟運が開け、堺の商人は北から南まで全国に商圏を広げていきます。これらの商人を堺衆と呼び、津々浦々の城下町には堺町があったのです。

この堺に酢屋と呼ばれる商家がありました。江戸時代、糸割符商人から始まり、材木商・両替商・薬種商・米問屋などを兼ねる万問屋であり、舟運が発達すると全国に商圏をもつ商家の一つとなったということです。その酢屋が幕末、桂小五郎と関わったのです。

この小誌を作成した頃、私は、酢屋は桂小五郎を積極的に助けたと解釈していました。ところが数年後、鎌苅さんに誘われ、堺市の歴史研究会に参加させていただき、幕末の堺の町の家族構成に異変があったことに気付きました。これをきっかけにもう一度洗いなおさなければならないと感じたのです。さらに、江戸時代以前の酢屋の出自は何処か、名前の由来も知りたいと感じていました。

その後小誌を北海道、富山や東京に住む酢谷さんや秋田の酢屋さんに送り、それらの方々が、堺の酢屋とつながっていることが確信できました。江戸時代以前を調べるきっかけは、秋田の酢屋さんからいただいたお手紙でした。吉川英治氏の「私本太平記」の中に酢屋の女房が登場するので調べてみては、というヒントを頂き、楠木正成を棟梁とする中世の武士団に所属する一族であったことを知り、橘系図の中に酢屋二郎兵衛の記載を発見したのです。

続けて、出自地が酢屋の姓に由来したことを発見しました。その出自地は南河内の蘇我氏別業の地で、推古天皇に関わりがあることも知ったのです。さらに、各時代における酢屋の存在を探し出し、点と点がつながるように、古代から幕末まで酢屋一族の出来事を整理したわけです。

すなわち酢屋一族とは、古代の蘇我氏に始まり、楠木正成と共に建武の新政を作り、南朝崩壊後の室町時代は管領畠山氏の重臣となり応仁の乱を経験し、応仁の乱後河内に戻り、蓮如上人と関わり、証如上人時代は織田信長との石山戦争に関わり、本能寺の変によって徳川家康と関わり、江戸時代堺衆として日本中を商圏とした一族であることを知ったのです。そして一族は、江戸末期の動乱で桂小五郎と関わり、なぜかその商圏が崩壊したのです。

日本の歴史というのは、その時代時代の勝者である主人公を中心に描かれており、主人公に関わった脇役のことはあまり語られていません。酢屋一族は日本の通史に脇役として登場する稀な一族です。しかも、日本の変革期に関わった一族なのです。

私は酢屋一族の歴史は、個人としてのルーツにとどまっていないと考え、本書を出版するに至りました。酢屋の名前の由来に始まり、古代から幕末までの酢屋一族が関わった出来事を読んでいただくことによって、歴史は古代から現代までつながっていると感じ取っていただけたら幸いです。

酢谷能政

酢屋一族の日本史——加田主岐の系譜／時代の転換を支えた堺衆◆目次

第Ⅲ部　戦国の時代と「すや」

第Ⅳ部　経済・文化の発展と「すや」の興隆

歴史とは、営みの連鎖である。

第I部

「すや」の発祥

第1章　橘系図に見る酢屋二郎兵衛の出自

1　系図の歴史と「系図纂要」

系図纂要《けいずさんよう》・橘系図の中に一か所、「酢屋《すや》」という氏姓が登場します。

まず、「系図纂要」と日本の系図の歴史について触れておきます。日本の系図の原点はいわゆる「尊卑分脈《そんぴぶんみゃく》」と言われるものです。「八色の姓《やくさかばね》」や「新撰姓氏録《しんせんしょうじろく》」のように、氏素性を明確にして地位を確立しようとする考えは古くからあり、その基本となるものとして、帝紀や古代氏族の個別系図があったのでしょう。平安時代、その流れを受け、神社の社家や公家は自らの地位保全のため系図を作成しました。特に藤原氏などは独自に系図記録所があったと考えられています。

それから約七百年経った室町時代になって、いままでの集大成として作られたものが「尊卑分脈」です。要するに「尊卑分脈」には、室町時代までの系図が多く残されているのです。ちなみに「尊卑分脈」の尊卑とは皇室と諸氏族、または嫡庶という意味を含ませており、あえて貴賤の意にとることはなく、分脈は分流・

支流という意味であり系図の雅語に他なりません。

江戸時代に入ると、水戸徳川家が「大日本史」を編纂するにあたり、元禄五（一六九二）年に「諸家系図纂」を完成させ、塙保己一が類別集成した「群書類従」では皇室系図などを復刻させます。このほか江戸時代には、武家の系図として「寛政重修緒家譜」や「徳川緒家系譜」などがあります。

これらさまざまな系図譜を各家系ごとに分類編纂したものが「系図纂要」であり、ほとんどの場合、「系図纂要」によって調べることが出来るとされています。この「系図纂要」の編者は幕末の国学者、飯田忠彦といわれますが、安政の大獄に連座し万延元（一八六〇）年六二歳で自殺したとされ、「系図纂要」は安政三（一八五六）年末までのものと推測されています。「系図纂要」は江戸時代に作られましたが、室町時代以前については「尊卑分脈」を参考にしているわけです。

江戸時代の武家社会でおびただしい系図が作られたのは、叙位任官のためとされます。戦国大名や近世大名の中には地方の豪族、すなわち地侍から身をおこした者も少なくなく、任官必要上源氏か平氏か藤原氏か橘氏、すなわち〝天下の四姓〟といわれた源平藤橘かそれにつづくランクの在原、清原、紀、伴、菅原につなげるために、いわゆる武士の血統系図が作られました。江戸時代の武士の中には「尊卑分脈」の中からめぼしい祖を拾い出し、創作した怪しいものもあるようですが、室町時代以前のものは「尊卑分脈」を基本としており、「尊卑分脈」に載る氏姓についてはその家では先祖をそのように考えていた、あるいはそう理解しようとしていたと考えられ、事実かどうか詮索することは意味がないといいます。すなわち、橘系図に出自する「すや」が、室町以前の出自なのかそれとも江戸時代の武士なのかによって、見方が変わってくるかもしれません。

2　橘氏のはじまり

では、橘系図とはどのように始まったのでしょうか。橘氏の起源は敏達《びだつ》天皇から始まっています。六世紀後期の天皇で欽明天皇の第二皇子です。母は宣化《せんか》天皇の皇女の石姫。兄の死によって皇太子となり欽明《きんめい》天皇の没後に即位します。

敏達天皇の最初の皇后は息長真手王《いきながまておう》の女の広姫ですが、広姫の死後、馬子の兄弟にあたる蘇我堅塩姫《そがのきたしひめ》の子、豊御食炊屋姫《とよみけのかしきやひめ》（推古《すいこ》天皇）を皇后に迎えており、蘇我氏系天皇を生む素地もできています。敏達天皇の四世孫にあたる美努王が県犬養三千代《あがたいぬがいのみちよ》と結婚して葛城王《かつらぎのみこ》（橘諸兄《たちばなのもろえ》）・佐為王《さいのみこ》と牟漏女王《むろのおおきみ》を産みます。

和銅元（七〇八）年、元明天皇から県犬養宿禰三千代が橘宿禰《たちばなのすくね》姓を賜わります。葛城王（橘諸兄）と佐為王は母三千代の死後、天平八（七三六）年、聖武天皇に臣籍降下を申し出て母の姓である橘宿禰姓を賜り、橘氏家系が誕生します。

ちなみに藤原氏は、中臣鎌足《なかとみのかまたり》が大化の改新の功により天智天皇に賜った藤原の姓を鎌足の子である不比等《ふひと》の代に認められたことに始まります。美努王が大宰帥《だざいのそつ》に任ぜられ筑紫に下向したその隙に、県犬養三千代を藤原不比等に奪われ光明子が誕生します。不比等は最初蘇我連子《そがのむらじこ》の娘娼子《しょうし》を娶って重要な地位に就き、武智《たけち》麻呂《まろ》・房前《ふささき》・宇合《うまかい》の三子をもうけ、娼子の死後、県犬養三千代との間に光明子をもうけたことで藤原氏が外戚として重要な地位を占めることになります。中臣不比等が藤原姓を名乗ったことに対抗するように、橘姓を名乗ったのです。

3　橘安麻呂の家系

酢屋は橘系図のうち、井堤《いで》橘系図と呼ばれる系図の中に出てきます。橘諸兄の子を奈良麻呂といい、その奈良麻呂には島田麻呂《しまだまろ》・清野《きよの》・清友《きよとも》・安麻呂《やすしまろ》・入居《いりい》と五人の子があります。四番目の安麻呂の出自が橘諸兄の別業の地である井堤に出自があったので、井堤橘家系と呼ばれています。

この橘安麻呂の系図に酢屋の記載があるのですが、橘安麻呂の家系は安泰な貴族の家系ではなかったようです。橘氏は藤原氏の対抗馬として誕生したため、常に政争の渦中にありました。藤原不比等の娘で聖武天皇の生母藤原宮子《ふじわらのみやこ》の称号を巡って、長屋王と藤原四兄弟とが衝突する事件（辛巳《しんし》事件）が起き、長屋王の

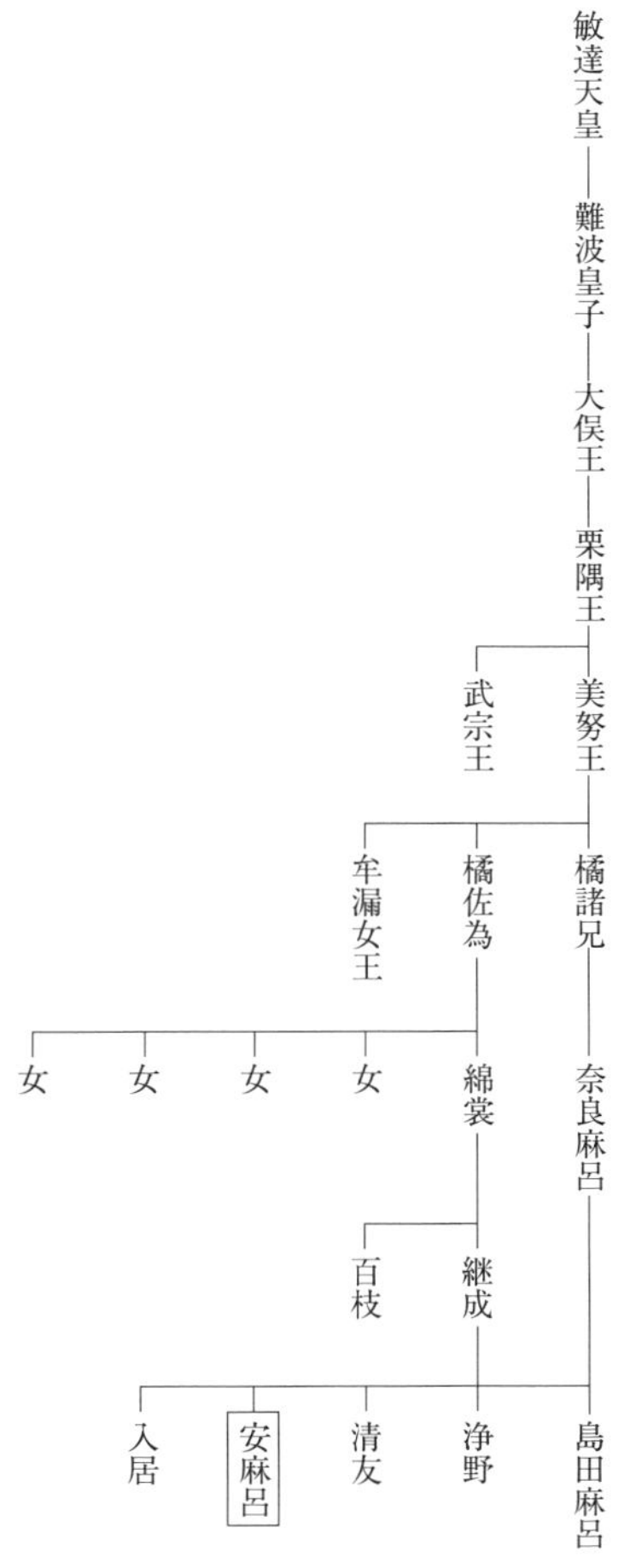

橘安麻呂までの橘系図

存在自体が自らの外戚としての地位を危うくする心配から、藤原四兄弟は神亀六（七二九）年二月、長屋王を無実の罪で抹殺します（長屋王の変）。しかし天平九（七三七）年、この事件の祟りなのか藤原四兄弟である武智麻呂、房前、宇合、麻呂及び橘佐為が、当時流行った天然痘により亡くなります。これで橘諸兄が右大臣になり、聖武天皇に一番近い存在になります。

天平一二（七四〇）年、藤原宇合の三男藤原広嗣の乱が九州で起こり、世情不安定になります。聖武天皇は平城京から紫香楽宮《しがらきのみや》、恭仁宮《くにのみやこ》、難波宮《なにわのみや》への行幸を繰り返し都を移そうとします。しかし橘諸兄の提案で始めた都の移転計画は失敗に終わり、この頃から藤原武智麻呂の子である藤原仲麻呂《ふじわらのなかまろ》に実権を奪われることになります。

諸兄の子奈良麻呂に代が移った天平勝宝八（七五六）年、聖武上皇が亡くなります。仲麻呂は未亡人となった光明皇太后に取り入ることでさらに権勢を拡大させます。孝謙《こうけん》天皇は女帝であり、皇太子は聖武の遺言により親戚の道祖王《ふなどおう》に決まっていましたが、翌天平宝字元（七五七）年三月、仲麻呂は皇太后と天皇を動かしてこれを廃し、自分の亡き長男の妻の再婚相手である大炊王《おおいおう》を新太子に擁立します。仲麻呂はさらに同年五月軍事を掌握する紫微内相《しびないしょう》という役職を設けてそれに就任し、同じ日に祖父の不比等が四十年前に編纂してそのまま放置されていた養老律令《ようろうりつりょう》を施行します。養老律令は大宝律令とほとんど変わらないと言われますが、祖父の不比等の権威を示すことで自分の権威も高めたわけです。

このような動きに、奈良麻呂のみならず他の有力者たちも不満を募らせていきました。奈良麻呂がリーダーとなり仲麻呂の邸宅を囲んでこれを殺し、孝謙天皇と皇太子の大炊王を廃する反仲麻呂のクーデターを決行することにしましたが、仲麻呂に密告されクーデターは失敗に終わります。

仲麻呂の子安麻呂も奈良時代後期から平安時代初期の官人として、甲斐国、常陸国、備前国、播磨国などの国司を務めますが、藤原氏の内紛である伊予親王事件に連座して解官されて京に戻ったとされます。安麻呂以外の島田麻呂・清野・清友の家系は、嵯峨天皇の皇后や清少納言の夫（橘則光《たちばなのりみつ》）を出すなど、藤原氏に比べれば官位は低くはなりますが公家として平安時代を生き抜いています。橘氏は奈良麻呂・安麻呂と二代続けて藤原氏との政争に巻き込まれたのです。

4　河内に土着化した橘氏と酢屋二郎兵衛の出自

安麻呂から九代後の橘遠保《とおやす》は、遠島の罪で都から伊予に島流しに遭っています。安麻呂の家系は遠保まで事件に巻き込まれる運命にあったのです。

しかし遠保はその島流しの地で、天慶二（九三九）年の伊予の藤原純友《ふじわらのすみとも》の乱に参加し功績を挙げ、指揮を取った小野好古《おのよしふる》と共に京に凱旋し河内・備中所領地を賜り叙任正五下左近少将に復帰、以来武官として復活します。そしてその子の保氏が摂津・河内・和泉三州の押領司《おしりょうじ》に任命され、河内国と関わりが出来始めます。押領司とは兵士の監督官であり、荘園の知行・納税を正しく行うための職で、追捕使《ついぶし》と同じ律令時代の警察官僚です。その昔、物部《もののふ》と呼ばれていた武人が押領司や追捕使と言われる警察官僚に変わったのです。

そして保氏の後裔が金剛山の山麓に土着化し、蔵人として蔵人所の所管の金剛砂御園《こんごうしゃのみその》との関わりを持ち、判官代や南河内の赤坂郡司を務め、地方武官として地域の年貢管理も行うようになります。つまり井堤橘氏はもともと皇別氏族であったのですが、下級公家は都を離れ地方に土着化し武士に変わっていくわけです。

土着武士化したのは橘氏だけではありません。同じく河内に土着化したのが石川源氏です。橘氏は近隣の石川源氏の九郎判官義家とも関わり、前九年の役で功績をあげます。そして頼朝《よりとも》の鎌倉幕府になっても河内

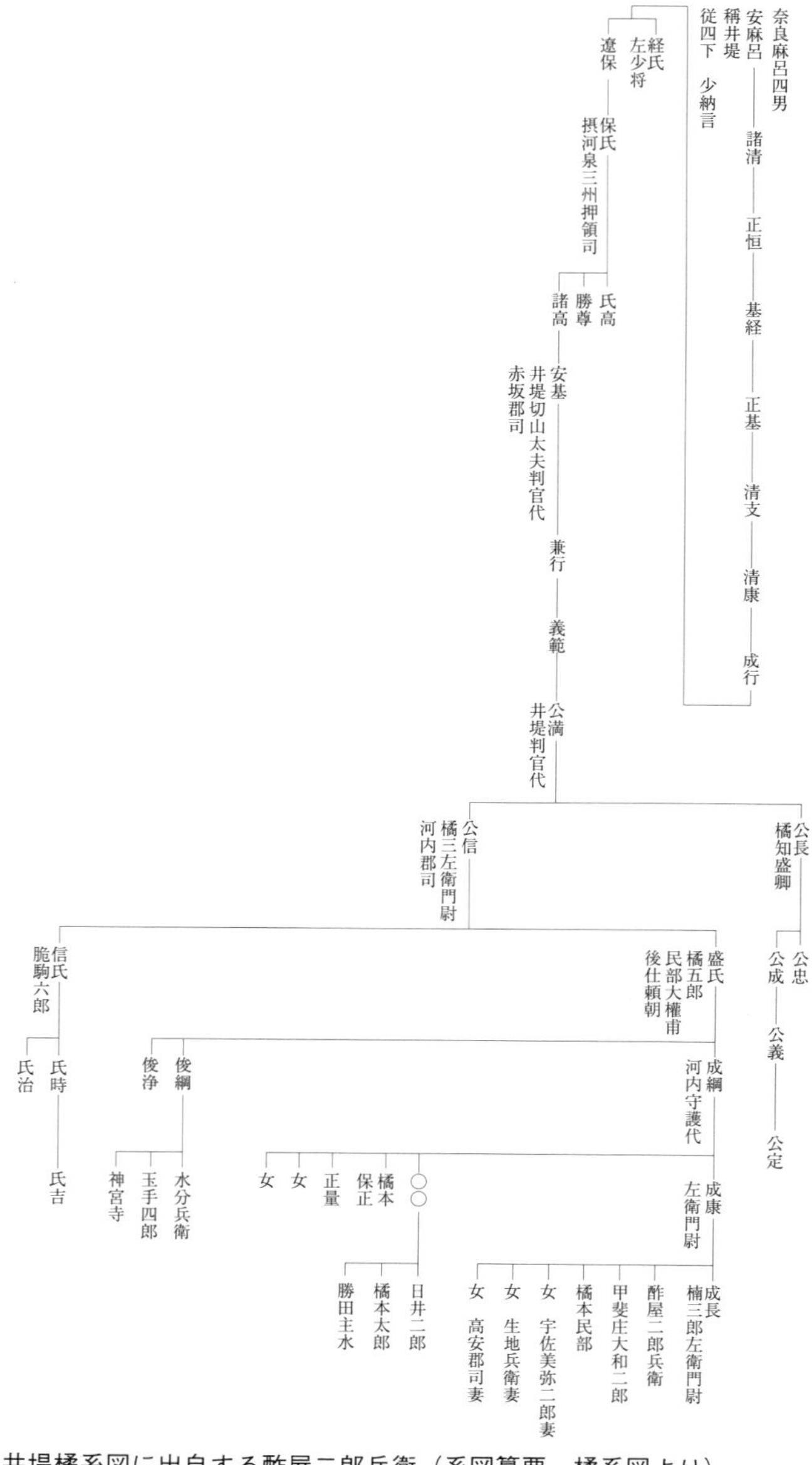

井堤橘系図に出自する酢屋二郎兵衛（系図纂要　橘系図より）

の橘家は守護代として家系を継いでいきます。このように系図纂要には、河内の国金剛山の山麓に橘氏《たちばなし》を名乗る武士一族がいたということが記されているのです。

河内では、鎌倉幕府の守護代となった橘成綱《しげつな》が金剛山麓七郷に楠を多く植えたので、楠殿《くすのきどの》と呼ばれるようになります。橘氏が河内に土着化した証でしょう。その子橘成康《しげやす》から、橘姓でなく楠左衛門尉《くすのきさえもんい》を名乗ったとされます。この楠左衛門尉成康の次男が酢屋《すや》という家に婿養子に入り、二郎兵衛《じろうひょうえ》を名乗ったのです。酢屋と橘氏が姻戚関係を結んだ年代を系図より推定してみると、三代前の盛氏（橘五郎）が鎌倉幕府を開いた源頼朝に仕えたとあり、その盛氏から三代下と考えると文永年間（一二六四～七四年）頃と考えられます。これにより、系図纂要の酢屋の出自が室町時代以前のものであり、尊卑分脈を土台に記されたものであることと考えていいと思います。

なぜ河内に土着した橘氏と酢屋が姻戚関係を結んだのか？　理由は鎌倉時代にあるはずですが、その前に酢屋はどんな家系の人たちなのか、どこに住んでいたのかを推定する必要があります。

そのヒントが系図纂要の橘系図に遺されています。系図纂要の橘系図の酢屋の記載の下に注記があり、酢屋のまたの呼び名が一須屋《いちすや》ともいうとあります。この一須屋と呼ばれる人たちを追ってみることにしましょう。

5　河内の国の語源と河内国の郡

河内で一須屋と呼ばれた人達は、どこに住んでいたのでしょうか。

金剛山麓七郷の橘氏と同じ南河内に、一須屋に近い地名が残っています。金剛山地から流れる河川とその

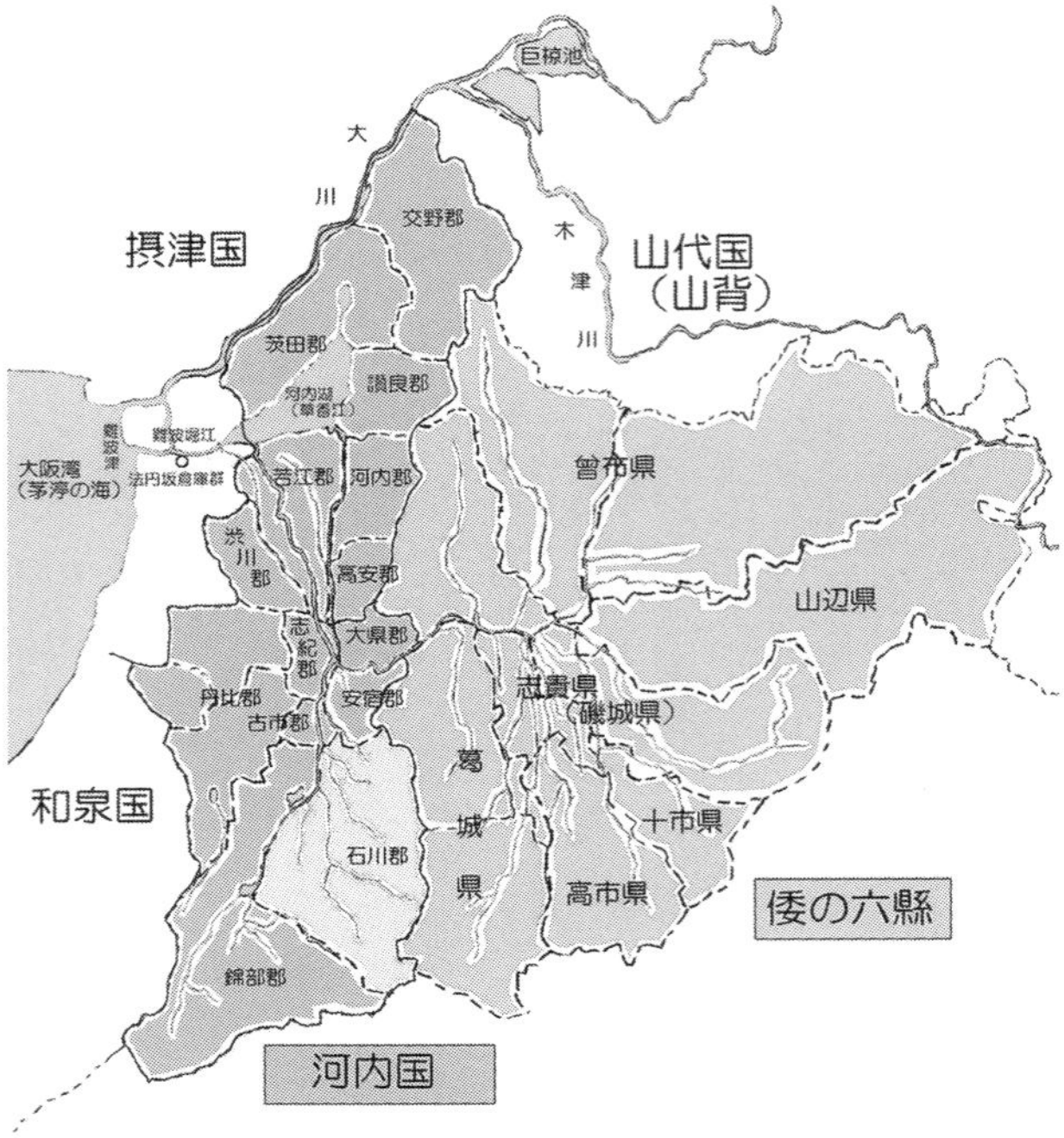

倭の六懸と河内の郷名

本流となる石川の合流地点に一須賀という地名があります。二つの家系はこの石川の水系によって結びついたと考えられます。金剛山麓七郷を支配する橘氏と見合う河内の近郊領域を代表する家系が、地縁で結ばれたのです。

一須賀という地域に住むある家系の人達を一須屋と呼び、一を省略し「すや」という呼称が出来上ったのでしょう。「すや」の意味については後述するとして、まず一須賀とはどのような所か、河内の国の起源から見ておきたいと思います。

一須賀《いちすか》は現在の大阪府南河内郡河南町にあります。今の大阪府はその昔河内国《かわちのくに》と呼ばれていました。河内の国のカワチとはどのようにして名付けられたのでしょうか。

ヤマト王権があった倭《やまと》の六縣《むつあがた》の人から見れば、大阪湾に面した地域は山背《やましろ》の大川のかなたにある国と考えられていました。ちなみに山背とはヤマトの向こう側ということです。その昔大阪湾には上町《うえまち》台地になる断層によってできた岬があり、その内側に大きな入り海がありました。そこに大川（淀川）と大和川が流れ込み、大量の土砂が堆積し、五~六世紀には湖となりました。古事記伝には「加波宇知《かはうち》の波宇を切《き》めて布なり」と書かれ、大阪湾（茅渟《ちぬ》の海）の内側にある湖は波静かな内陸湖であったことから加布知《かふち》と呼ばれ、漢字が転化して河内となったと書かれています。すなわち「加」と呼ばれた人達の領域の淵にあった湖だったのでしょう。

この湖は洪水のたびに土砂が堆積し、奈良時代には十キロ平方の入江になり次第に姿を消します。このように河内の国名は自然の地形によって生まれ、その領域は山城から流れる大川（淀川）で仕切られた内側にあり、東と南は生駒、二上山、葛城、金剛の山脈で区切られ、西は茅渟の海と呼ばれる大阪湾を望むところを一区切りとしたのです。和泉国も奈良時代に分かれるまでこの河内国に含まれています。

大宝律令の成立の時に各国に郡（評《こおり》）が置かれ、郡司《こおりのつかさ》が班田や徴税の管理を行うようになります。郡の下に里《り》を置き、里ごとに里長《さとおや》を置き、七一五年にこれが郷《ごう》と改められます。承平年間（九三一~九三八年）に作られた辞書である「和名類聚抄《わみょうるいじゅうしょう》」によると、河内国に属する郡は錦部《にしこり》、石川《いしかわ》、古市《ふるいち》、河内《かわち》、讃良《さらら》、茨田《まむた》、交野《かたの》、若江《わかえ》、安宿《あすかべ》、大縣《おおあがた》、高安《たかやす》、渋川《しぶかわ》、志紀《しき》、丹比《たじひ》と合計十四の郡がありました。

金剛・葛城山地から河内湖に流れる石川と大和川が合流する地点から南を南河内といいます。この合流点に河内国の国府（志紀郡）が置かれ、志紀郡の東、大和川流域に大県、東南の河内の飛鳥川流域に古市・安宿があり、古市郡の南の石川流域を石川・錦部郡としました。河内湖が広がっていた時代はこれらの郡が大和と結ぶ重要な所であったと考えられます。

6　最初はあった磯長《しなが》郷

平安時代、石川郡の中は佐備《さび》郷・紺口《こむく》郷・雑居《さわい》郷・大国《おおくに》郷の四つの郷に分かれていました。雑居郷は五世紀中頃から入植した帰化人が住みついたことを示す郷名ですが、風土記が作られた時代は磯長郷という郷があり、磯長郷には春日、太子、山田、葉室、東山、一須賀、山城、畑、寺田、平石、加納、持尾、弘川の村が含まれます。山田・春日など河内の飛鳥川の南から東の二上山や葛城山を望み、石川とその支流千早川の東に位置する平石・持尾・弘川までを磯長郷の領域としていました。磯長郷は古市古墳群や百舌古墳群に対峙する形で成り立っていたのです。「すや」の出自地である一須賀は、磯長郷の中心地でした。

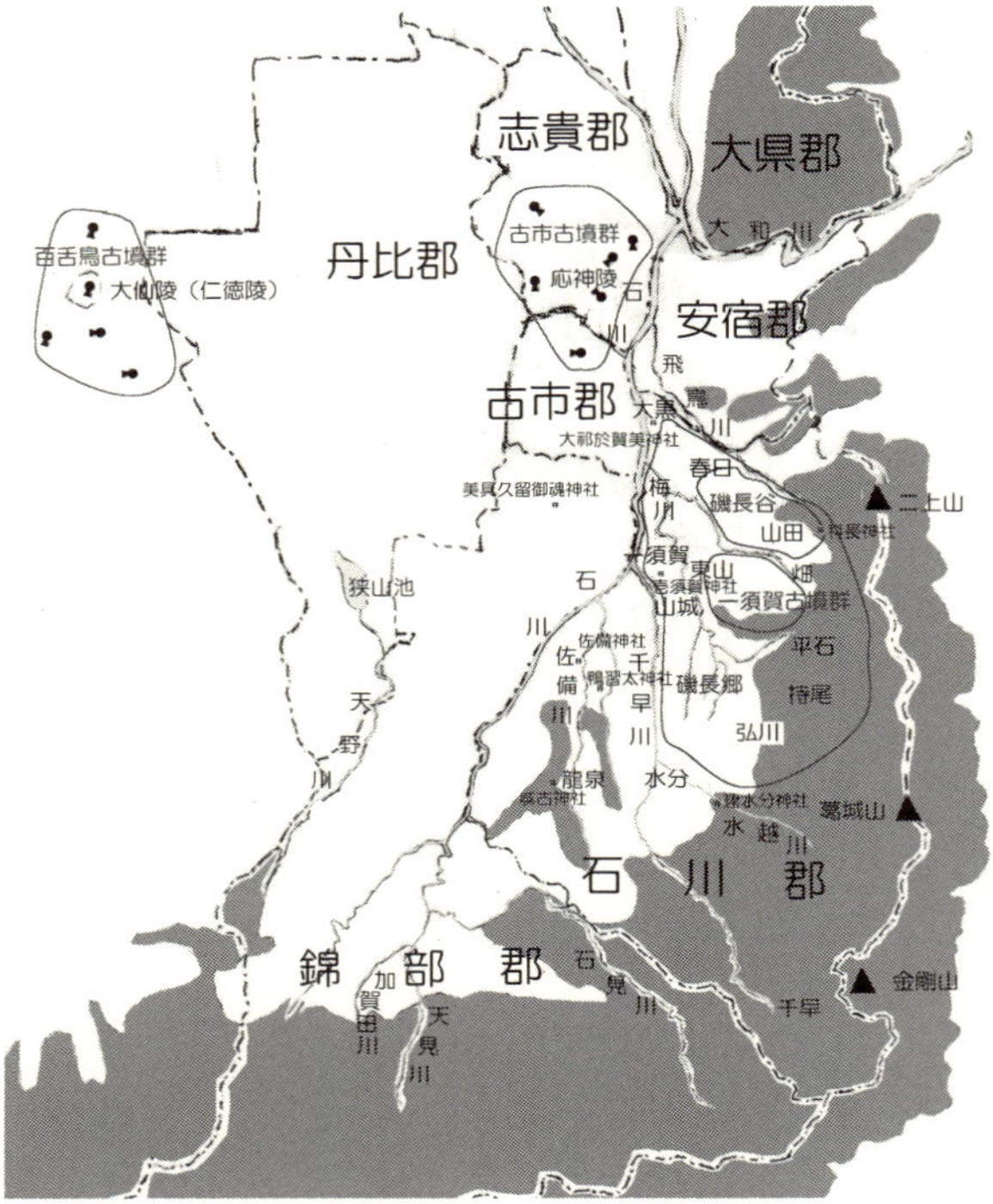

石川郡にあった磯長郷の領域。一須賀はその中心部に位置した

7　四世紀中頃河内に入植した息長氏

河内の国には旧石器時代から縄文時代前期にかけて二上山のサヌカイトを石器素材として用いた国府《こう》遺跡があります。縄文時代中期には入海の周辺には海産貝塚が出来、縄文時代後期には河内湖周辺でしじみの貝塚が出来るなど古くから人々が活動していました。

紀元前三世紀の弥生時代前期には稲作文化が入り、水田経営の必要性から居住域を低地に求め、多くのムラが消長を繰りかえします。中期ごろからは丘陵地や山地など高所にムラを営むようになります。南河内石川流域でも前期に国府遺跡、中期に城山遺跡・貴志遺跡などが出現しますが、後期まで存続しません。代わって丘陵部に玉手山遺跡や駒ケ谷遺跡などが現われます。倭の大乱の影響でしょうか、後期後半になって寛弘寺遺跡などほとんどの遺跡が高地に移動します。

一方で防御機能をもつ集団集落である環濠遺跡も出現します。弥生時代前期の河内平野の田井中《たいなか》遺跡がそうです。環濠集落は次第に増え、唐古《からこ》・鍵《かぎ》遺跡や池上曽根《いけがみそね》遺跡のように大型化し、畿内に弥生の国を形成します。このような環濠集落は琵琶湖周辺が最も多かったようです。

河内湖周辺では前漢を倒した王莽《おうもう》が興した新で生まれた貨泉が出土し、河内で貨幣が流通していた可能性もあります。そして最も新しいとされる銅鐸《どうたく》が羽曳野で鋳造され全国に配布されていましたが、弥生後期末期から古墳時代が始まる庄内期にかけて、これらの集落はすべて消滅し銅鐸も埋められてしまいます。石川流域でも東山遺跡のような環濠遺跡も見られますが、後期まで残っていた高地性集落は庄内期にはすべて姿を消したとされます。

このように、古墳時代までにも河内に先住者は存在していたのですが、その後の動向は不明で次の時代にはつながっていないと考えられています。

古墳時代に入り、石川流域には大和川と石川合流地点に近い北東部に、四世紀中頃、玉手山古墳群が築かれます。玉手山古墳群は前期の古墳群であり、複数の首長墓を形成していると言われます。

こうした前期古墳と交代するかのように、四世紀後半の津堂山古墳にはじまり古市・百舌鳥《もず》の二大古墳の造営を含み、六世紀前半まで巨大な前方後円墳の造営が河内で続きます。この新しい古墳時代に入植を始めたのは息長系部族だと考えられます。

息長氏については謎の部分が多いと言われていますが、息長氏の入植地のひとつ北近江の弥生時代後期の五村《いむら》遺跡と、三世紀後半の金官伽耶《きんかんかや》（金海加羅）の王家の遺跡である大成洞《テソンドン》古墳群や河内王権の最初の前方後円墳である津堂山古墳では巴形銅器《ともえがたどうき》を出土しているという共通点があり、しかも息長帯姫の子である応神から始まる倭の五王は祖の活動から韓半島（朝鮮半島）の軍事権を主張している点からも、息長氏は半島南部と関わりを持つ一族であると考えられます。

津堂山古墳の出土品から見ても、息長氏が四世紀中頃河内に入植したことは明らかです。河内《かふち》の語源である加布知の「加」は、金海加羅に関わる息長氏の領域であることを表しているのではないでしょうか。

第2章　「す」という言葉の意味

「すや」の出自地である一須賀や、「すや」の名前の源である一須屋に使われている「す」という言葉がどのような意味があるのか、古代の資料から探ってみます。

1　加羅諸国の始祖伝説によると王を「ス」といった

後漢の桓《こう》・霊《れい》の間、倭国は大いに乱れ、小国の分立から卑弥呼の邪馬台国連合に集約されていきます。同じように「魏志」の「韓伝」によると、韓半島においても桓・霊の末韓族・濊《わい》族が強盛になり、楽浪郡は制御できなくなって、郡県の住民の多くは韓半島南部にあった三韓の国（馬韓・弁韓・辰韓）に流入したとあります。邪馬台国連合が約三十ケ国あったように、韓半島では紀元前後に辰国から分かれた馬韓・弁韓・辰韓の三韓のなかに多くの小国が生まれてきます。弁韓の中には「魏志倭人伝」で倭国への入口とされる狗邪《くや》韓国《かんこく》（狗邪国）がありました。この狗邪国《くやこく》が三世紀に突然金官国に変わるわけです。

九干《くか》（狗加《くか》）たちが治めていた土地（狗邪韓国）に新しく王になるという天の声がひびき、亀旨《くじ》の山に降臨した箱の中を開けると黄金の六つの卵があり、六個の卵は瞬く間に童子に化けてその容貌はいつの間にか立派になって崇拝の対象となり、王として即位したという卵生始祖伝説があります（三国遺事の駕洛国記）。この国を大駕洛国《おおからこく》または加羅国《からこく》と称します。他の五つの卵は阿羅伽耶《あらかや》・大加耶《おおかや》・古寧伽耶《こねいかや》・星山《せいざん》伽耶《かや》・小伽耶《こかや》の国とされ、金官伽耶を加えて加羅諸国とされる六伽耶《ろくかや》を構成したことになります。

初めて現れたので加羅国の王を首露《スロ》と言い、他の五つの卵は五伽耶の主《ス》となったと書かれています。百済の実質の始祖王も近仇首王《きんくすおう》といい、日本書紀には貴首王《きすおう》と表記されています。高句麗の始祖である朱蒙は「広開土王碑」には騶牟《すうむ》とあり、首《ス》の姓が牟ということになります。このように、韓半島では始祖王をスと呼んだのです。

2　八坂入媛がスケを生む

河内王権が生まれるきっかけは景行天皇にあると言いましたが、ヤマトタケルを生んだ妃である播磨伊那毘大郎女の死後、代わって皇后になったのが八坂入媛です。八坂入媛は崇神天皇の皇子である八坂入彦の子であり、崇神天皇の孫にあたります。万葉仮名より古い神体文字で書かれた「ほつまつたえ」には、次のように書かれています。

ヤサカ姫なる美濃内侍　五年十一月十五日
日の出に生む子の名　ワカタリヒコぞ
美濃内侍　なるスケ……　生む子……

八坂入媛が景行に仕えていた内侍であり、景行の宮である纏向日代《まきむくのひしろ》の新宮に入り、後に成務天皇となる後継者を産んだことで皇后になったのです。スケという言葉は大王の主家ということです。同様に考えて、主の屋形が「すや」ということになります。

3 隠岐の主も「す」といった

スケになった八坂入媛には子が多く、その中に大酢別命《おおすわけのみこと》という皇子がいました。景行天皇の皇子は全国に派遣されますが、この皇子は隠岐に派遣されます。隠岐島には式内社の玉若酢命《たまわかすのみこと》神社があります。隠岐国に遣わされた大酢別命の御子が玉若酢命であり、この御子がこの島の開拓にかかわった神として隠岐の中心地であった甲野原《こうのはら》に祀られたものです。甲野原は国府の原の転化したものです。

玉若酢命神社の宮司を代々勤める神主家の億岐《おき》家が、古代の国造を称し玉若酢命の末裔とされます。社家に伝わる駅鈴と隠伎倉印は国の重要文化財に指定されています。景行天皇の諱は大足彦忍代別《おおたらしひこおしろわけ》であり、大足彦王を主とする子である大酢別命や孫である玉若酢命も主《す》であることを名前で示したのでしょう。

ちなみに隠岐の隠《お》は景行天皇の諱である忍《お》代別の忍や大酢別の大《おお》は王《おう》が変化したと考えられ、隠岐は景行天皇の皇子たちの開拓した王領なのです。

4　古代の名前に見る「す」の使われ方

古代の名前というのはおおむね、住居地と主の系統（属性）や出自及び性別を組み合わせて表したものと考えられます。丹波の日葉酢姫《ひばすひめ》は日葉（氷羽・霊場）という場所に住む丹波道主の子であり、酢姫とは王の姫を表す主《す》姫であることを表しています。日葉酢姫は卑弥呼の流れを汲む祭祀を司った斎宮《いつきのみや》の霊女《ひめ》です。

推古天皇は欽明天皇と蘇我稲目の子堅塩姫《かたしきひめ》の間に生まれた皇女で、名前を豊御食炊屋姫《とよみけのかしきやひめ》といいます。住んでいる場所は豊御家《とよみけ》（豊浦の宮）で出身は加《か》の主岐《すき》の家《いえ》が転化し、加しき屋姫になったのです。母の堅塩姫の語源が加田主岐姫《かたすきひめ》ですので合致しています。

加とは地名である河内《かわち》（加不知）を指し、その主が蘇我氏であることを表しており、蘇我氏系の姫ということです。飛鳥時代の斎宮であった酢香手姫皇女は葛城直磐村《かつらぎのあたいいわむら》の娘・広子《ひろこ》と用明天皇の子で、異母兄に厩戸皇子《うまやとのみこ》（後の聖徳太子）がいます。「法王帝説」には須加氏古女王《すかてこのひめみこ》とあり、「古事記」では須賀志呂古郎女《すがしろきのいらつめ》等とさまざまな漢字が使われていますが、この時代漢字がまだ定まった使用までには至っていないので違いが見られるのです。

古については蘇我稲目の子で用明天皇の嫁になった伊志古那《いしすな》（＝石寸那・伊志砂）という女性がおり、古を「す」と読んでいます。酢香手姫皇女の住む場所が須賀王領の志呂（城＝宮）であり、属性が古＝主《す》となり郎女＝女王が性別を表します。つまり酢香手姫皇女は、用明天皇の宮に住む王の姫という説明ができる名前であり、決して手が酢の香りがする姫ではないのです。

5　任那滅亡と須奈羅

任那四県の割譲の反動で、新羅は加耶諸国への侵攻を開始します。五二二年、大加耶は新羅王と婚姻関係を結びます。加羅の現地王にとって倭国が信用できなくなった結果でしょう。そして五三二年、金官国が滅んでしまいます。任那滅亡後の敏達四（五七五）年六月、新羅は使いを遣わして多多羅《たたら》、須奈羅《すなら》、和陀《わだ》、発鬼《ほちき》の四つの村の調を持ってきます。この調は、新羅領になった四つの邑（国）は元倭国の管理地であったことを示しています。多多羅は阿羅と多羅国のことです。和陀は委陀・和陀とも表記され、海辺《パダ》の国のことで浦上八国を表しています。

ちなみにヤマトの六縣の一つである葛城の語源は加《か》・津《つ》・羅《ら》・岐《ぎ》で、元々加羅の海辺にあった浦上八国の人々の入植地であったと考えます。発鬼は弗知鬼《ふちき》とも書かれ、河内が加不知《かふち》と書かれたように洛東江の淵（内）にあった国でしょう。発鬼は別名背伐《せぶる》とも書かれ、山背のように金官国の背面にあったと考えます。須奈羅は金官とも書かれており金官国の王の主地《すち》である都を表しています。大和の平城京が出来た頃から都を奈良と呼びますが、奈良は須奈羅の須が省略されたものです。

6　虎姫伝説と酢村

息長氏の出自地の一つが北近江です。ここには敏達天皇の皇后である広媛の陵墓（息長陵）があります。「倭名抄」には、近江国坂田郡には元々阿那《あな》という地名があったと記されており、阿と呼ばれる先住民が住んでいました。その後息長氏が入植し、息長村（現・村居田）と呼ばれたところです。この近くには井之口集落内の若宮八幡神社のすぐ南に「皇后塚」もあり、井之口遺跡もあります。河内同様地名に伊の付く土地柄です。

旧坂田郡の北に東浅井郡があります。東浅井郡の中心は浅井町で、現在は長浜市となり米原市の隣にあります。豊臣秀吉築城の長浜駅の次の虎姫駅で降りると浅井町に着きます。浅井町の由来は阿那同様阿人が住んでいたという阿佐井《あさい》（阿在）という地名があって、そこから戦国武将の浅井家が誕生したのです。虎姫という名前から、小谷城にいた浅井長政とお市の方の三姉妹の一人お江がお転婆で虎姫と名が付いたと説明されたら、イメージとしてはぴったり合うので納得してしまう人もいると思いますが、虎姫という名前は戦国時代に付いた名前ではありません。この虎姫という地名にまつわる伝説が、昔話「虎御前と虎姫」として伝えられています。物語は以下の通りです。

その昔、長尾山の南東のふもと、桃酢谷《ももすく》というところに井筒という泉がありました。その泉のほとりに虎御前という気立てのやさしい世にも美しい姫が住んでいました。あるとき姫が旅に出た帰りみち、夜になったので、馬橋の近くの中野に住んでいた世々開という長者が居り、その長者をたずね一夜の宿をかりました。それがもとで姫はそのやしきに住むことになり、長者の妻となり人もうらやむ幸せな毎日を送っていました。

そのうちお姫さまに赤ちゃんが生れることになって、長者はいうまでもなく、村の人たちもさぞかわいい赤ちゃんが生れるだろうと待ち望んでいました。ところが姫は、十五匹の小蛇を生んだのです。この日から姫は人目を恥じて外へも出ませんでした。

ある月の明るい夜、自分の姿が池に映ったのをみて、それが蛇身であることを知り、女性ヶ淵《みせがふち》に身を投げてしまいました。世々開長者はその後十五匹の蛇が人の姿に成長したので一か所ずつの土地を与えました。そしてみんなで十五の村ができたということです。

十五の村というのは酢村《すむら》、東中野、北大井、北大寺、五村《いむら》、田、賀、唐国などであり、馬渡、錦織なども含め、なにやら渡来人・帰化人が住み着いたと思われる伝説です。地図で確認すると、虎姫駅の南姉川の右岸に酢《す》という村が今もあります。その周りには伝説にあった十五の村のいくつかが確認できます。中野村の北に虎御前山があり、その先には浅井長政の小谷城跡があります。弥生時代から古墳時代にかけて先住民の中に帰化人が住み着いて融和し村が増え栄えたというお話ですが、ここでも酢《す》は主や中心という言葉として使われています。

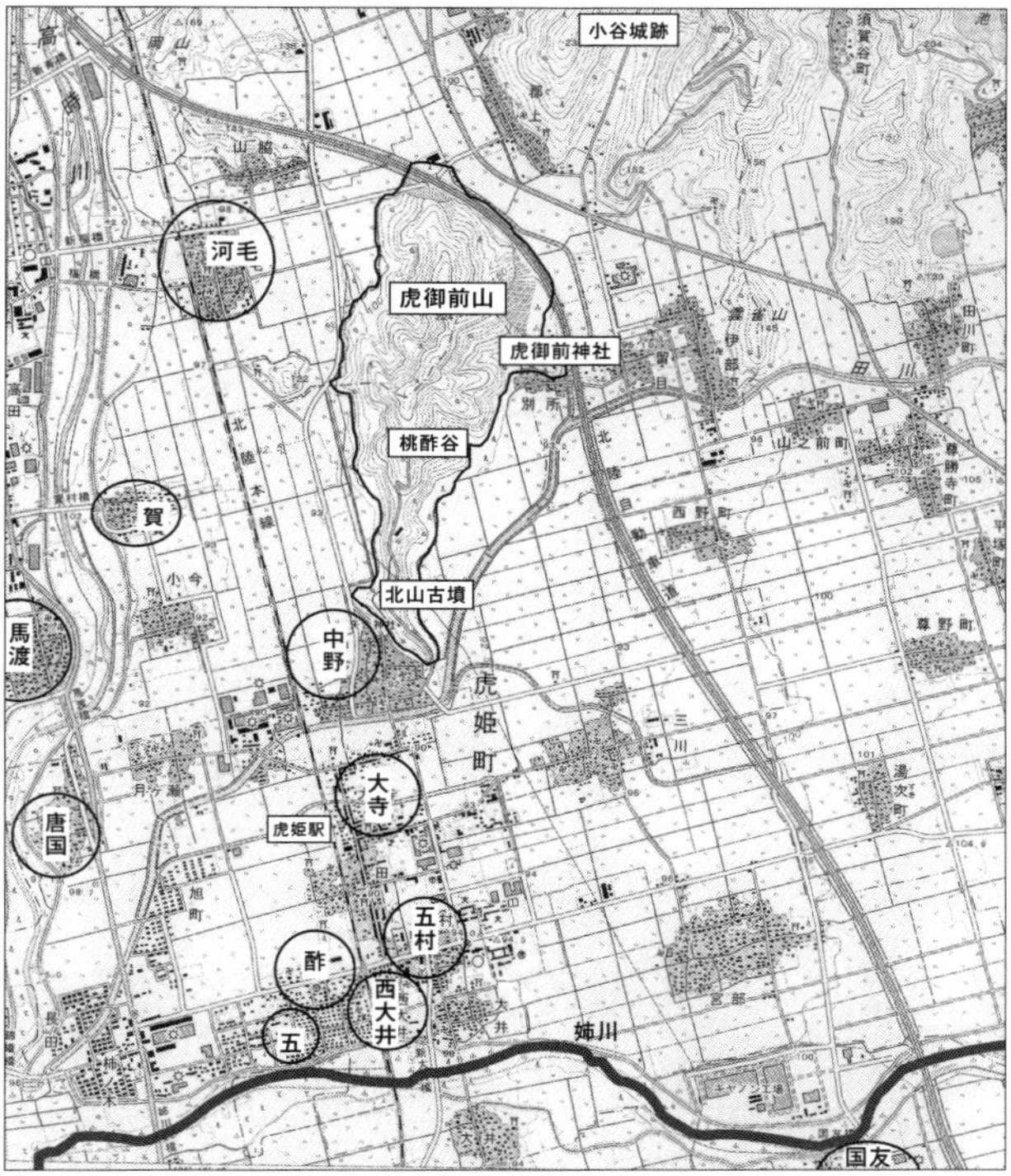

虎御前山と酢村の位置（滋賀県長浜市虎姫町）

　この酢村の近くには五村《いむら》遺跡があり、加羅諸国との関連を示す巴形銅器を出土しています。三輪山のご神体も蛇ですが、十五匹の蛇が人の姿に成長したというところは韓半島にもある卵生始祖伝説に似ています。天孫降臨ではないですが、桃酢谷に住む虎御前が現れたことによって始まった物語です。桃酢谷という泉ですが、桃は古代不老長寿の霊をもつ果物として扱われています。桃という字は元来百々と書かれ、桃酢谷にある井筒という泉は絶え間なく湧き出す泉であったのでしょう。私は、桃酢谷はモモスクが転じモモシキと読むのが正しいのではないかと考えています。

磯長郷に祀られている聖徳太子の記録が残るものに「上宮記」があります。その中の祖先系譜が語られている部分に、若野《わかの》毛《げ》二俣《ふたまた》王《おう》とモモシキマナカナカヒメとの子がオホホド王とあり、応神天皇の五世孫の継体天皇につながる系統です。「古事記」には若野毛二俣王は応神天皇と息長《いきなが》真《ま》若中媛《わかなかひめ》の子となっており、この息長真若中媛とモモシキマワカナカヒメは同じであるということです。モモシキのシキはスキが派生したもので、通常「主岐」と書きますが、キがクに転化して谷という字があてられたものであると思われます。

息長氏の本拠のモモシキという場所は、桃酢谷と呼ばれるところであったと考えます。ここを本願地にした息長氏は、祖先の神霊を長尾山に祀ったのでしょう。百人一首の百番目の歌に、「ももしきや古き軒端のしのぶにもなお余りある昔なりけり」という歌があり、モモシキとは御屋《みや》（宮）にかかる枕詞です。息長氏の宮がこの御前山にあったのでしょう。「シキ」は宮に関係があり、卑弥呼が作ったヤマト王権の纏向の宮も磯城県《しきあがた》にあるのも合点がいきます。

どうして虎御前や虎姫という名がついたのかを推測すると、虎は六加羅の一つ多羅国の多羅《たら》（太良）が転化したものと考えます。虎姫とは多羅の姫が住みついたということです。神功皇后は息長帯姫《いきながたらしひめ》といい、多羅出身の姫なのです。この虎姫伝説は神功伝説の一つかもしれません。

7　倭語は韓半島で生まれた言語

倭語と古朝鮮語等韓半島で使われていた言語は、北方民族系のツングース語と南海洋民族系のトラヴィタ・タミール語が混在している言語です。元来アラビア・アルタイルから来た言語がヒマラヤ山脈で南北に別れ、また一つになったものです。韓半島の濊貊倭韓人は同じ言語を話し、楽浪・帯方郡の役人にも通じたのです。

「す」については韓半島で王のことを呼び、同じ言葉が倭国内にも伝わり使われました。そして派生した用語ができ、王や地方豪族の領地を主岐《すき》やスガあるいはスナガと呼び、倭の六縣の磯城《しき》や河内の国府が置かれた志貴《しき》もスキが転化したものです。「古事記」や「出雲風土記」に登場する大国主と宗像三女神のタキリヒメの子で、賀茂社の神である阿遅鍬高日子根神《あじすきたかひこねのかみ》にも領域を表わすスキが含まれています。

また、住む家や建物をスケ・スヤというようになり、その祖の霊を祭祀する宮をモモシキというようになります。

「す」にまつわるいろいろな例を挙げましたが、古代には「す」に当てる漢字は朱・酢・素・須・巣・洲といろいろあり、「酢」もそのうちの一つです。発声音を表記する場合の当て字のようなもので、漢字は多様だったのです。

8　王がもたらした鉄もスと呼んだ

韓半島南部の加羅で産鉄を行うようになった頃、鉄のことを何と呼んでいたのでしょうか。

元々ヒッタイトの製鉄技術がタタールや韃靼《だったん》などを経由して韓半島南部に伝わりました。加羅の阿羅《あら》・多羅《たら》に多大良《たたら》（多多羅）という地名が生まれたように、タタラ・タタールと呼ばれていたのです。しかし韓半島南部では鉄を「セッ」と呼んでいたと言われ、「セッ」が変化して倭語の「スェ」になり、漢字で須恵を当て、サ行音が鉄を表す言葉になります。これは、鉄は大王である主《す》によってもたらされたものと考えられ、鉄の産地・領土を大王が制していたということです。

砂鉄はスサといい製鉄炉は粘土にもみ殻や藁などを入れ補強します。この材料も莇《すさ》（寸莎《すさ》）といいます。金官国王である首露王の姓は金ですが、この金《かね》は鉄を意味します。日本の古代製鉄地区に盛られる金屋神《かなやしん》は、鉄をもたらした伽耶《かや》・伽那《かな》の祖を祀ったものです。

9　タタラ製鉄法以前の古代の鉄原料はスズといった

倭国内では砂鉄を使ったタタラ製鉄は六世紀以降であると言われています。砂鉄を含んだ岩を掘り出し、鉄穴場と呼ばれる砂鉄採取場に入れ、そこから水路を走らせ洗い池まで流します。洗い場を数か所設け、余分な砂は流して、重い砂鉄を沈殿させる方法で純度を上げた砂鉄にします。紀の二七巻には、天智天皇九（六七〇）年、是歳《ことし》、水碓《みずうす》を造りて、冶鉄《かねわか》すと記されています。これはダムを造って水車を動かし、この水碓によって鉄鉱石を粉砕し製錬能率を向上したものです。木炭を燃料とし砂鉄を原料として、一三五〇度で高純度の銑鉄と鋼塊を約三十分程度で製造したいわゆる低温高速高純度製鉄法といわれるものです。温度を上げるため、タタラ吹きといわれる送風機《ふいご》を使っていたのでしょう。しかし溶融点は銅よりも高く設備も技術も必要になります。

この方法が出来る前の弥生時代中期から古墳時代中期まで、露天タタラという原始的な方法もあったようです。砂鉄やリサイクルの鉄滓を炉がなくても薪の上で燃やし、海綿状になった還元鉄の塊を金糞の中から拾い出し、再び過熱して何度も取り出しては打ち小さな鉄製品を作ったと考えられています。

一方で、砂鉄を使った産鉄とは異なる、鉄鉱石を使った方法もあります。国内最古の製鉄遺跡とされる岡山県総社市の千引カナクロ谷遺跡をはじめ、初期の製鉄炉は鉄鉱石を原料とするものでした。古墳時代から奈良時代にかけて鉄鉱石を用いた製鉄遺跡は中国山地の山陽側、近畿地方・滋賀県で発見されているようです。

鉄鉱石から鉄を抽出する方法は銅よりも簡単で、特定の送風機もいらず、溶解しなくても七、八百度の熱で可鍛鉄を得ることが出来るといいます。その製鉄材料は、葦や芳の根に鈴状に付着した褐鉄鉱と言われる水酸化鉄の塊で、これが古代製鉄の原料となったものであると言われています。万葉集に「水薦刈《みすずかる》信濃の真弓我が引かば、貴人《うまびと》さびて否と言はむかも」という歌があり、ミスズカルは信濃の国にかかる枕詞とされ、信濃は古代製鉄の原料が豊富な湿地帯であったのでしょう。

京都の上賀茂神社には、毎年五月の葵祭（賀茂祭）に先立って御阿礼神事《みあれしんじ》という降臨した神を迎える神事があります。御阿礼所は四間四方を青柴垣で囲って神籬《ひもろぎ》を設け、そこに藤の蔓で直系三寸ばかりの円形に作ったものを取り付ける習わしがあります。これを「おすず」と称しています。この神事は産鉄を願ったものです。「おすず」の語源は鳴石と呼ばれる水酸化鉄の塊を御鈴《おすず》と言ったことから始まっています。

このように鉄の原料も、「す」で始まる言葉が用いられたのです。

10　河内に展開した須恵器製造工場

最古の縄文土器は焚き火で焼かれ、弥生時代を経て、土器作りの技術は古墳時代の土師器《はじき》へと受け継がれました。そして古墳時代中期（五世紀中頃）の倭の五王時代前半に、韓半島南部から渡来した工人によって須恵器が倭国で製造されるようになります。須恵器は当時の日本でそれまで焼かれていた赤茶色の土器（土師器）とは違い、灰色の硬質の土器です。土師器はいくら焚き火に薪《たきぎ》を多く燃やし長時間土器を焼いたとしても、須恵器のように硬く灰色をした焼きものになることはありません。須恵器を焼くには窯が必要で、窯内の温度を徐々に上げ高温で焼いた後、酸素を絶つために窯をふさがなければなりません。窯は斜面を掘りくぼめ細かく切ったわら藁などを混ぜた粘土で天井を覆い、細長いトンネルを造ります。窯の構造は下から薪を入れる焚き口、薪を燃やす燃焼部、土器を焼く焼成部と煙を出す煙道に分かれ、燃焼部で燃やされた炎が斜面を上り、効率良く熱が焼成部に伝わります。つまり須恵器の窯の構造は、製鉄炉と同じような構造をしていたのです。

須恵器という名前は「須恵宇津波毛乃《すえのうつわもの》」と書かれています。須恵とは韓半島で鉄をスェと呼んだことに始まっていると考えます。須恵器は製鉄をする際、偶然生まれた焼き物だったのかもしれません。

須恵器は当初北九州にて作られ、古墳時代中期から大阪・河内国の河内湖のほとり茅渟《ちぬ》県《あがた》陶邑《すえむら》で大規模に作られたとされます。四世紀中頃河内に拡大した息長氏の河内王権が関係する多羅や阿羅から、鉄とともに高質土器の技術も河内に技術移転したのです。河内に展開された須恵器製造工場は四百年も続きました。このように須恵器も河内の王《す》によってもたらされた器と言えます。

第3章　河内王権ができるまで

磯長郷や一須賀という地名は、河内王権が誕生して生まれたと考えられますが、倭国にヤマト王権が生まれ、その後どのように河内王権ができるのかを知ることでその疑問は解決するはずです。日本人のルーツの根本に関わる部分ですので、東洋史や記紀の記述を参考にしながら、河内王権ができるまでの考えをまとめておきます。

倭国は韓半島の変遷の中から生まれました。中国の前漢が韓半島を支配することで初めて東夷の万民を認識し、紀元前一世紀の韓半島南部に倭韓の混在を知ったのです。弥生人は人骨やコメの伝搬から紀元前四、五世紀には北九州にまで南下してきたとされますが、その弥生人（倭人）のルーツは韓半島にあるわけです。韓半島にそのルーツを持った人達によってヤマト王権は誕生するのです。

1　二世紀末のヤマト王権と倭の六縣

弥生時代、楽浪海中にあったとする倭人の国は百余国ありました。後漢の光武帝の頃、倭国の極南界とされた九州島の北にあった奴国の王が、初めて楽浪郡に朝貢し金印を授かります。その後二世紀初め、倭国王帥升等が同じく楽浪郡に朝貢します。この時代、九州島の北部糸島半島にある三雲遺跡には倭国王がここに住んでいたと思われるほどの出土品があり、後の「魏志倭人伝」に登場する伊都国であろうと言われ、帥升の王権は北九州にありました。帥升が亡くなり七、八十年間倭王は定まらず、韓半島で後漢の楽浪郡が崩壊したのに合わせ、二世紀末倭国の大乱が起こります。

この大乱の後、邪馬台《やまと》国の女王として卑弥呼を共立したおおよそ三十国の倭国連合国が誕生します。倭の大乱によって政権の中心は大和に移ったのです。卑弥呼は狗奴国との争いを魏の帯方郡に報告しながら二四八年頃亡くなったとされます。弥生時代と古墳時代の区切りは前方後円墳の造営とされ、箸墓から出土した土器の年代分析では、箸墓の造営は二五〇年までさかのぼると判定されているので、纏向《まきむく》遺跡にある箸墓《はしはか》古墳から古墳時代が始まったのでしょう。

「魏志倭人伝」には、卑弥呼が死んで大きな冢《ちょう》を作ったがその直径は百余歩あり奴婢百余人が殉葬されたと書かれており、箸墓の円墳部の大きさが百余歩に近い箸墓が卑弥の墓であるとの期待が高まっています。紀の崇神《すうじん》条によると、箸墓には倭迹迹日百襲姫《ヤマトトトヒモモソヒメ》の伝承があり、この百襲姫（別名宇那姫《うなひめ》）が卑弥呼である可能性も高いとも考えられます。卑弥呼が死んでその後を継いだ男王では治まらず、宗女である台与が女王となり再び国が治まり、二六六年には西晋の帯方郡に朝貢しています。このように二世紀後半にはヤマト王権が大和に生まれていたのです。

大和には倭《やまと》の六縣《むつあがた》という言葉があります。高市《たけち》縣・葛城《かつらぎ》縣・十市《とおち》縣・志貴《しき》（磯城《しき》）縣・山辺《やまべ》縣・曽布《そふ》縣がそれに当たります。四世紀前半まで大王家の管轄する土地であり、七世紀の大化の改新まで初期の王家に后妃を輩出している土地で、特に十市縣・志貴縣は闕所《けっしょ》八代の天皇の妃を出自したとする地域です。この六縣がヤマト王権の国であり、大和は国のまほろば（最適地）と言われる地です。その中心とする志貴縣から卑弥呼の新しい国造りが始まったのです。志貴県の三輪山や箸墓古墳は祭祀の中心地でした。

2　都は磯城県から曽布県へ

王権は志貴縣から十市縣に勢力を広げた後、新しい男王が入ってきます。崇神天皇は祭祀中心の国であったヤマト国において、天照大御神《あまてらすおおみかみ》と大国魂《おおくにたま》の分離を行い、男王の政治を取り戻した大王です。ヤマトにおいて卑弥呼以降では別種の男王であったと考えます。崇神であるミマキイリヒコは伊里《いり》の出自を持ち、北九州にいた倭国王帥升の後継者かもしれません。

崇神天皇の頃は志貴縣から北に上り柳本地区が中心になります。この頃、地方の臣従化を図るため大毘古《おおびこの》命《みこと》（孝元天皇皇子）を北陸道（越国）につかわし建沼河別命《たけぬなかわわけのみこと》（大毘古命の子）を東海道、また吉備津日子命《きびつひこのみこと》（孝霊天皇皇子）を西道（山陽道、吉備）に遣わし日子坐王《ひこいますのみこと》（開化天皇皇子）を山陰道（丹波）に遣わされ、四人の者に印綬を与えて将軍に任命しヤマトより国を平定するために遣わされた王族たちを四道将軍《しどうしょうぐん》と呼んだとあります。各地の勢力とさらに一体化を図って物資の導入を進めます。つまり、ヤマト王権はヤマトの六縣から勢力を吉備や丹波、近江など畿内に広げたというより、この地域の人々がヤマトに集結したのだと私は考えます。

垂仁時代はさらに北に移動し、垂仁陵や佐紀《さき》古墳群ある曾布縣が中心となります。狭穂彦《さほひこ》（佐保比古）の謀反発覚もこの地で起こります。この謀反によって丹波の勢力は日葉酢媛命《ひばすひめのみこと》を垂仁の妃として佐紀に進出します。景行天皇は垂仁と丹波の勢力の結びつきで誕生します。

3　王権拡大路線から始まる勢力争い

ここまでの王権は開化系である丹波と崇神系が強力に結びつき安泰だったのですが、景行がヤマト王権拡大のため播磨伊那毘大郎姫《はりまのいなびおおいらつめのひめ》を皇后に迎え、ヤマトタケルを生み播磨の勢力が加わってきます。その後「魏志倭人伝」にある昔の己百支國《いおきこく》（美濃）で、崇神系の八坂入彦の子である八坂入媛《やさかいりひめ》を妃に迎え成務が誕生します。これが景行の王権拡大路線よって成務系とヤマトタケル系を誕生させることになり、王権争いの火種が生じます。

いっぽう、旧開化系の丹波の勢力は佐紀と丹波の中間にある山代の勢力とも結び、山代大筒木真若王《やましろおおつつきのまわかおう》と丹波高材媛《たんばのたかぎひめ》から息長宿禰が出自します。息長宿禰と丹波氏族の高額姫《たかぬかひめ》が佐紀で結ばれ、息長帯姫《いきながたらしひめ》が誕生します。高額媛が葛城高額媛とされるのは、さらに丹波氏族が葛城縣まで進出したことを表しています。開化系の丹波氏族は息長氏と葛城氏となって、このように政権のある佐紀を中心に丹波から葛城まで広がったのです。

この様子は前方後円墳の変遷からも見ることが出来ます。前方後円墳の歴史は箸墓古墳のある纏向地区から始まり、崇神陵のある柳本地区に移り、その後中心が日葉酢媛陵のある曾布縣の佐紀地区に変わります。

逆に初期に山城に椿井大塚山《つばいおおつかやま》を築いた丹波勢力は、南の葛城にまで進出します。これは、倭国王帥升の頃、韓半島の鉄滓《てっさい》などの物資が北九州からヤマトに流通していたものが、倭の大乱が起こって今までのように入らなくなり、以降日本海側からの流通が生まれ、山城の木津川経由で志貴県まで流通経路をもったことを表しています。

景行時代は近江や美濃と結び、さらに北陸道や東国道を進み全国に皇子を派遣し、関東にまで国内開発を進めていったわけです。

新興勢力の播磨系のヤマトタケルは、難しい地域にだけ行かされ不満を抱きながら亡くなります。これで崇神・開化系に戻った景行天皇は晩年ヤマトを離れ近江に移ります。その後を継いだ成務《せいむ》天皇は孝元系である武内宿禰《たけしうちのすくね》を大臣とし、国造制を定め母である八坂入媛の地元と言える美濃や、景行天皇の宮がある北近江で国を発展させようとします。

しかし成務が亡くなると、再び播磨系がヤマトタケル系の仲哀《ちゅうあい》天皇を立て復活します。仲哀にはすでに籠坂王《かごさかおう》と忍熊王《おしくまおう》という皇子がおり、旧来の王権継承者にとっては籠坂王と忍熊王を大王にしたくないというシナリオがあったと考えられます。紀には、仲哀が天皇についてから息長帯姫を皇后としたとあります。対立軸にいる丹波氏族を本当に迎えたのでしょうか？　この疑問は、その後の神のお告げによる王の交代劇という結果に表れています。

4　新旧王族、忍熊王と武内宿禰の戦い

仲哀天皇は垂仁時代からの流れで、再び佐紀から国内開発重視の政策を掲げ熊襲《くまそ》のいる未開の地を目指そうとします。一方仲哀の皇后とされる息長帯姫は丹波氏族系ですから、いままで日本海ルートで大和に入ってくる鉄滓等の物資が入りにくくなっていることから韓半島の状況が変化していることを察知していたのでしょう。この時期、韓半島南部は三韓と呼ばれるいろんな人種が混ざり合い小国乱立が続いていました。韓半島北部に高句麗《こうくり》が国を興してから三百年以上混在化し、小国しかないところに四世紀中頃百済《くだら》や新羅《しらぎ》とい

う新しい国の形ができます。新しい国ができた原因は、高句麗が三一五年頃西晋の帯方郡を滅ぼしたからです。倭国は中国大陸から韓半島に移動してきた弥生人が渡来してできた国で、もともと韓半島南部に基盤がありましたが、後からヤマト王権に参加した勢力にとっては四世紀初めに始まった三韓の変化が気になっていたのです。

仲哀天皇は熊襲征伐を行うべく穴門《あなと》（長門国）の豊浦津宮《とゆらのみや》に移り、皇后を九州に呼び神功皇后一行は筑紫の灘県に至り橿日宮に滞在します。この一行には武内宿禰が同行しているのです。天皇が熊襲を討とうとすると神が皇后にのりうつって、「熊襲を討つより、海の向こうの金銀のある新羅を討て」との神託を受けます。この神託を信用しない天皇は熊襲征伐に向かいます。神は「信用しない天皇を見捨て、今身ごもっているその子が国を得る」と神託を授けます。仲哀天皇は熊襲を打てず敗北し、その後病死します。皇后は神託に従って海を渡り新羅を討って新羅王に馬飼いとなることを約束させ、九州に戻り皇子（応神《おうじん》）を生んだと紀には書かれています。

神がかりしたSF小説のように書かれていますが、百済と倭国の関わりを示す七支剣《ななつさやのつるぎ》や三国史記の記述から、この頃倭国は韓半島南部にも関係があったのです。その後九州から戻った皇后と武内宿禰一行は、大川・木津川を通り都のある佐紀に入ろうとします。

仲哀天皇が亡くなったと知って籠坂王と忍熊王は、次期大王の座を巡って、皇后と皇子を討つべく戦いが始まります。忍熊王と籠坂王には五十狭茅宿禰《いさちのすくね》と倉見別《くらみわけ》（犬上君の祖）が味方します。神功皇后側には武内宿禰と和邇氏《わにし》の難波根子建振熊《なにわねこたけふるくま》が味方します。忍熊王と籠坂王は日本武尊《やまとたけるのみこと》の孫にあたり、日本武尊の母は播磨大郎女であり、仲哀の母は垂仁の皇女です。つまり景行時代に播磨の勢力と結びつき崇神・垂仁の皇統を引き継いだ勢力です。仲哀側から見れば王権委譲先は忍熊王と籠坂王側にあったのです。対立側である神功皇后は開化天皇と結びついた丹波氏族であり葛城氏の母体でもあります。加えて武内宿禰は孝元天皇の孫の屋主忍男武雄心命《やぬしおしおたけおこころのみこと》と菟道彦《うじひこ》の女の影媛との間に生まれたとあり、孝元天皇の皇孫にあたります。つまりこの戦いは崇神以降の新皇統に対し、崇神以前の皇統である孝元・開化派の争いだと言えます。

前哨戦として忍熊王と籠坂王は神意を占うため狩りに出かけますが、籠坂王はイノシシに食い殺されます。祖父にあたる日本武尊は伊吹山《いぶきやま》の神であるイノシシを倒すために出かけ亡くなっています。北近江の伊吹山は息長氏の神山であり、近江は息長氏の領有地なのです。イノシシとは伊氏の神なのです。ヤマトタケルも籠坂王も神に逆らったとして抹殺されます。宇治・山代で始まった戦いは、最後に近江の瀬田で忍熊軍が敗れ去ります。このように四世紀中頃にヤマト王権の中に新しい勢力が加わり王権争いが起き、新旧の勢力が合致しヤマトから河内に拡大していくのです。それが河内王権と言われるものです。この戦いは垂仁の後継氏族であるヤマトタケル系の勢力（播磨）が丹波・山代の勢力を加えた曾布の旧皇族と政権争いをして勝てなかったことを伝えているのです。

紀には書かれていませんが、山代の国造をしている人物が神功側に加担しています。山代国造は成務天皇時代に都佐紀で任命され山代で代々国造をしている家系ですが、後の世で河内に山代国造を祖とする氏族の存在があり加担が明らかです。

5　住吉三神と神功皇后と河内の関係

神功皇后こと息長帯姫の軍は、この戦いに勝ったことで再び奈良盆地南部の都を復活させます。韓半島からヤマトに至る物流経路はいままで日本海から木津川経由が主流でしたが、北九州・瀬戸内を経由し河内湖の先端である難波津に物流拠点を設け、大和川を上りヤマトに至る竹内街道ルートや紀の国から紀ノ川経由で葛城縣に至るルートも開発します。

ここで重要なのが海運・航海の技術であろうと考えます。神功皇后は住吉三神と祭祀する九州宗像の海人の協力を得たことで、韓半島に出向き難波津に入港できるようになったのです。住吉大社神代記によれば神功皇后は「吾は御大神と共に相住む」と詔り、渟中椋《ぬなくら》の長岡（今の上町台地）の玉出の峡を改めて住吉とされ、九州安曇の海人を讃えています。そして「吾、天野・錦織・石川・高尾張・膽駒《いこま》・甘南備山等の榊黒木・土毛土産《くにつもの》・菓蓏《から》並びに荷前《のさき》及び錦刀の嶋物・海藻、此等の物を以て、斎祀れ」と、河内に入植した人々に住吉大社との関係も説いています。

6　武内宿禰は曾布《そふ》・山背《やましろ》に勢力があった

神功皇后を支えた武内宿禰は、孝元天皇の孫の屋主忍男武雄心命と菟道彦の女の影媛との間に生まれた皇孫ですが、武内宿禰はどこで生まれたのでしょうか。

四道将軍の時代、都から人が各地に進出します。四道将軍は大毘古の子の時代ですので、大毘古の兄弟にあたる彦太忍信命《ひこふつおしのまことのみこと》の子である屋主忍男武雄心命の時代に磯城縣より佐紀（曾布縣）に進出したのでしょう。

一方影媛はどこの人でしょうか。大和から山を越え、ヤマトの背にあたる山背《やましろ》につなぐ道を菟道《うじ》という記紀にありますので、宇豆比古は山背の宇治に勢力をもつ一族なのでしょう。宇豆比古の子である影媛は山下影日売とも書かれていますが、この山下は「ヤマシナ」か「ヤマシロ」と同意語と考えられます。つまり武内宿禰は孝元天皇系と山背の豪族の子なのです。

武内宿禰は名前ではないと考えます。武は倭王武や日本武尊の武と同じく建《たける》であり武人の尊称にあたります。宿禰は後に臣などの役職名に変わるもので、内《うち》とは宇治・菟道の同意語で都の佐紀（曾布）と木津川（木国）を結ぶところを守る歴代の武大将名であると考えます。

7　武内宿禰の後継氏族は大和河内を制す

武内宿禰を祖とする主な氏族には、波多《はた》氏、許勢《こせ》氏、蘇賀《そが》氏（石河宿禰）、平群《へぐり》氏、木角《きのつの》（紀《き》）氏、久米《くめ》氏、葛城《かつらぎ》氏（長江曾都毘古）など多くの氏族があります。この戦いで勝利した武内宿禰の一族は紀の川の入口を木角（紀）氏が押さえ、大和を波多氏、許勢氏、平群氏、葛城氏が占め、河内は息長氏と蘇賀石川氏が占有します。特に難波津から大和に向かう大和川沿いの街道である竹内街道の河内側を蘇我石川氏が大和側を葛城氏が占有することで河内王権を支えていきます。

このように磯長郷は息長帯姫と蘇我石川宿禰に関わる人々が入植した土地なのです。「イソナガ」とはイキナガとソガの合従を表す言葉かもしれません。河内王権は従来の国内重視派に対し、ヤマト王権を造った王家を祖とする人々と韓半島の変化とその関わりに目を向けた新しい考え方をもった人々が結びつき、海外振興派として王権を争った結果生まれたものなのです。

この新しい王権は難波津を貿易港として開発します。大阪城近くの法円坂《ほうえんざか》倉庫群は五世紀前半に建設された可能性が高いとされ、その北七百メートルに難波堀江《なんばほりえ》が開削され、その西に河内王権の湊である難波津が置かれました。近くに上町谷窯《うえまちだにがま》と言われる初期の須恵器《すえき》の窯跡があり、この地が河内王権の起源を示すものです。

神社名	所在地	所属郷名	旧磯長郷	祭神及び備考
咸古神社	大阪府富田林市竜泉	紺口郷		神八井耳命
科長神社	大阪府南河内郡太子町山田	大国郷	○	息長宿禰命・葛城高額姫（神功皇后の両親）
建水分神社	大阪府南河内郡千早赤阪村水分	紺口郷		天水分神・国津水分神 境内には楠木正成を祀る南木神社
大祁於賀美神社	大阪府羽曳野市大黒	大国郷		
美具久留御玉神社	大阪府富田林市宮町	紺口郷		美具久留御魂神社（大国主命の荒御魂）
佐備神社	大阪府富田林市佐備	佐備郷		天太玉命
感古佐備神社	大阪府富田林市竜泉	紺口郷		（合祀社）
壱須何神社	大阪府南河内郡河南町一須賀	雑居郡	○	本来の祭神は宗我石川宿禰命とされる
鴨習太神社	大阪府南河内郡河南町神山	佐備郷		饒速日命

石川郡にある式内社

河内王権は難波津を起点とし、河内平野を開拓し渡来人には大和の王宮までの道程に造った古市古墳群や百舌鳥古墳群の大型古墳を誇示し、韓半島での軍事権を主張し続けた王権です。国の始まりは淡路島とする大嘗祭《だいじょうさい》を難波津で始めるなど新しい思想を持ち、航海技術に長けた海洋文化と北方の騎馬文化を取り入れた王権であるとも言えます。

8　一須賀の祖は孝元天皇皇子の彦太忍信命

延長五（九二七）年にまとめられた「延喜式神名帳《えんぎしきじんみょうちょう》」によると、石川郡にある朝廷から認定された官社である式内社は咸古《かむこ》神社、科長《しなが》神社、建水分《たけみくまり》神社、大祁於賀美《おおけおかみ》神社、美具久留御玉《みくくるのみたま》神社、佐備《さび》神社、感古佐備《かんこさび》神社、壱須何《いすか》神社、鴨習太《かもならいた》神社の九社があり、その中で磯長郷に属する式内社は科長神社と壱須何神社の二社となります。

一須賀にある壱須何神社の祭神は、「河内國式神私考」や「渡会氏神名帳考證《わたらいししんめいちょうこうしょう》」などでは蘇我氏宗祖の石川宿禰を祀ったものであろうと記されていますが、山田にある科長神社の祭神は息長宿禰命《いきながのすくねみこと》と葛城高額姫《かつらぎのたかぬか》であり、応神の母である神功皇后《じんぐうこうごう》（＝

ます。

息長帯姫《いきながたらしひめ》）の父母を祀っているので、入植した時代の代表者でなく、一族の共通の祖先を祀ったと考えられます。

武内宿禰の後継氏族が大和河内を制した経緯と、後章で紹介する新撰姓氏録を含め考えると、壱須何《いすか》神社の祭神は入植した石川宿禰でなく、一須賀の祖として孝元天皇皇子に当たる彦太忍信命《ひこふつおしのまことのみこと》を祀ったものと考えるのが妥当ではないでしょうか。一須賀の須《す》も王の主地を表わしていたのです。

第4章　加田主岐《かたすき》と呼ばれた蘇我氏の別業の地

「す」が王や主《あるじ》を表す言葉として始まり、場所や鉄器などの物の名前にも派生してきました。河内王権成立に関わった人々が入植した磯長郷は、入植後どのように変わっていったのか。磯長郷の一須賀の主家が誰であったのか。そのあたりを考えてみます。

1　石川宿禰以降蘇我氏とされる

日本書紀の応神天皇三年条によると、百済の辰斯王《しんしおう》が天皇に礼を失したので、石川宿禰は紀角宿禰（紀氏）、羽田矢代宿禰（波多氏）、木菟宿禰（平群氏）とともに遣わされ、その無礼を責めたとあります。ここに登場する宿禰は全て河内王権を支えた武内宿禰の後裔とする氏族です。

これに対して百済は辰斯王を殺して謝罪します。そして紀角宿禰らは阿花王《あかおう》を立てて帰国したと書かれています。「三国史記」の「百済本紀」に、辰斯王が三九二年に死去して阿莘王が第十七代の王位に就いたとあり、紀と合致します。

石川宿禰はその名の通り、河内石川に入植した武内宿禰の後裔の一人として四世紀末に実在した人物と考えられ、石川宿禰以降満智《まち》、韓子《からこ》、高麗《こま》、稲目《いなめ》、馬子《うまこ》、蝦夷《えみし》、入鹿《いるか》と続き蘇我氏を名乗っています。蝦夷には入鹿の他に倉麻呂《くらまろ》がおり、倉麻呂には蘇我倉山田石川麻呂の他、赤兄《あかえ》、連子《むらじこ》、日向《ひむか》、果安《はたやす》の兄弟があり連子から蘇我安麻呂《そがのやすしまろ》、石川石足《いしかわのいわたり》と続きます。ただ石川石足から、蘇我ではなく石川を名乗ります。文政三（一八二〇）年に石足の子である石川年足《いしかわのとしたり》の墓誌が発見され、墓誌には「武内宿禰命子宗我石川宿禰命十世孫・石川石足朝臣長子」と書かれ、石川氏は武内宿禰命子宗我石川宿禰命が祖であると自認し、天平宝字六（七六二）年に七五歳で亡くなったと記されています。

蘇我氏から石川氏に変更した理由は祖が石川宿禰であり、河内の石川の地が出自地であるのでその石川を氏族名としたと言っているわけです。

2　蘇我氏姓の由来——曾布はもともと漢人の入植地か

元慶元（八七七）年の「日本三代実録」（十二月二十七日条）には、右京人前長門守従五位下石川朝臣木村《いしかわあそんきむら》（散位正六位上）が「始祖大臣武内宿禰の男宗我石川、河内国石川別業に生る。ゆえに石川をもって名となし、宗我大家を賜いて居となす。因りて姓を宗我宿禰と賜う」とあり、宗我大家という称をいただいて石川に居を構えたので姓を宗我宿禰にしたといいます。武内宿禰の男である石川宿禰は宗我大家であるが、別業の地である石川に生きたと説明しているのです。別業とは本拠地とは別の地に入植し開拓した所です。武内宿禰の男である石川宿禰は、宗《そ》（蘇《そ》）の土地で名家であったと述べているのです。

宗《そ》とはどこなのか。河内王権が誕生する前はどこが都であったか考えればわかると思います。それは息長帯比売や武内宿禰がいた佐紀のことです。佐紀は大倭の六縣の一つである曾布《そふ》の中心地（佐紀《さき》）で、曾布にいた屋主忍男武雄心命と山代の影媛が結ばれ誕生した武内宿禰の出自地となります。つまり、武内宿禰の第三子となる石川宿禰はこの曾布の名家の出身であると、石川朝臣木村が言っているのです。

同じく武内宿禰の第八子として記載されている葛城長江襲津彦も曾布の出身です。記には葛城之曾都毘古《かつらぎのそつひこ》、百済記には沙至比跪《さちひこ》と書かれており、曾布《そふ》の中心地（佐紀《さき》）の男という訳です。

同じく河内の王権が出来た時、石川宿禰といっしょに石川に入植したのが、一須賀の傍の山代郷を本拠とする山代忌寸《やましろいみき》です。山代忌寸は山背国造家の家柄である山背直《やましろのあたい》であると書かれています。山背国造は成務天皇の時代、天津彦根命《あまつひこねのみこと》の裔孫・曾能振命《そのうふりのみこと》が山背国造に任じられたことに始まり、山背国を改め山城国と名称が定まったとされます。やはり振命も曾にいたのです。河内国造である凡河内《おおしかわち》氏（彦己曾保理命《ひここそほりのみこと》）と同族であると記されています。つまり曾布にいた振命が成務朝の時代に入り山代の国を治めていたということになります。

その後裔が山代忌寸であり、息長氏と武内宿禰と一緒に戦い、山背国造の一派が石川郡に入ったことになります。息長宿禰王の二代前に山代之大筒木真若王が山城の王としての名があり、息長氏は山代から曾布入りし、武内宿禰と合流しこの三者が河内に入植した氏族といえるでしょう。「続日本紀」天平勝宝八年七月条によると、七五六年、石川郡の漢人が山代忌寸の姓を授かっています。また、「新撰姓氏録《しんせんしょうじろく》」によると、左京諸藩に山代忌寸は漢人で、出自魯国《ろこく》白龍王也とあります。魯国とは孔子が出自した国で紀元前五〇〇年頃あった国ですが、ここでは魯国のあった山東省のことを言い、後漢献帝の子の白龍王の子孫が魯国のあった山東省出身であると言っているのです。つまり山東半島から韓半島に移り、楽浪郡にあった一族が邪馬台国の一部を構成していたと見てもよいと思います。

山代忌寸の祖は後漢の神獣鏡を持って、倭の大乱の後もしくは楽浪郡が無くなった後、大和に渡来したのでしょう。「新撰姓氏録」（河内国諸蕃）には河内忌寸の名があり、山代忌寸と同祖であると書かれています。忌寸は天武天皇十三（六八四）年に制定された八色《やくさ》の姓《かばね》で新たに作られた姓で、一番上の真人《まひと》から数え上から四番目になり、直《あたえ》姓の国造や渡来人系の氏族に与えられたとありますので、卑弥呼が作ったヤマト王権には多くの漢人が含まれていた可能性があります。

3　別業の地は加田主岐と呼ばれていた

石川宿禰以降、蘇我氏は満智・韓子・高麗・稲目まで石川に住んでいました。満智は履中《りちゅう》二年に平群木菟《へぐりのつくの》宿禰《すくね》らと共に国政を担当したとあります。韓子は雄略九年三月に将軍として新羅に派遣され、同五月に内紛により紀大磐によって射殺されたと記されています。高麗（馬背）については記録がありませんが、稲目まで五代にわたって、河内磯長郷に実在していたと思われます。つまり四世紀後半以降、河内王権が出来たころから磯長郷である石川を、曾布の大家が管理支配していたのです。

欽明が天皇になる頃、蘇我稲目に功績があったのでしょう。稲目という名は河内の伊那《いな》（伊氏の領地）の長官（頭目）であったことを示しています。欽明天皇が五三一年に即位して稲目は大臣となり、宮のある磯城島金刺宮《しきしまのかなさしのみや》へ進出します。稲目は大和葛城に移りますが、河内の石川は別業の地であると述べています。この別業の地が加田主岐なのです。

稲目には馬子、境部摩理勢、堅塩姫《きたしひめ》、小姉君、石寸名と五人の子供がいます。堅塩姫は元来加田主岐の姫であったのが変化したもので、河内の加田主岐に出自があるということです。この堅塩姫の皇女である推古天皇の名前は豊御食炊屋姫《とよみけのかしきやひめ》といい、敏達天皇の皇后として住んだ所が豊御家《とよみけ》（豊浦の宮）です。繰り返しになりますが、出自地を表す炊屋姫は加主岐《かすき》屋姫が原語であり、各々漢字は当て字のようなものです。加とは河内《かわち》（加不知）のことで、主岐とは大臣になった稲目が占有していた領地である磯長郷を指し、推古天皇はそこの中心地にある屋敷に住んでいました。つまり一須賀は、推古天皇の生まれ育った土地でもあるのです。

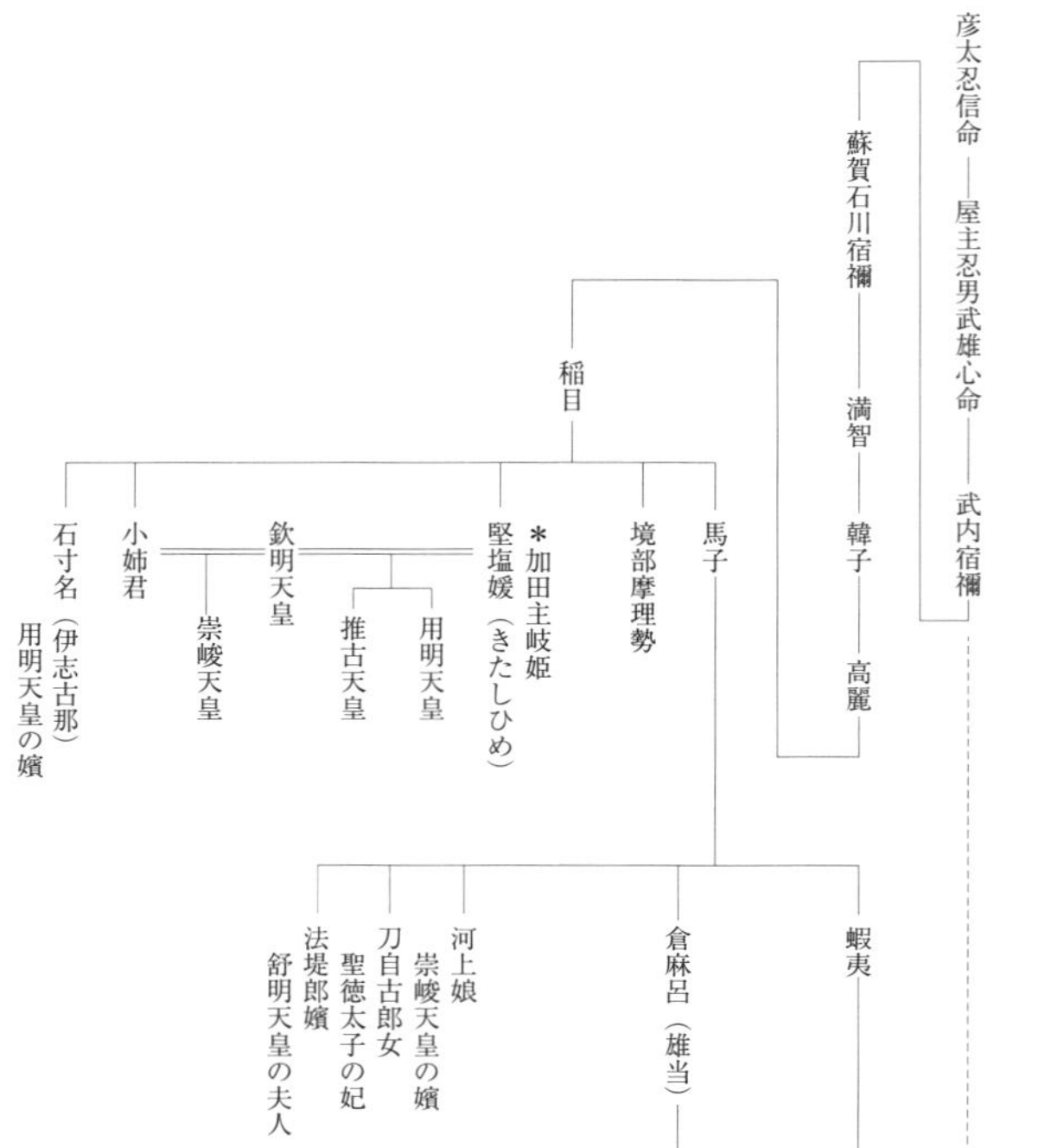

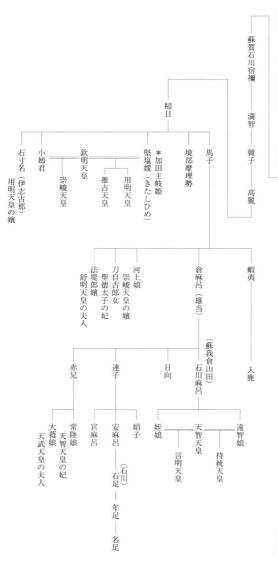

蘇我氏系図と河内蘇何氏

第5章　蘇何《すか》氏の領地防衛策とイスカ庄の兵衛

大化改新で蝦夷、入鹿親子が討たれ、蘇我氏は滅亡したと考えておられる方も多いと思います。しかし入鹿・蝦夷の宗本家が滅んでも、蘇我倉山田が出て、その後石川朝臣の子孫が全国に石川氏として広がり滅亡したわけではありません。河内入植以来、孝元天皇を祖とする人々が政治の表舞台から消えても、平安時代の皇別氏族として残っているのです。

1　律令制による中央集権化

蘇我本宗家を倒した大化改新《たいかのかいしん》（六四五年）以降、大和朝廷は力を強めていきます。韓半島での百済や高句麗の滅亡で、国を一つにし、強くしないといけないという思いがあったのでしょうか、唐の律令制を参考にしながら独自の制度の導入を進めていきます。

それまでは、王家の所有地は屯倉《みやけ》、豪族の所有地は田荘《たどころ》と呼ばれ、私的な土地所有がありました。王家および豪族は所有地の人々を支配して所有地の政治を行ってきました。これらの豪族は全て大和王権の構成員で占められていました。石川郡は蘇我氏の別業の地であり、推古天皇の出自地でもあり、本宗家が滅んでも蘇我山田倉などの別業の地として独自の運営がなされていたものと考えられます。

しかし、大化二（六四六）年に屯倉・田荘は廃止されます。そして土地と人（農民）はすべて国（天皇・朝廷）のものとします。これを公地公民といいます。そして国ごとに国司という役人を派遣し、その下の豪族を郡司や里長としました。

農民には口分田《くぶんでん》を貸し与えるという決まりができました。国が貸し与える対象は既耕地の水田に限られます。口分田は一代限りで、その人が亡くなると朝廷に返さなくてはなりません。この法律を班田収授《はんでんしゅうじゅ》の法と呼びます。班田収授の法では六年ごとに戸籍を作り、貸し与えられた口分田からとれるお米のうち約三パーセントを租《そ》（税）として朝廷に納めること、それ以外に布や特産物も納めることや労役も決められていました。租庸調《そようちょう》という制度です。全国を同じルールのもとで税金や刑罰も決め役所の仕事の方法や戸籍を作り、人民の管理方法までを決めたわけです。これが律令制度です。

ただし、寺社の所有地や豪族の別業地・墓地・個人の宅地はその継続の所有が認められ、山林原野沼沢は共同利用地として所属を確定しませんでした。つまり蘇我氏の別業の地は守られていたのです。

2　荘園化の始まり

しかし、税のほか労役に耐えることができず、口分田を捨てて逃げてしまう人が増えました。口分田を耕す人がいなくなれば国は租税の収入が減ります。そこで、原野を新しく耕して作った田んぼは親・子・孫の三代まで使ってよいという法律を出しました。これを三世一身法《さんぜいっしんのほう》といいます。

しかし三代たったら朝廷に返さなければならないから、新しい田んぼは増えません。結局税収は増えないわけです。七四三年、新しく耕して手に入れた土地はすべてその人のものになるという法律を作ります。墾《こん》田永年私財法《でんえいねんしざいのほう》です。荘園発生の基となる法律が出来たのです。

墾田永年私財法が出来ると有利なのは力を持った寺院や神社、貴族や豪族たちです。彼らは多くの人を使って水路を作り、原野を耕して農地を広げていきました。近くに住む農民や口分田から逃げ出してきた人々を雇って米や野菜を作り、朝廷に租庸調を支払っていました。こうして広げた農地や農村をふくむ地域のことを荘園と呼びます。

荘園は近畿地方を中心に全国に広がっていきました。九世紀になると、天皇家自身が財政を補うために勅旨《ちょくし》により勅旨田《ちょくしでん》を開墾し、親王に賜う親王賜田《しんのうしでん》としたため、私有地はどんどん増加していきました。貴族たちはこれらの土地に荘官《しょうかん》と呼ぶ使いを派遣しました。荘官は荘園の開墾を指揮し、収穫された農産物をおさめる倉を設けこれを庄所《しょうしょ》（管理所のこと）と呼び、地名を付けて「○○庄」と呼びました。これが荘園の始まりといわれています。

八世紀から九世紀の初期の荘園は、全てこうした荘園主が直接経営に携わっていました。こうした初期の荘園は労働力の奪い合いによって行き詰まりを見せ衰退していき、ここに至って律令制度の根幹である班田収授法は事実上消滅しました。

3　新撰姓氏録と河内の皇別氏族

南河内には、荘園を開発できる力を持った貴族や豪族たちがいたのでしょうか。手掛かりとなるのが

「新撰姓氏録《しんせんしょうじろく》」です。

「新撰姓氏録」は平安時代初期の弘仁六（八一五）年に、嵯峨天皇の命により編纂された古代氏族名鑑です。奈良時代、各氏族は天皇系列との関係の深さによって地位を得たのですが、詐称する者も多く、これを正そうとしてできたのが本書です。京および畿内に住む一一八二氏を、その出自により「皇別」「神別」「諸蕃」に分類して祖先を明らかにし、氏名《うじな》の由来、分岐の様子などを記述したものです。これによって氏族の改賜姓が正確かどうかが判別されるようになりました。

「新撰姓氏録」に掲載されている氏族は貴族と豪族にあたります。皇別姓氏とは王家から分かれた氏族のことで、三三五氏が挙げられています。神別姓氏とは神代に生じた氏族のことで四百四氏があり、諸蕃姓氏とは渡来人系の氏族で三二六氏に上ります。

都のある京や奈良時代の都であった大和国や河内国には、武内宿禰の後裔とする氏族がおり、京には石川朝臣（左京）と同祖とする氏族が皇別氏族として数多く存在します。政権の中心を担った蘇我本宗家は滅び、蘇我倉山田の後継である石川朝臣は都に移り石川郡を離れています。しかし河内国の皇別氏族として、武内宿禰の祖父で孝元天皇の子である彦太忍信命之後也とする氏族の名が一つ残っており、蘇何氏と記載されています。朝臣や臣《おみ》や首《おびと》などの姓《かばね》という役職名は持ってはいませんが、九世紀の河内石川郷に存在しているのです。蘇何氏は一須賀にある壱須何《いすか》神社と同じ「何」の字を用いており、読み方は「そが」ではなく「すか」と読んだと考えられます。

このように蘇我氏の末裔は、一須賀を本願地とする皇別士族として続いていたのです。おそらく推古天皇のおかげで、その母である堅塩姫（加田主岐姫）の出自地であることが認められていたのでしょう。

繰り返しますが、石川朝臣は武内宿禰命子宗我石川宿禰命が祖であると自認し石川氏を名乗ったのですが、

本貫	種別	細分	氏族名	姓	同祖関係	始祖
左京	皇別		石川朝臣	朝臣		孝元天皇皇子彦太忍信命之後也
河内国	皇別		蘇何			彦太忍信命之後也
左京	諸蕃	漢	山代忌寸	忌寸		出自魯国白龍王也
河内国	諸蕃	漢	河内忌寸	連	山代忌寸同祖	魯国白龍王之後也
右京	諸蕃	漢	台忌寸	忌寸	河内忌寸同祖	漢孝献帝男白龍王之後也

「新撰姓氏録」氏族一覧より蘇我氏と山代忌寸に関わる氏族

「新撰姓氏録」では孝元天皇皇子に当たる彦太忍信命《ひこふつおしのまことのみこと》を始祖としています。そして河内の蘇何氏も彦太忍信命を始祖としています。つまり蘇我氏とは、石川宿禰以前から存在し、曽布（佐紀）から河内に入植した皇族集団を指すものなのです。

4　山代忌寸と兵衛

河内王権がスタートした時に山代国造の一族も河内に入植したと前述しましたが、「新撰姓氏録」の諸蕃の姓氏として、本貫を河内国とする河内忌寸の名があります。河内忌寸は山代忌寸と同祖であると書かれ、「続日本紀」に七五六年、山代忌寸の姓を石川郡の漢人が授かっていたとあるので同族であると考えられます。

昭和二七（一九五二）年、銅製鍍金《ときん》の墓誌が奈良県五条市で発見されました。全面に鍍金を施した銅鋳製短冊形の墓誌で、表面の外周に界線をめぐらし周縁は魚々《なな》子地《こち》としたもので、二条の罫線をひいて三行の墓誌銘を刻んでいます。それによると、文武《もんむ》天皇以来四代の天皇に仕えた河内国石川郡山代郷出身の山代忌寸真作が戊辰年（神亀五（七二八）年）十一月二五日に亡くなり、また妻の蚊屋忌寸《かやのいみき》秋庭が壬戌年（養老六（七二二）年）六月十四日に卒去したとあります。これは夫婦合葬の墓誌なのです。山代真作の名は正倉院文書の養老五（七二一）年の戸籍にも見られ、真作の死に伴い秋庭の遺骨が真作の墓に改葬されたとみられるものです。

どうして五条市で発見されたのか不明ですが、南河内の山代郷の近くの墓領に埋葬されていた墓誌が盗掘された可能性もあります。この一族の族長は七世紀末頃、評（郡）の長官か次官になり、その子息の山代忌寸真作という人は山代郷の兵衛になったのではないかと考えられています。

後の元弘の変の時、楠木正成《くすのきまさしげ》の設けたと言われる城砦の一つに大宝寺城《たいほうじじょう》（別名別井城《べつついじょう》）という城がありま す。この城は山代郷にあり山代氏が城将となって守備したとあるので、山代氏も古代からこの地を守り続いているのです。兵衛《ひょうえ》とは律令制における官司で、地方の国司・郡司レベルの健康な子弟を採用し兵衛府《ひょうえふ》に属していた下級官です。兵衛府は「つはもののとねりのつかさ」と読み、都を警護する武人や地方の国造組織の武人をいい、左兵衛府と右兵衛府の二つがありました。畿内では都に近かった関係で豪族は子弟を一定期間武官として参加させ、その代わりに開発庄の免税権を得ていたのです。

律令制度が崩壊し国司・郡司が成り立たなくなると、兵衛自体の機能も有名無実化しますが、一般的に荘園時代の開発領主は雑役を逃れるため兵衛を名乗り続けます。左衛門尉や右衛門尉も同じようなもので律令時代の官職ですが、鎌倉時代以降守護や地頭に代わっていくと、官職名ではなく現地受領名《げんちずりょう》として使われます。古くからの官名を代々名乗ることで免税効果が残っていたのでしょう。

律令時代からの慣例で、山代郷の山代氏と同じように、河内磯長郷の蘇何氏も兵衛を代々名乗ったものと考えられます。

5　不輸不入の権

十世紀に入って藤原氏などの有力な貴族たちが政治を行うようになると、自分達に都合のよい決まりを使って税金を払わなくてもすむ方法を考え出しました。それが不輸不入《ふゆふにゅう》の権です。もともと大きな寺院や神社は税を朝廷に払わなくてもよいとする特別の扱いがあったのですが、これを自分達の土地にも都合よく当てはめたわけです。

広い耕作地を持つ豪族や有力農民は、競って自分の土地を貴族や寺社に寄進しました。本来の持ち主からすれば今まで朝廷に納めていた租庸調を貴族や寺社などの有力者に納めるようにしただけということになりますが、こうしておけば豪族は国司の横暴や隣地との争いに有利になります。なぜならその土地は有力者の荘園となり、不輸不入の権を得ることができるからです。一方貴族にとっては何もしなくても多くの農産物や特産物が手に入るわけですから、両者にとって有利な条件ということになります。

こうして多くの荘園領主が中央の有力者に変わっていきました。こうした名目上の領主のことを本所《ほんじょ》とか領家《りょうけ》と呼びました。そして本来の持ち主は荘官・下司《げし》・地主と呼ばれ、実質的な荘園の支配を行いました。名を捨てて実を取ったわけです。

畿内では小規模な開発領主たちが寺社や有力貴族の舎人となり、労働奉仕することで公事雑役を国衙《こくが》から免除され、自分の土地の権利を保護されることを期待しました。両者にとって損はなく、損をするのは国家ですから、それを阻止しようと朝廷はたびたび荘園整理令を出したのです。

6　龍泉寺に見る国衙の横暴

石川の支流佐備川領域には佐備庄や東条庄の荘園があり、その南に龍泉寺《りゅうせんじ》というお寺があります。寺伝によれば推古天皇二（五九四）年に蘇我馬子が勅命を受けて建立したとされます。寛治三（一〇八九）年の「弘法大師行状集記」に河内龍泉寺条が設けられ、龍泉伝説が残っています。かつて嶽山《だけやま》の中腹この寺の境内にある古池に悪龍が住み、人々に被害を与えていました。時が経って境内の池と麓の水脈が枯れてしまい困っていたところに弘法大師が現われ、祈ったところ龍が現われ、にわかに恵みの雨が降ったといいます。そこで龍の泉ということで寺の名を龍泉寺と改めたとあります。

天喜五（一〇五七）年、龍泉寺の氏人宗岡公明と寺別当らが龍泉寺領の認定を河内国司と在地官人に求めます。これによると、承和十一（八四四）年、氏長者の公重が強盗に殺害され、家が焼かれ資料が無くなったものを認めてほしいというものです。東大寺文書によると龍泉寺の私領の訴えは、承和十一（八四四）年から天喜五（一〇五七）年まで二百年にわたり繰り返し行われています。磯長郷から拡大した蘇我大臣の子孫である氏人は紺口郷を開発し、紺口荘という私領を持っていたのですが、それを国衙に取られそうになって何度も訴えていたのです。

結局国司から開発領主が土地を守るには、国司より上位の公家や中央の摂関家や有力寺社に寄進し、実質的な土地保有をはかるしかなかったのでしょう。龍泉寺は天喜年間以降奈良興福寺に属することになります。

このように河内の石川・梅川・佐備川流域には、もともと石川宿禰の後裔や蘇我大臣、蘇我山田倉の後裔氏族が開発した私領が広がっていました。

7　開墾地を守る手段と南河内の荘園

十一世紀末に院政が始まると、院の上皇も藤原氏並みに自分たちに有利な免租免役という税金がかからない制度を作ります。荘園に国司が入ることもなく、雑役することもないわけです。その上犯罪人を追捕する検非違使《けびいし》の立ち入る権利まで拒否できる守護不入地になったので、開発領主たちは院の周辺に集中し、皇室は摂関家をはるかにしのぐ大荘園領主になりました。つまり最初は地方の国司レベルでの免税を期待し寄進していたものが、摂関家の権力が確かなものになると、競ってさらに中央の有力者に寄進します。こうして荘園はより有力者に寄進されるという重層的な構造になります。

これらは全くの経済的な関係であり、身分的な関係ではなかったようですが、不輸の権利を得た荘園領主たちは、国に代わって荘民から年貢を取り立てるシステムを十二世紀に完成させたのです。

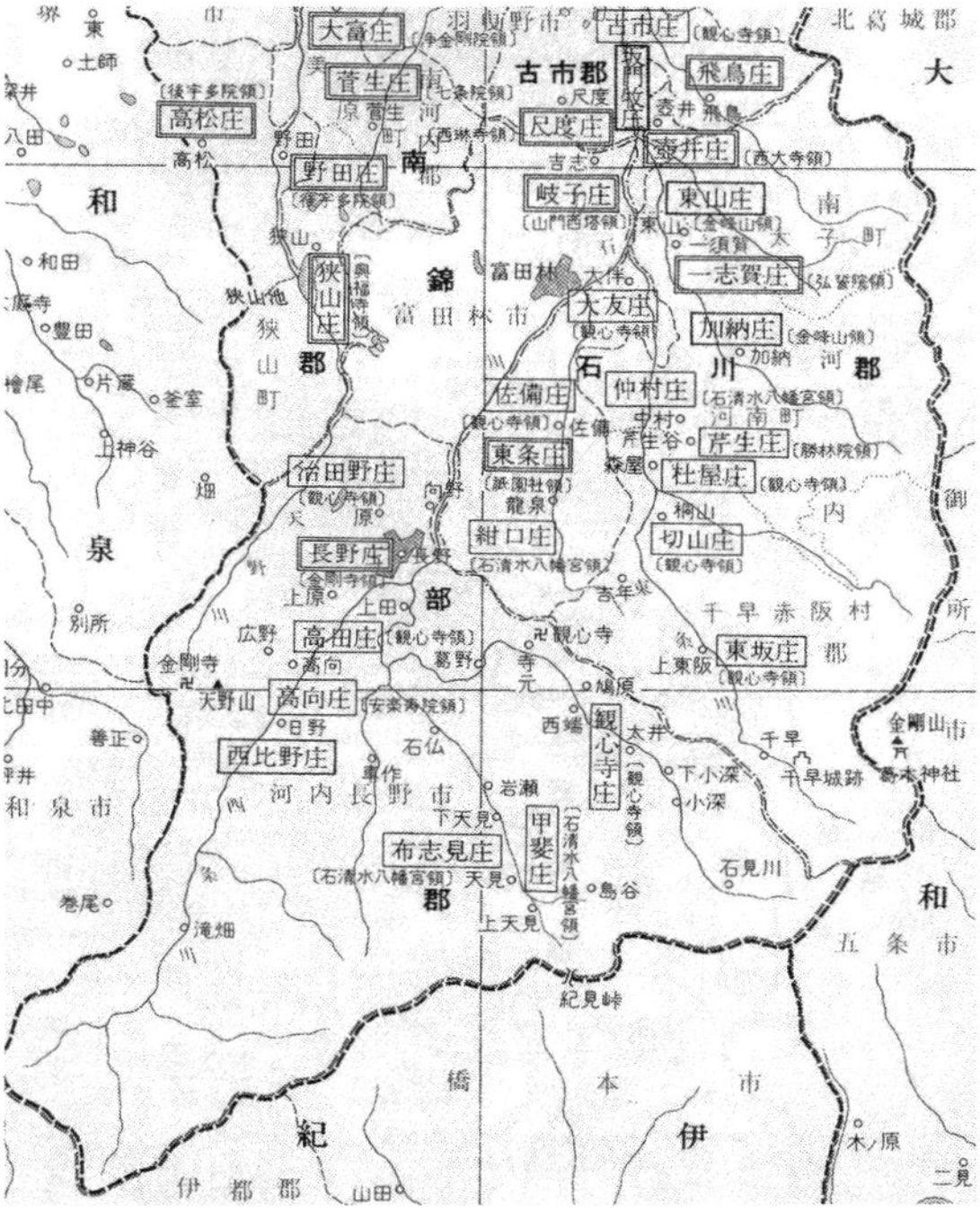

南河内の荘園（荘園分布図より転載）

このようにしてできた荘園ですが、南河内にはどのような荘園があったのでしょうか。河内国石川郡には東山庄＝旧石川庄（金峰山《きんぷさん》領）、一志賀《いすか》庄（弘誓院《くぜいん》領）、大友庄（観心寺《かんしんじ》領）、加納《かのう》庄（金峰山領）、佐備《さび》庄（観心寺領）、仲村《なかむら》庄（石清水八幡宮領）、東条《とうじょう》庄（祇園社《ぎおんしゃ》領）、芹生《せりょう》庄（勝林院領）、杜屋《もりや》庄（観心寺領）、紺口《こむく》庄（石清水八幡宮領）、切山《きりやま》庄（観心寺領）、東坂《あづまざか》庄（観心寺領）がありました。

一方錦部郡には、岐子庄（山門西塔領）、観心寺庄（観心寺領）、甲斐《かい》庄（石清水八幡宮領）、布志見《ふじみ》庄（石清水八幡宮領）、長野《ながの》庄（金剛寺領）、高田庄（観心寺領）、

高向庄《たかむかい》（安楽寿院領《あんらくじゅいん》）、西日野庄（不明）などが見られます。

これらの荘園のうち、寺社荘園は藤原氏の不輸不入の権利が出来る以前の奈良・平安時代に寄進荘園として完成しています。平安末期に院政領荘園となったのは東山庄と一志賀庄です。この二つの荘園は、それまでは開発領主が管理する荘園だったのでしょう。この二つの荘園について、環境の変化を見ておきます。

8　東山庄に見る荘園の状況変化

石川源氏は一須賀の北、壺井を本貫地として河内に多くの開発領を設けますが、その一つが石川とその支流、東条川の間、石川東条の平野に成立した石川荘です。室町時代に金峰山領となり名前を東山庄に変えますが、石川源氏に因る荘園です。

石川源氏の祖である源頼信《みなもとのよりのぶ》・頼義《よりよし》・義家《よしいえ》の三代、および義家の子、義忠《よしただ》は、いずれも河内守に任ぜられていました。国司として京で国政にあたる一方、一族の子弟を現地代官に仕立て、私領荘園を設けて開発領主となり荘園化を進めます。とくに前九年の役・後三年の役で全国に武名をとどろかせた八幡太郎義家には諸国の農民・土豪が寄進して荘園とすることが多く、朝廷は寛治六（一〇九二）年、義家が寄進を受けて作った荘園を停止するよう指令するほどであったといいます。もちろん河内東条の石川庄も同様の寄進があって誕生したのでしょう。

石川氏は河内守義忠の弟の義時が石川東条の石川庄に在地化し、石川氏を名乗ったのをはじめとします。平家物語では義時の子善基《よしもと》がこの地にあった石川城を基盤に登場します。平安末期、平家の勢力が強くなり強奪されることを恐れ、高倉天皇の後宮七条院に献上し七条院を本家と仰ぎ、在地領主となって保持発展に努めます。石川義兼《いしかわよしかね》は院に寄進後石川判官代を名乗ります。判官代とは摂関家女院庄園の現地官人のことです。

治承四（一一八〇）年冬、平清盛の攻撃により義基ら石川源氏の主力が鳥羽（京都市伏見区）で壊滅します。義基の子義兼は河内の本貫地にあった石川城に在り、平清盛《たいらのきよもり》は源義家以来の河内の石川源氏に止めを刺すべく、源大夫判官季貞《すえさだ》、摂津判官盛澄《もりずみ》らを派遣して石川城を攻撃し、義兼は平家方に敗れ投獄されます。しかし木曾義仲《きそよしなか》の入洛と平家の都落ちという混乱に乗じて脱出に成功。その後以仁王《もちひとおう》の令旨に伊豆の頼朝らが挙兵し、平家を打ち破った際には源頼朝から河内随一の源氏と評されたといいます。

9　一志賀庄も院政領となる

イスカ庄あるいはイシカ庄と呼ばれていた一志賀荘は、蘇我氏発祥の地である加田主岐にあり、その開発領主は一須賀の蘇何《すか》氏で間違いないでしょう。平安末期一志賀荘の状況は、隣の石川庄と同じような経緯があったと考えられ、一志賀荘は弘誓院領になったとの記録が残されています。一須賀の開発領主は寄進することで兵衛を名乗ったのです。

安元二（一一七六）年二月付の「八条院領目録」（山科家古文書／平遺五〇六〇）で、弘誓院御庄々の三島荘・富島荘とともに河内の一志賀荘が美福門院《びふくもんいん》から八条院に譲られ、以後弘誓院領三ケ荘は八条院領を形成する荘園のひとつとなったとあります。つまり在地領主が、先祖相伝の家領が平家に尊略されることを恐れ、美福門院（藤原得子《ふじわらのなりこ》）の御願寺弘誓院に寄進して皇室領とし、皇室を本家と仰いで自ら預所となり、その寄進荘園がその後さらに美福門院から八条院に譲られたのです。

鳥羽上皇の時代、この石川には大炊寮《おおいりょう》があり、保延年間（一一三五～一一四一年）に給田がありました。

官田の供御人数百人が、その名田を宇治の大相国《だいしょうこく》（太政大臣のこと）藤原忠実《ただざね》の荘園内に打ち籠められたとして稲の神輿を担いで上京し、院に押しかけ支配権の確立を訴えたこと（本朝世紀）もありました。院政が実力を発揮し開発民が院に寄り添うことで、前述した通り上皇が大荘園領主化した時期です。

八条院領とは鳥羽天皇と美福門院との皇女八条院が主として父母から伝領した荘園群であり、荘園数は院庁分と安楽寿院、歓喜光院《かんきこういん》、蓮華心院《れんげしんいん》などの御願寺領を含むと計二百ケ所以上にのぼり、後鳥羽天皇皇女の春華門院《しゅんかもんいん》、順徳天皇、後鳥羽天皇、後高倉院、安嘉門院《あんかもんいん》を経て大覚寺統の亀山天皇、後醍醐《ごだいご》天皇に伝領されています。

10　開発領地の防衛から生まれた河内の武士団

荘園経済のシステムが完成すると、荘園内の組織と治安・外圧防衛をどうするかという問題が発生します。律令制では朝廷が派遣する地方官を国司と呼び、役職名としては長官＝守《もり》、次官＝介《すけ》、判官＝掾《じょう》、主典＝目《さかん》の四等官に分かれています。その四等官の実質筆頭官を受領、それ以下を任用国司と呼びます。

もともと国司は、税を徴収するため国府・国衙と呼ばれる館になんとか守《もり》と呼ばれた長官以下が赴任していました。いわば地方の県庁に中央から知事が赴任してくるといった感じでしょうか。寄進地系荘園が出現するまでは、一部の寺社や貴族の土地を除いて全ての田租《でんそ》（税となる米のこと）は直接都へ運ぶため、国司のもとへ集められました。国司は必要経費を除いてそれらを都に運びました。

そのうちに国司に皇族親王が補任されます。しかし親王は名目だけで、給料は受け取るが任国には行かなくなります。次第に親王だけでなく上級貴族も給料を受け取るだけで任国には行かなくなります。代わりに国司となって領地におもむいた者（長官）を受領《ずりょう》といいます。都にいた時は下級身分の貴族や皇族でも、ひとたび地方へ行けばとても位の高い、血筋の良い人ということになります。

初期の荘園の頃には、一定の国税を都に納めれば後は自分のものにし、より多い税を課し土地を自分のものにすることもできたので、国司の中には任期が終っても都へ戻らず国司だったときに得た自分の領地に残る者も出てきました。次官や判官も、同じように都落ちしたものにとっては戻りたくなかったのでしょう。つまり都落ちは居心地もよく、利益もあり土着化するわけです。

国司となった者の中には、その立場を利用して余分に税を取ったり人の土地を奪ったりする者も現れました。あまりにひどすぎるため、その土地の豪族や農民に訴えられた国司もいたほどです。初期の開発領主たちは、隣との境界争いや略奪、国司の横暴から自分達の土地は自分達で守る必要が出てきました。つまり始めの頃の武士は武装した開発領主層だったのです。

開発領主一族のなかには、武士の専門家になって荘園主である貴族に仕える人も出てきました。武士のグループは、一族や仲の良い者同士で結束し成長していきました。数が多い方が安心だからです。彼等はより有力な人と主従関係（主人と家来の関係）を結んで武士団を作っていきました。地方では、国司として都から赴任してきて地方に居残った国司を自分達のリーダーに選んだのです。平氏や源氏はまさにその代表格です。

これらのリーダーを武家の棟梁《とうりょう》といいます。十二世紀に武士の棟梁が出現すると、荘園領主との経済関係と共存する形で身分関係が出来上がります。南河内を見れば鎌倉時代初期河内郡司・守護代を三代続けている楠左衛門尉成康家を中心に膽駒《いこま》、橋本、水分《みまくり》、玉手《たまて》、神宮寺《じんぐうじ》、酢屋、甲斐庄、日井、勝田、宇佐美、生地《おんじ》、高安《たかやす》諸氏と姻戚関係を結んでいることになります（第1章　井堤橋系図参照）。寄進先は各々寺社や院と異なりますが、武士としての結束を固めました。河内の国の開発領主一族がリーダーの守護代と結びつくことで、自らの領地と家系の安泰化だけでなく物流の促進も図ったものです。酢屋二郎兵衛の後に土生《はぶ》、田原《たはら》という氏姓も出自するので、和泉や河内全体に開発領主ネットワークが出来上がったと見られます。

第Ⅱ部　武家の台頭と「すや」

第6章　河内の武士団の棟梁正成と元弘の乱

金剛七郷の楠氏と一須賀の酢屋が姻戚関係を持ち、楠左衛門尉成康の次男である二郎を酢屋に迎え、楠氏を棟梁とする武士団に加入した酢屋は、開発領の安泰を図りました。それから四世代後に楠木正成が出自します。酢屋を含めたこの河内の武士団が決起せざるを得ない状況を、棟梁となった正成を通して推し量ってみます。

1　鎌倉幕府の誕生も源氏は三代で滅びる

治承四（一一八〇）年、河内源氏の流れを汲む頼朝が鎌倉を拠点とし東国政権の確立を目指します。主従関係を結んだ武士を統率する侍所を設け、封建制度の仕組みを作ったのです。寿永三（一一八三）年には後白河法皇により東国支配が認められ、翌年には公文所や問注所を設け、文治元（一一八五）年には全国の守護地頭の任命権を得て、建久三（一一九二）年には征夷大将軍に任じられました。

鎌倉幕府ができた頃、河内の開発領主たちの様子はどうだったのでしょうか。河内の荘園開発領主には、寺社や院に寄進しながら武家政権との主従関係を持つなど、公武両政権と多面的な結びつきを持ち、地域の祭祀権を保持する産業や流通にも長けた職人的な武士が多かったといいます。この点が東国の武士とは異なっています。

楠左衛門尉成康の家はもともと石川源氏と主従関係を持ち、河内蔵人所の所管の金剛砂御園との関わりがあって祖父盛氏は御家人として頼朝に仕え、その後幕府の守護代を務める家柄であったので、鎌倉幕府が出来ても領地は安泰でした。しかし、将軍頼朝が建久十（一一九九）年、五三歳で亡くなると、嫡男頼家が後を継ぎますが重病で倒れ、その後対立した執権北条時政に暗殺されます。さらに、時政に担がれ次男実朝《さねとも》が将軍となりますが、建保七（一二一九）年、頼家の子公暁《くぎょう》に親の仇と思われ暗殺されます。これには北条家や有力御家人が関与していたとも言われています。このように河内源氏の流れを汲む鎌倉将軍家は、わずか三代三九年で途絶えてしまいます。

2　承久の乱での上皇敗北によって深まった河内武士団の連帯

後鳥羽上皇は実朝と親しく、公武融和を図っていたとされます。後鳥羽上皇は日本一の荘園の持ち主でした。二代目執権北条義時は、実権を握ると院の荘園にまで地頭を介入させ、院に年貢が入らなくなり、東国では荘園の寄進も減少します。業を煮やした後鳥羽上皇は承久三（一二二一）年、西国の武力を集め義時追討の院宣を発します。

最初は北条氏も弱気になり敗北を覚悟します。しかし、「三代将軍の恩に報い、将軍との主従関係を忘れるな」とする北条時子の激によって御家人たちは立ち直り、京に大軍となって押し寄せ、その結果上皇側は敗退します。これが承久の乱です。

乱後の処置はまことに厳しいものでした。後鳥羽上皇は隠岐の島に配流。上皇の持っていた荘園はすべて没収。順徳《じゅんとく》上皇は佐渡ヶ島に配流。土御門《つちみかど》上皇は土佐に配流となり、上皇嫡流が皇位につけないよう上皇の関係者を流罪にします。

北条氏は京都に六波羅探題《ろくはらたんだい》を設け、畿内諸国には守護・地頭を置きます。さらに、これまで幕府側が手を出せなかった西国の荘園にも新たに地頭を配しました。地頭の多くは東国から派遣された武士です。こうした地頭のことを新補地頭《しんぽじとう》と呼びます。この後彼等の多くはじわじわと荘園を侵略し、やがて荘園の半分を自分達のものにしていきました。

河内守護には三浦泰村《みうらやすむら》が補任されます。翌年、金剛寺は泰村から守護使の乱入狼藉を制止する保証を得ていたので寺社荘園は無事でした。しかし宝治元（一二四七）年、北条時頼は鎌倉で河内守護の三浦泰村を武力討伐するなど有力御家人を次々と滅亡させ北条得宗家《ほうじょうとくそうけ》の支配を強めていき、寺社荘園も圧迫されます。

当然八条院領である一志賀荘も例外ではありません。承久の乱後、河内には地頭として関東御家人土屋氏を茨田郡に入部させ、さらに三浦氏排除の後、河内・和泉の守護は山城・摂津と同じく得宗領とし、北条氏は畿内の守護のほとんどを専有することになります。これによって畿内の開発領主に危機感が生まれます。特に上皇側の敗北で、院領であった石川庄や一志賀庄および天皇直属の蔵人所に関わっていた河内の開発領主たちは、自らの領地を守るため武士団の連帯を強めたのです。

3　蒙古襲来による経済の混乱と両統迭立に反対する天皇

北条得宗家の支配が強まる中、元《げん》の五代皇帝のフビライが、文永十一（一二七四）年と弘安四（一二八一）年の二度にわたり九州に攻め入ってきます。幕府は筑前の守護の少弐《しょうに》氏に命じ九州の御家人を統率し戦います。これを文永の役と弘安の役と言い、弘安の役では神風と言われる暴風雨で蒙古船団は大破したとされます。元との戦いの後、参加の御家人の間には、恩賞につながらなかったので不満が充満します。その不満や分割相続で困窮する御家人のため、永仁五（一二九七）年、幕府は御家人を救済する永仁の徳政令という、いわゆる不動産抵当の借金の棒引きを行う特令を出します。これがかえって社会の経済を混乱させる結果となりました。

いっぽう、承久の乱以後の朝廷の衰退は著しく、皇位継承を巡る自己解決能力をも失い、結果的に幕府を否応無しに巻き込むことになります。北条泰時の支持で上皇の地位を獲得した後嵯峨上皇が院政の後継者を指名しなかったため、皇統は後深草上皇の系統である持明院統《じみょういんとう》と亀山上皇の系統である大覚寺統《だいかくじとう》に分かれてしまいました。両統は天皇が即位するたびに激しい工作を幕府にするようになり、幕府は両統迭立《りょうとうてつりつ》という、天皇が即位して十年で譲位して異なる皇統の立太子を行うという方針を定めます。まるで北条氏が天皇を決める立場にあったように見えます。

ちなみに後鳥羽上皇まで、石川郷の荘園の七条院の石川荘と八条院の一志賀荘はともに後鳥羽上皇の管轄でした。両統迭立によって八条院は大覚寺統の亀山天皇・後醍醐天皇に伝領されます。七条院は持明院統に継がれていきます。後に北朝系と南朝系に分かれる経済的な基盤が、荘園の伝領にも表れているのです。

幕府は文保元（一三一七）年、即位十年にあたる花園天皇の譲位と、続く後醍醐天皇の即位のための立太子を申し入れます。反対派が大覚寺統傍流出身の子孫への皇位継承を認めないという結論に達しますが、文保の和談により、翌年後醍醐天皇が即位しました。

後醍醐天皇は以前より、皇位継承問題に北条氏が口出しするのは君主に対する侮辱であると思っていました。「太平記」第一巻の序に「国家興亡の由来を考えると、天の徳を体得した君主と地の道を手本とする良臣があってはじめて国家が平和である。君主が徳を欠き臣下が道を間違えた時は滅亡につながる」と孔子の言葉を引用し、北条氏の政治手法、外敵による国家存亡の危機、経済の破綻などを批判し、早く武家政治を止め自らの政事により国を立て直そうと考えたのです。皇位継承に関する武家の介入が一番気に入らなかったのですが、最も重大な問題は、承久の乱の敗北で蒙った公家の生活権ではなかったのでしょうか。後醍醐天皇は父である後宇多上皇の院政を廃し、天皇親政の承認も賜り、親政の再開を決意します。

4　後醍醐天皇のクーデター

南北朝の動乱は、後醍醐天皇による倒幕クーデター計画の情報漏れから始まります。正中元（一三二四）年、天皇から倒幕の意思を聞いた腹心の日野資朝《ひのすけとも》、日野俊基《ひのとしもと》らが、倒幕計画に誘った土岐頼員《ときよりかず》と多治見国長《たじみくになが》の二人の武士による、六波羅探題の襲撃計画を立てました。しかし土岐氏の女房が、六波羅奉行であった父の斉藤利行に通報し計画が発覚、二人が討ち取られ資朝・俊基の陰謀であることが判明し両名は鎌倉に連行されました。幕府は承久の乱の二の舞を避ける判断をし、二人は死罪にならず、最終的に資朝は佐渡に流刑、俊基は京に送還されました。天皇はお咎めなしでした。これが正中の変と言われるものです。

罰が軽かったのか、釈放された俊基は天皇の信頼を増し官位を躍進、寺社の結集を進めます。天皇は東大寺、興福寺、比叡山などに行幸し、討幕の志を告げて味方に付くように誘い、比叡山には皇子である護良《もりよし》・宗良《むねよし》の両親王を延暦寺座主につけて勢力の結集を図ります。また真言僧である円観・文観上人らを護持僧として宮中参入を用意し、倒幕計画を練りました。

しかしこの謀議も、天皇の信任の厚い権大納言吉田定房の密告により鎌倉に情報がもたらされます。定房は天皇が腹心に騙されていると勘違いしたようです。円観・文観は鎌倉へ護送され流刑となり、俊基も捕らえられ資朝とともに処刑されます。元弘の変の始まりです。後醍醐天皇の関与は明らかになり、天皇の謀反として退位を迫られ、皇居は六波羅探題の監視下に置かれました。

5　後醍醐天皇と河内武士団の利害の一致

元弘元（一三三一）年八月二四日、天皇は比叡山行幸と見せかけ身代りを出発させ、六波羅勢が比叡山を攻めているその隙に皇居を脱出し、奈良東大寺から山城の笠置山《かさぎさん》に身を隠し、そこから畿内の武士に挙兵を呼びかけます。笠置山には時が経つにつれて畿内各地から中小の豪族がぽつぽつ集まってきたようで、名のあるのは山城国の柳生《やぎゅう》氏、多賀氏、三河の足助《あすけ》氏、南河内から石川・錦織の諸氏ぐらいで、その他は下狛《しもこま》、木津、古市、大和高取の越智《おち》などの土豪・地侍であったと言われています。河内では石川判官代が後醍醐天皇の笠置山決起に参加していたとされます。石川義兼は河内守護北条時政の時代に石川庄の地頭に起用された幕府の役人ですが、地頭職にも不満があったのでしょう。

参集する武士が少ないのは、天皇の決起が北条氏の圧迫を解除できるか開発領主たちには確信が持てなかったからです。つまり天皇側が勝てるのかという疑問があったのでしょう。

ここで「太平記」は、主役として扱う河内の英雄を登場させます。「太平記」第三巻には楠木正成を取り立てた経緯が示されています。

宮中の紫宸殿の庭先に大きな常磐木《ときわぎ》が茂り、南への枝が特に育っており、その木の下に大臣はじめ多くの公卿たちが参列し、南面する玉座には誰も座していない。そこに童子二人が帝を導き、「この国に御身を安らかに隠せる所はありません。あの木の陰に南に向いた玉座があります。これは貴方の為の物ですから暫くここにおいで下さい」と言って天高く上っていった夢を天皇が見ます。天皇は木に南と書けば楠となることから、「楠木という者を頼みに帝業を為せ」という日光・月光菩薩の夢告（南木の庇護）であると考え、住職に楠木という武士がいるか尋ねます。夢合わせの結果、河内国金剛山西麓に楠木正成という者がいるとのことで勅使を差し向けることとなったと書かれています。

この謎めいた登場のさせ方が後の世で正成の出自を混乱させる結果を生じさせたと考えますが、院政領と寺院領の多い河内の荘園内では、北条氏を倒すということで天皇側と利害が一致していたのでしょう。

6　酢屋二郎兵衛兄の四世孫にあたる楠木正成の出自について

正成に関しては、永らく金剛山観心寺領の土豪で散所の長者ではなかったかという説が有力でした。散所とは権力者の領地であった荘園から農民が集団で土地を放棄して逃亡したり脱落したりで浮浪化した者を、在所から散った民というので散所《さんじょ》の民《たみ》と呼ぶものです。その長者ですから浮浪者の統率者ということになります。しかし近年では、金剛山の麓で水利権を持ち、木材・金剛砂・水銀や朱の原料となる辰砂の流通を行

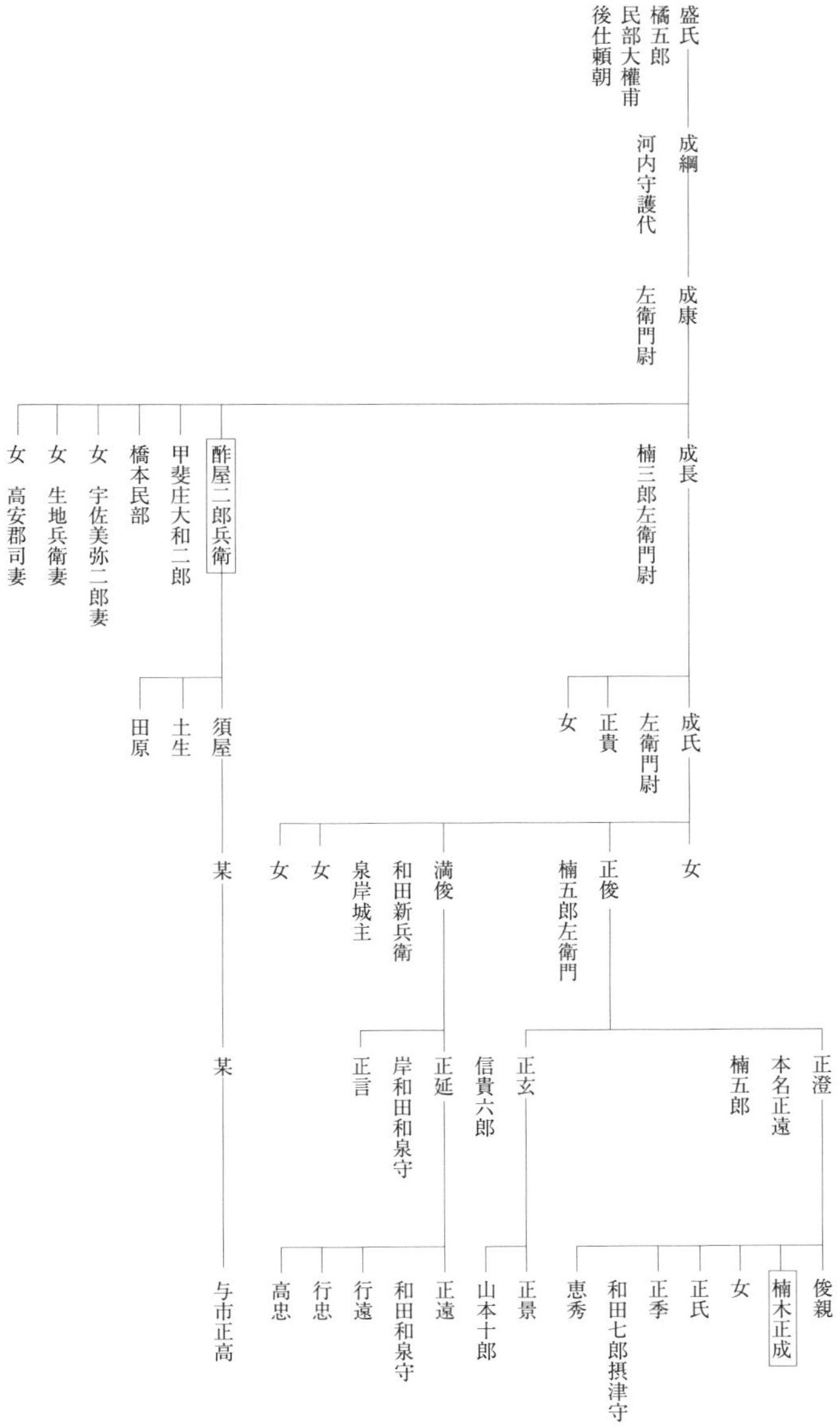

酢屋二郎兵衛と楠木正成の関係図（系図纂要橘系図に一部加筆）

う商業的な武士である家に生まれたとする考え方に変わってきています。

楠木正成は酢屋二郎兵衛の兄にあたる楠左衛門尉成長の四世孫として登場します。正成が後の世で有名になりすぎ、あやかろうとした系図が散乱し、あやふやなものとなっていますが、系図纂要から推理すると以下のようになると考えています。

正成の父正澄《まさずみ》は弘長三（一二六三）年に生まれ、嘉元二（一三〇四）年に鎌倉にて四二歳で亡くなっています。南河内の橘家には源頼朝が鎌倉幕府を開いた際頼朝に仕えた、橘盛氏《たちばなもりうじ》という人物がいました。その子成綱は河内守護代として南河内に戻りますが、「吾妻鏡」建久六（一一九五）年十一月七日条に、頼朝に従って上洛した豪族の中に忍三郎・忍五郎と並んで楠木四郎の名が見え、その兄弟が御家人として鎌倉に残っていたと考えられます。その数代後に盛仲という人物がいたのでしょう。

正成の母は橘盛仲《たちばなもりなか》の女といい、父正澄から見れば遠縁にあたります。正澄には兄弟がいて正玄といいますが、実は楠六郎左衛門盛仲の子であり、盛仲が亡くなった際正澄の父の正俊（楠五郎）が養育し正澄の兄弟として育てています。正澄の長男は俊親《としちか》といい、祖父の名を一字継いでいるので俊親の母は別にいて、盛仲の娘とは再婚であった可能性があります。再婚後次男として生まれた正成を楠木としているので、最初は母方を継がせるつもりだったのでしょう。しかし長男俊親が早世したのと正澄が亡くなったので、次男の正成が金剛赤坂の家を継ぐことになったのです。

つまり正成は十歳で父を鎌倉で失い、母と一緒に祖父正俊のいる赤坂に戻ったと推測できます。河内に戻った母は信貴河内律師《かわちりつし》という僧職に就いて、最終的には金剛別当になっています。母の兄にあたる正玄は正俊の子として河内で育ち、信貴氏を継いだ後主人を亡くした妹を鎌倉から呼んだのです。正玄が信貴氏を継いでいる関係で母は信貴山のお寺に入ったのでしょう。つまり、正成は鎌倉で亡くなった御家人の子であるという説が成り立つと考えられます。

7　正成の決心と元弘の変の終結

後醍醐天皇は笠置に正成を招き天下草創の謀を問います。正成は「天下統一には、武略と知略は必要で、合戦は最後の勝利が大切だから、正成一人が生きていると聞かれたら、帝のご運は開ける」と献言したとあります。正成は笠置に行って話を聞いてみるまで決断はしていなかったように見えます。この時天皇は四三歳、正成は三七歳で六歳年下です。天皇は無礼講も催しており案外敷居は高くなかったのかもしれません。

正成は天皇の決意を聞いて戦略論を話しているうちに利害関係を抜きに意気投合し、勤王の大義に感じ献言したとあります。天皇は若い正成の知略に委ねることとし、即座に尊良《たかよし》・護良親王及び四条隆資に対し、正成と共に河内に赴くように命じています。

河内の開発領主たちの棟梁として参戦することで河内の領地を守れるのか、正成は自問したはずです。正成は笠置にて戦うことに戸惑い、地元に戻って挙兵すれば戦略次第では勝算ありと見ました。そして河内に戻って一族でもある河内の開発領主達に決起を伝えることにします。

元弘元（一三三一）年九月、笠置山で挙兵した後醍醐天皇は六波羅軍に囲まれ、攻防の末九月末笠置は落城し、天皇は脱出します。やがて捕らえられ隠岐に配流されます。

北条高時は六波羅からの知らせを受け大軍を笠置に差し向けます。既に笠置は落ちたので、軍勢を正成の赤坂城に向かわせたのです。「太平記」には「正成は、弓の名手たち二百余名を城に残し、周囲の山に配置し、楠木七郎・和田五郎と菊水の旗をなびかせ、山を下り、寄せての大軍に勝利し、二度の合戦に敗れた東国軍は遠攻めをした」とあります。

結局兵糧が尽きた正成は行方をくらまし、赤坂城を明け渡します。天皇が捕えられ正成の赤坂城が落城、鎮圧されるまでが、いわゆる元弘の変です。これで鎮静化するかと思われたのですが、正成にとって赤坂城の明け渡しは予定の行動であったのです。

8　正成のゲリラ戦法と南河内の荘園

元弘二（一三三二）年四月、正成は赤坂城に在番していた南河内の地頭となった紀州御家人湯浅定仏《ゆあさざだふつ》を攻撃し、赤坂城を奪還します。吉野では護良親王が挙兵し、正成は千早城を拠点にゲリラ戦を展開したのです。六波羅探題は紀伊隅田一族に護良親王と正成の追討を命じ、鎌倉には再び大軍の上洛を要請しました。勢いづいた正成は甲斐庄天見で紀伊の御家人井上入道らを討ち取り、さらに河内守護代や和泉守護代を撃破し、五月には住吉・天王寺に至り、摂津難波に至って六波羅軍奉行が率いる隅田・高橋らの幕府軍を渡辺の橋詰に破ったのです。

七月に幕府は宇都宮勢を天王寺に送ります。しかし正成は戦わず撤兵するという兵法も見せます。元弘三（一三三三）年一月末、鎌倉勢は吉野・赤坂・金剛山討伐のため京都を発ちます。吉野はすぐに陥落し護良親王は高野山に逃れます。吉野を攻めた幕府軍は赤坂に合流し赤坂城や千早城を攻めますが、ゲリラ戦に悩まされ正成軍に苦戦します。

正成は、元弘の変では下赤阪城と上赤阪城の二つの城を急ごしらえし、下赤阪城に楠木七郎・和田五郎を配し多勢の幕府軍と戦いますが、兵糧が尽き千早城の奥金剛山に行方をくらまします。その後六か月の準備

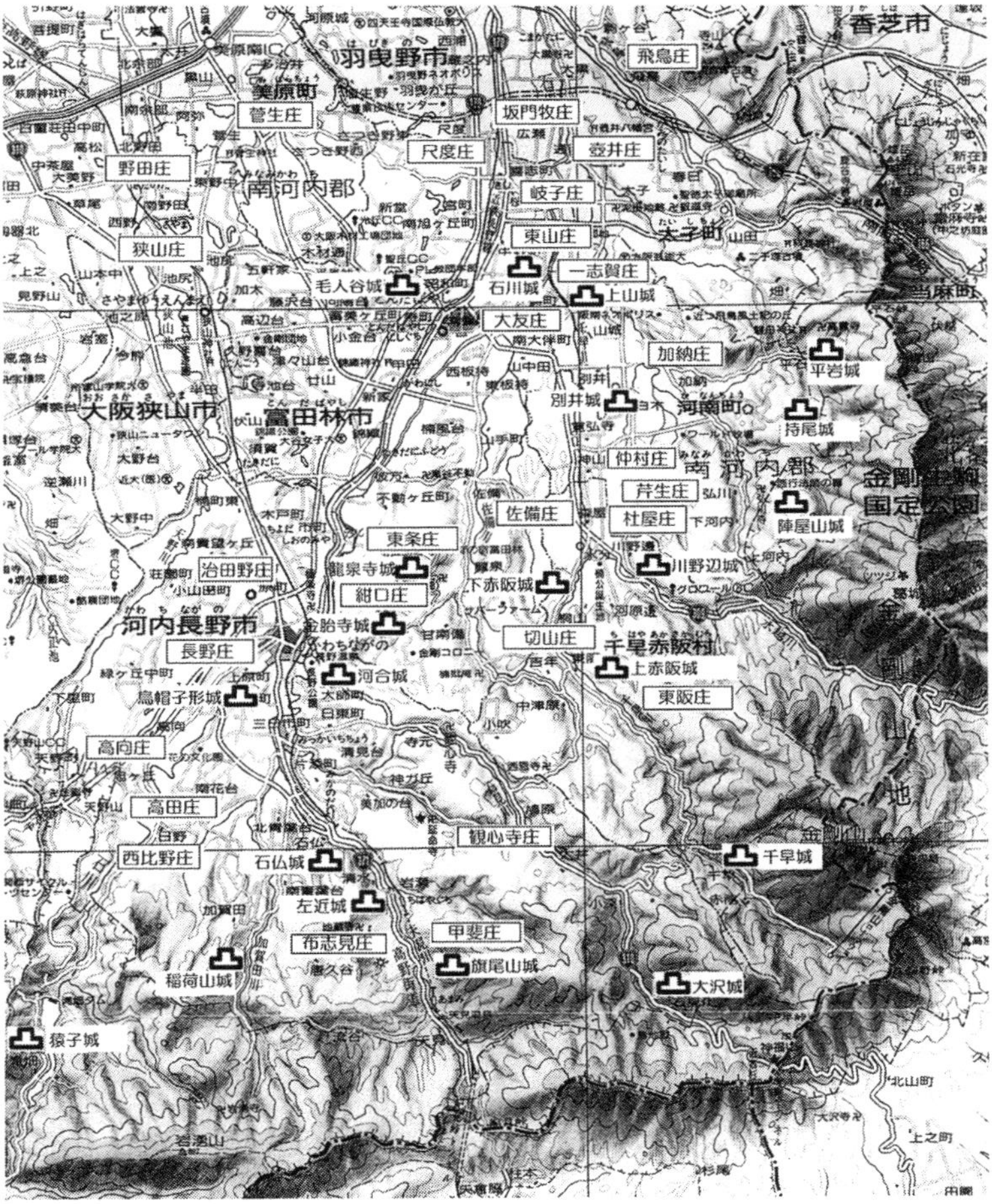

元弘の乱で楠木軍が築いた城。
結集した領主や開発荘園との相関も見られる

期間を経て、両赤阪城を奪還し、約二十の城を築いたとされます。

これらの城は石川郡と錦部郡にあります。奥津城である千早城を中心に、金剛山系に左右の山中に平岩、持尾、大沢、旗尾山、猿子などの城があり長期のゲリラ戦に対応します。これらの城は全て紀州・大和・吉野につながり、逃走や補給のことも考えたのです。前線基地として北に石川、上山城、毛人谷《えびたに》があり、高野街道には烏帽子形《えぼしがた》、河合を設け、龍泉寺、金胎寺、下赤阪、川野辺が、本部である上赤阪を守るように配置されています。これらの城は荘園の位置と相関関係にあり、楠木軍は南河内の荘園領主及びそれを守る人々によって構成されていたのだと考えられます。

9　北条幕府滅亡は河内・飛鳥王権をつくった古代豪族の勝利

これまで反幕府の動きは畿内中心でしたが、時局が急変します。護良親王の倒幕の令旨効果で、播磨では悪党赤松円心《あかまつえんしん》が挙兵し、伊予の土居氏などの御家人も挙兵します。円心は六波羅軍を破り摂津まで進軍します。さらに変化は九州にまで広がり肥後の菊池氏が挙兵します。

一方隠岐の天皇は二月、名和長年《なわながとし》の助けを借りて隠岐を脱出し、船上山《せんじょうさん》に入って幕府追討の令を発し、西国の武士も船上山に集結します。この動きを見た北条高時は、姻戚の足利高氏や名越高家《なごえたかいえ》らに船上山討伐を命じ、四月京都に到着。船上山に向け出発しますが四月二七日には名越高家が赤松円心に討たれたこともあり、足利高氏は所領のあった丹波国篠村八幡宮で密かに船上山に密使を遣わし、天皇より倒幕の論旨を得て丹波の篠村八幡にて幕府へ反旗を翻し六波羅を制します。これにより有力武家は一斉に倒幕に傾きます。

五月には新田義貞《にったよしさだ》が鎌倉を攻め、苦戦しますが稲村ヶ崎を渡って鎌倉に入り、観念した北条一門は自害します。こうして鎌倉幕府は滅亡し、後醍醐天皇を中心とする公家政権が生まれたのです。

私は、元弘の乱は古代豪族の反抗であったと考えています。楠木氏は推古天皇の夫である息長氏系の敏達天皇から始まる橘氏の末裔であり、酢屋はその祖が孝元天皇につながる蘇我氏の末裔です。両者は、河内王権を開いた息長氏や蘇我氏系の推古天皇や聖徳太子を生んだ磯長郷の一須賀の中心家として、一志賀庄の開発領を守ってきたと考えられます。平石、平岩、神宮寺はこの磯長郷の同族であり、二つの古代王家の末裔が承久の乱によって結びついたのです。

加えて和田氏は神職・中臣氏の出自を持ちます。この他山代郷の山代忌寸の後継者が別井城に入り、紺口庄の蘇我氏の氏人は龍泉寺城に、烏帽子形城には諸藩・村主の高向氏が配置され、錦織氏などの参戦もあり、南河内の河内王権や百済仏教伝来に関わった帰化人氏族の後裔が連帯したのです。すなわち後醍醐天皇の王政復古は、南河内の古代豪族の子孫や王族の子孫たちに支えられて実現したと言えます。

「太平記」によると、正成は住吉に参詣し神馬三頭を奉納。翌月には四天王寺で馬・太刀・鎧を奉納し、寺僧にこの寺に伝わる聖徳太子が書いたという未来記の披見をし、幕府崩壊を予言したといわれます。

南河内は蘇我石川氏を祖とする一族が多く、楠木軍自体が蘇我氏の末裔を自認し、聖徳太子を祖とする意識も連帯の中にあったと考えられます。

第7章　南北朝の乱と隅屋與市正高

橘系図に出自した鎌倉時代中期の酢屋二郎兵衛に続き、南北朝時代の正平年間に「すや」を継ぐ後継者として隅屋與市正高《すやよいちまさたか》が出自します。表記漢字は異なりますが南河内「すや」の一人です。建武の新政から隅屋與市正高の出自までの経緯を追います。

1　建武の新政の失敗が招いた武士政権の復活

鎌倉幕府が滅亡すると後醍醐天皇は京へ戻り、光厳《こうごん》天皇と正慶年号を廃して建武の新政を開始します。天皇を中心とする公家政権が百五十年ぶりに誕生しました。後醍醐天皇は新政制度の原点として記録所を設け、資財流通の掌握を中心政策としました。この他、武家所、恩賞方、雑所決断所を中央に設け、鎌倉・陸奥に将軍府を置き、諸国に守護だけでなく国司も復活させます。

領有権政策に関しては旧領の回復令を出しますが、所有権に関する課題は根が深く、改めて所領の所有権は天皇の指令書によって確認するとする個別安堵法の制定を行います。ところが、旧御家人が土地の安堵を求め機構が破たん、その上新しい貨幣の発行や大内裏造営の新税など政策に一貫性もなく性急に進めたためひずみが生じます。

特に恩賞に関しては、公家・寺社には優遇し武士への恩賞は軽視します。これでは旧御家人の武士の不満を解消できず、足利尊氏の武家勢力と対立します。

鎌倉から上洛した尊氏軍は、正成や北畠顕家、新田義貞の公家軍に敗れ九州に下向します。下向途中、足利尊氏は持明院統である光厳上皇より新田義貞追討の院宣をもらうことに成功し、元弘没収地返付令を発します。武士たちは尊氏を支持し、再度新しい武家政権の奪取を確信します。

尊氏は大宰府を占領し勢力を回復、義貞の発向の報を得て、直義や四国の細川勢と共に新田軍との兵庫決戦に向け、建武三（一三三六）年四月、九州を出発したのです。

2　湊川合戦での正成の自害

天皇は正成に、兵庫決戦の義貞救援を命じます。正成は、すでに人心が公家を離れているので、不評の義貞を戻し、尊氏と妥協すべきが皇威のためであると考え、天皇が比叡山に避難しいったん尊氏を京に入れ再度戦うべきだと、兵庫での決戦回避を献策します。しかし、公家の反対によって決戦の廟義が決定し、正成は勅命に従順して生還絶望の兵庫決戦に加わることになります。

五月、直義の陸上軍は加古川から、尊氏軍は室津から海路を出発し、兵庫を目指します。一方の義貞・正成軍は義貞軍が和田山に陣を置き、少数の正成軍は会下山《えげやま》に陣を置きます。直義軍が蓮池に進出したので、東進を阻むため正成は会下山を下り戦いますが、義貞が尊氏の大軍に圧され、退路遮断を恐れ生田に退いたため、正成軍は尊氏軍に包囲され、湊川の北の在所に逃れ、弟の正季《まさすえ》ら一族十六人と配下の六十余人と共に自刃して果てました。

生田に退いた義貞は上陸した細川軍に敗れ、四散し義貞は京に帰還します。義貞の醜態に対し、正成の決死の奮戦と壮絶な戦死が敵味方の心懐を打ち、湊川に祀られ、湊川合戦と言われる決戦は幕を閉じました。「太平記」には、正成がその自刃に際し七生報国《しちしょうほうこく》の尽忠を弟正季と誓い合ったと書かれ、やがて戦国時代の武将たちが「太平記」を読んで悲劇の英雄を生み、楠木軍団とその兵法が説かれることになるのです。

正成も元御家人ですから、尊氏のもとに結集する武士の気持ちは理解できたはずです。天皇の期待が大きく決戦回避を貫けなかったことで、南河内の人々の期待もむなしく自らの命を絶つことになったのです。結局正成は、公家と武士の軋轢のなかに埋もれてしまったと言えます。

3　北朝と南朝の誕生と南朝軍の世代交代

正成敗死の報を受けた天皇は比叡山に脱出します。上洛した尊氏は八月、光明天皇を践祚し、建武式目《けんむしきもく》十七条を制定し北朝を成立させ、建武五年（暦応元（一三三八）年）には征夷大将軍となり室町幕府を開きます。京の周辺は、占領した足利軍とそれを襲撃する後醍醐天皇軍の激しい戦いがあり、運搬路が絶たれ洛中は飢えと略奪の地獄絵図のようであったと「太平記」に書かれています。

尊氏は武家による幕府開設の準備を進めながら、皇統の一本化のため和睦し、両統迭立の義によって光明天皇、後醍醐天皇の皇子を皇太子とすることにします。これに対し後醍醐天皇は武家政権に在位を主張、一方では強硬派によって後醍醐天皇の配流の声も上がるなどしました。このためいったん京に戻った天皇も十二月京を脱出し、南河内を経由して吉野に入り、元号を延元とし、奥州の北畠顕家に京の回復を命じ、南朝が設けられたのです。ここに南北朝時代が始まり、幕府側と南朝との争いに入ります。

建武五年（延元三（一三三八）年）五月、石津の戦いにて北畠顕家が高師直《こうのもろなお》に敗れ戦死します。さらに越前の藤島の戦いで新田義貞が斯波《しば》高経《たかつね》、細川孝基《ほそかわたかもと》の軍勢に敗北して戦死し、南朝の中核武将が全滅状態となり、さらに延元四年（暦応二（一三三九）年）後醍醐天皇が死去し、吉野に逼塞する南朝勢力は次第に衰えます。しかし第七皇子である義良親王《のりよししんのう》が後村上天皇となり都を奪還するという遺志を受け継いでいたのです。

正成が湊川の戦いで敗死してから、楠木氏はしばらくの間、鳴りを潜めていました。南軍の棟梁を正成の子楠木正行《くすのきまさつら》が継ぐと、本拠地である南河内で次第に力を蓄え、摂津国南部の住吉・天王寺周辺までゲリラ的に出没し足利方を脅かすようになります。正平二年（貞和三（一三四七）年）九月、楠木軍は藤井寺近辺で河内国・和泉国守護の細川顕氏《ほそかわあきいえ》を破り、十一月には天王寺・住吉付近で山名時氏・細川顕氏を破ります。畿内にあって楠木一族だけが元弘以来の南朝軍として残り、正行は京都奪還の期待を一身に背負ってしまうのです。

4　四條畷の戦いで正行の決死と高師直の増長を阻止した弟の直義

度重なる幕府軍の敗退により面子を失った幕府は、河内国・和泉国守護を細川顕氏から高師泰《こうのもろやす》に交替させ、尊氏の執事である高師直と師泰の大軍を準備します。その情報を得て正行は吉野に、後村上天皇へ別れの挨拶に参上します。後村上天皇から「戦い利あらずば撤退せよ。決して命を粗末にするな」と言われますが、吉野・如意輪寺に一族郎党一四三名の過去帳と遺髪を奉納し、辞世の歌を扉に鏃で刻み、決死覚悟の出陣をします。

幕府軍は正平三（一三四八）年一月に高師直を大将とする約八万騎の大軍を編成して楠木の本拠地である河内東条城を攻め、北上する楠木勢約二千騎と四條畷に対峙したと「太平記」にあり、楠木軍は足利方の圧倒的な兵力の前に敗れたのです。正行は弟の正時と刺し違えて自決し、同行した和田賢秀《わだかたひで》らが亡くなったといいます。

勢いに乗った高師直は南朝の本拠吉野に攻め入りますが、既に後村上天皇はじめ南朝方は賀名生《あのう》に逃れていました。もぬけの殻の吉野宮に入った師直は、南朝の皇居や金峯山寺まで火にかけ吉野を炎上させた上、河内の太子廟に押し掛け、兵糧追補の他、太子の尊体を破損させ廟中の金品を探し取ったので、北朝の公家洞院公貞《とういんきんさだ》たちまでもが嘆いたといいます。

足利幕府は尊氏が征夷大将軍として軍事を担当し、弟の直義が幕府の規律や裁判を担当するという二頭政治を始めていました。高《こう》氏は東国で足利氏の被官となり次第に力をつけ、高家の惣領が足利家の執事として足利家の家政全般を取り仕切っていました。高師直兄弟は上洛してからも、尊氏の執事として幕府軍創設のため新興武士層の組織化に力を発揮しました。やがて尊氏がすべてを師直に任せているのを見て、直義は権限が師直に移ってしまい、自分が副将軍の地位でなくなることを危惧していました。

高師直兄弟は北畠顕家を破り、楠木正行を破り、吉野を炎上させ、いよいよ無道ぶりが目立ってきます。貞和五（一三四九）年閏六月、直義派の上杉重義《うえすぎしげよし》と畠山直宗《はたけやまなおむね》が師直の謀殺を計画します。それを知った師直は八月直義を襲撃し、直義は尊氏邸に逃げ込みます。結局師直は包囲を解き、直義は出家させられ、上杉重義と畠山直宗は配流先で殺されました。

しかし観応元（一三五〇）年十月、直義は監禁先から脱出し南朝と手を組み復活します。観応二年二月、尊氏と師直を摂津国打出浜で破り、直義は師直一派を処刑し尊氏の力を削ぐことになります。直義としては師直がいなくなれば兄弟での二頭体制で行けると思っていたのでしょう。直義は南朝と手を組んで目的であった師直を抹殺すると、さっさと南朝との関係を清算します。

5　兄弟の分裂が生んだ正平の一統と弘川幽閉

一方の尊氏は、師直の助命を望んだにもかかわらず、直義派の上杉能憲によって仇として討たれ直義を許すわけにいかず、追討を決意します。留守居の足利義詮《あしかがよしあきら》のためには、どうしても南朝との決戦を避けなければなりません。

正平六年（観応二（一三五一）年）十月、尊氏が南朝に降参し、北朝の廃止を条件に正平一統が成立して年号の統一が行われることになります。これで尊氏は直義を追討することが可能となり、嫡男義詮とともに直義を包囲します。直義は決戦をさけ越前に逃げ鎌倉まで落ち、結局尊氏に降伏し、観応三年（文和元（一三五二）年）鎌倉で急死します。直義は鎌倉で毒殺されたとも言われています。足利家の内部分裂によって正平一統が成立し北朝の天皇が廃止されるという現象が、後村上天皇の南朝に転がり込んできたのです。

正平二年、四條畷の戦いにおいて兄正行・正時が高師直の軍に敗れて討死すると、末弟にあたる楠木正儀《くすのきまさのり》が南河内の楠木一党の党首になります。正平の一統で京都に入洛しなかった後村上天皇は正平七（一三五二）年二月、足利義詮に還幸するという意思を伝えます。天皇の本陣は大和の賀名生から河内東条さらに住吉大社に進み、天王寺から山城八幡まで進出します。二月二十日、伊勢国国司北畠顕能、丹波国司千種顕経《ちぐさあきつね》、楠木正儀以下の軍勢が京都に突入し、義詮の軍と七条大宮で合戦しました。この合戦で足利軍は敗れ、義詮をはじめ佐々木導誉《ささきどうよ》、細川顕氏らの軍勢が近江に落ち、これによって南朝は念願の京を占拠し、光厳・光明・崇光《すこう》三上皇と皇太子直仁親王《なおひとしんのう》を拘束します。この戦いで正平の一統は反故になり、その後義詮側は南朝軍を攻撃して京都を奪還し、南朝軍は八幡に撤退します。

続く男山の合戦でも南朝軍は敗北し河内の東条に撤退します。南朝軍は撤退するとき北朝神器の接収、北朝の光厳・光明・崇光三上皇と皇太子直仁親王を連行します。天皇候補がいないと北朝の再建が出来ないと考えたのです。つまり尊氏軍が皇軍でなくなるわけです。この拉致した北朝の光厳・光明・崇光三上皇と皇太子直仁親王は、大和の賀名生《あのう》へ幽閉するまでしばらくの間弘川に幽閉します。しかし尊氏は三種の神器も前天皇の譲位もなく天皇の資格は十分ではない、出家を予定していた光厳天皇第三子の弥仁親王《いやひとしんのう》を後光厳天皇として即位させ、北朝を再建します。南朝の幽閉策は尊氏によって効力が失われたのです。

正平十三年（延文三（一三五八）年）に足利尊氏が死去し、北朝では二代将軍となった足利義詮が本格的な南朝掃討を計画します。この報せを受けて楠木正儀は、河内の防御のため正成が築いた城の再整備と配置を行っています。後に獄山城といわれた東条城（龍泉寺城）を中心に、北朝の天皇を幽閉した弘川城及び陣屋山城、金胎寺城、持尾城、平岩城、中の台砦、岩室砦、烏帽子形城、上河内城（東山城・長谷城）など十七の城を置き、平石、和田、甲斐庄、八木、菱木、佐備、野田、隅屋等を配します。この十七の城を整備していたおかげで、正平十四（一三五九）年、足利勢が河内に攻め入った時は防ぐことが出来たのです。

6 隅屋與市正高とすやさくら

正平七年の弘川幽閉に合わせ、正儀と共に弘川とその奥に陣屋山城を整備したのが隅屋與市正高《すやよいちまさたか》です。隅屋與市正高は酢屋二郎兵衛の四世代孫にあたり、約七十年たった一三三〇年前後に生まれている計算になります。ちょうど元弘の変の頃誕生したと考えられます。

酢屋の本貫地は一須賀ですが、正儀の再整備で先端基地であった一須賀でなく、後方の磯長郷の最南端にあたる弘川に入ります。赤坂城の正儀との連携を図り弘川に北朝の皇族を幽閉したのです。

通常、與市という名は一郎から始まり十郎では余るので與市としたといいます。隅屋與市正高には兄弟がたくさんいたことになりますが、正儀から見れば年上の親戚の叔父さんの関係でしょうか。隅屋余市正高の正高については、官位ではないかと考えます。正成が河内国司になって以来、楠木の一族は南朝の官職に配されます。南朝に令制八省のひとつで、民の税や土地を管理する民部省が置かれます。民部省の役人は民部大輔を正高とし、宮内少輔を正督といいます。同じ楠木軍である橋本正督についてもある時正高と名前が変わっており、南朝の役職名であると考えられます。隅屋與市は南朝において正五位下の大臣を務めていたのです。

「太平記」によると、正平十五（一三六〇）年五月、北朝軍の細川清氏《ほそかわきようじ》や赤松範実《あかまつのりざね》らの軍に攻められています。嶽山城や平石城を落とされた際、弘川城の隅屋余市も討死します。南朝方は楠木正儀、和田正武らが赤坂城に籠もり、正武が三百の兵を率いて足利陣営に夜襲をかけるも、その後赤坂の城に火を懸けて金剛山の奥に逃げ込んでいます。正儀の南朝軍はことごとく打ち破られたのです。

河内郡河南町の弘川寺は緑が多く桜が美しいところで、そこの祭りの中心が「すやさくら」という枝垂《しだ》れ桜《ざくら》であると河内鑑名所記に書かれています。「大阪府全史」に弘川の塁址として以下の記述があります。

「寺地は正平年中（一三四六～一三七〇年）楠氏の家臣、隅屋與市の據《あ》りし舊塁《きょるい》の地にして、堂前にある規櫻《ぶんまわしさくら》は其の植ゑし所なりといふ。與市甞て此の樹を以て楯となし、自ら其の地を畫き、且誓ふて曰く、たとひ我軍利あらずとも、此の城を出でずと、終に樹下に戦死せり依て此の名を為せり」

正平十五（一三六〇）年の戦いで、隅屋與市はこの桜の木の下で勇敢に戦い、死して「すやさくら」の名を遺したといいます。弘川城の城主であった隅屋與市は、楠木氏の家臣というより親戚であり楠木一族なのです。

弘川寺については大阪府教育委員会が、昭和十三（一九三八）年五月、大阪府古文化記念物保存顕彰規則により史蹟として指定しています。

弘川寺の様子（河内名所図会より）

「弘川寺は東方にあり、龍池山と號し、真言宗醍醐派三寳院末にして、薬師如来を本尊とす。天智天皇四（六七二）年役小角の開基なり。初め小角三十二歳の時、此の山に来り初めて一宇を草創して、薬師像を安置したりしが、天武天皇白鳳五（六七七）年のひでり大旱に當り、龍池に祈雨の法を修せしに、即日大いに潤雨せり、依て龍池山弘川寺と號し、且勅願所となり、多くの支院を有して、堂塔荘厳を極め、聖武天皇の天平九（七三七）年には、行基来りて安居一夏ここで練行、嵯峨天皇の弘仁三（八一三）年に至り、空海は仏像を刻し、伽藍を中興して真言宗の名刹となし、歌聖西行法師も諸国を行脚し、晩年復た此に当寺の座主空寂上人の法徳を慕って来られ、隠棲し、建久二（一一九一）年二月望、泊然として入寂せり。寺の東北二町許り奥なる宇堂の上には西行法師の墓もあり」
とあり、七世紀に開山したかなり由緒のあるお寺であることがわかります。
また弘川城とは弘川寺を含む後背地一帯を指し、陣屋山城ともいいます。「大阪府全志」には陣屋山城祉の説明もあります。

「陣屋山は東南にあり陣屋山城のありし所にして、城は元弘二（一三三二）年の役に賊軍の設けし所なり。俗に陣屋城という。今は其の遺跡の見るべきものなし。四辺断崖にして西に一樵路を通じ、路傍に一石あり、大岩と呼び、長さ一丈七尺・幅一丈にして、形状牛臥の如し」

「大阪府全志」の史観では、南河内の土豪が決起した程度の認識でしかも「賊軍の設けし所なり」と書かれています。

南北朝時代からおよそ五百年の後、薩長連合軍は徳川幕府より江戸城の明け渡しを受け、明治天皇を担ぎ後醍醐天皇以来の王政復興を果します。江戸末期の尊王派にとって楠木正成は尊王思想の鏡であり、皇居にはその守り神として楠木正成の像まで造られました。北条氏にとって楠木正成は反体制の悪党となるでしょうが、歴史上は南朝が成立しています。私は、公的な史誌であれば楠木正成一党を賊軍と表記すべきでなく、弘川城は南朝軍の設けた城と表記されるべきと考えます。

7　正儀の和平への迷い、南北合一ならず北朝に下る

南河内の楠木党の棟梁は正成、正行・正儀と続きますが、もっとも長く南朝と北朝の間で悩んで生きたのが正儀だったと思います。四条畷の合戦で兄の正行を失い、わずか十八歳で南朝軍のリーダーとなった正儀

は、二十歳の正平五（一三五〇）年五月、河内国の富田林や丹下（河内松原）で畠山勢を攻め追い払い、直義の投降を経験し、二二歳の時には正平の一統により目標としていた京都奪還も成立しました。

しかし義詮の反転攻勢を受け、河内に戻って北朝三上皇の幽閉を担います。正平八（一三五三）年五月、渡辺橋で赤松軍を破った正儀軍は山城国の八幡まで進出し、六月には正儀、和田正武、足利直冬《ただふゆ》党の石塔《いしどう》勢や吉良勢と再び京に攻め入ります。南朝の勢いに足利義詮軍は美濃国まで撤退を余儀なくされ、二度目の京入りを果たしたのです。

正平十（一三五五）年一月にも正儀は八幡に陣を張り、九州から上京した直冬と足利幕府軍を破り入京しますが、二ヶ月ほどで奪還されてしまいます。三十歳の時には細川清氏と赤松範実らの軍に攻められ、嶽山や弘川など整備した城を失い、最終の砦である赤坂城も火にかけ、金剛山に逃げ隠れます。翌年は康安の政変で失脚し南朝に降った元幕府執事の細川清氏らと共に四度目の京都奪還に成功し、南朝方は二十日間ほど京を占領しますが、足利軍と戦わずに退却しました。やはり、南河内の再整備した城をすべて失ったダメージが大きかったのでしょう。河内国を守ることも難しく、攻めて都を奪取しても維持が難しいことを体験し、最終的に南北朝の合一を第一と考えるに至ったのです。

正平二一年（貞治五（一三六六）年）十一月から翌年五月にかけて最大の合一の機会が訪れます。足利義詮《あしかがよしあきら》が講和を考え、南朝の後村上天皇も講和に前向きだったのです。前年の正平二十年、後村上天皇の意向で天王寺金堂を上棟する際には幕府より馬が献上されるということもあり、南北に雪解けムードが広がり、幕府側佐々木導誉と南朝側楠木正儀による交渉が行われました。しかし和議は成立せず持ち越されることになりました。これにより積極的な正儀に対し南朝内にしこりが残ったといいます。

続く正平二二年（貞治六（一三六七）年）、南朝側は葉室光資《はむろみつすけ》を使者とし、幕府側佐々木導誉に講和案を示しますが、和議の文章に幕府の降参を意味する表現があり、義詮が合一を拒否します。南朝側は尊氏が政策的にへりくだって行った正平の一統のイメージを持って交渉を進めたのが障害となったのです。その年の十二月に義詮は三八歳の若さで亡くなり、正平二三年には後村上天皇が崩御し、強硬派の長慶《ちょうけい》天皇が南朝の天皇に立つと、南朝で和平推進派の正儀の立場も悪くなりました。トップが代わったことで合一の望みは消えたのです。

正平二四（一三六九）年、正儀は知己であった細川頼之《ほそかわよりゆき》を介して将軍足利義満に帰服し北朝方に投降します。このため南朝の朝廷や楠木一族から反発を買い、長慶天皇は正儀の子、正勝・正元をはじめ一族の和田正武や橋本正督に正儀の東条城を攻めさせます。正儀は細川頼之の差し向けた援軍に助けられ持ちこたえています。なお官位は左衛門督のまま安堵され、国司から北朝の和泉・河内国の守護となります。南北朝時代以降、和泉・河内国は国司と守護が並立する二重行政となりました。

文中二（一三七三）年には淡路国（兵庫県）の守護、細川氏春《ほそかわうじはる》と赤松範資《あかまつのりすけ》の軍勢と共に、正儀は沈痛の面持ちで天野山金剛寺の行宮を攻め四条隆俊らを討ち取ります。かなりの激戦のため楠木軍の消耗も激しかったと言われています。

このように皇位の統一と河内の平和を願う中で、正儀は自己矛盾を起こしていきます。この棟梁楠木正儀の迷いによって、南河内の楠木党の足並みが乱れます。文中四（一三七五）年には南朝方の和泉・河内の国司である橋本正督《はしもとまさたか》と和田助氏《にぎたすけうじ》も北朝へ属しました。河内の棟梁が北朝についたことで王政復古はどうでもよくなり、南朝内部はばらばらになります。いかに楠木党棟梁の指導力が大きかったかを表しています。

ところが南朝各氏は北朝に移ってもその立場は危ういものでした。細川頼之の幕府内での権力に陰りが見えると、頼之に依存する正儀の立場も弱くなっていきます。永和四（一三七八）年、足利義満は正儀の河内国守護職を罷免し、代わって畠山義深《はたけやまよしふか》を河内国守護とします。

8　守護　畠山義深の登場と楠木党降参

畠山家五代当主の畠山家国《はたけやまいえくに》の子・国清《くにきよ》は、弟の義深と共に尊氏に付き、九州での再起や上洛後の南朝との戦いで活躍し、建武四年に紀伊守護となります。観応の擾乱の際には当初直義方に立ち、のちに尊氏に帰順し尊氏に従って東国に向かって直義軍を破り、その功で伊豆、武蔵の守護となります。さらに延文四（一三五九）年に二代将軍足利義詮の命で上洛し河内・紀伊の南朝方を掃討、和泉・河内の守護となり紀伊と合わせ畿内で三ヶ国、関東で二ケ国の守護を兼ねます。しかし国清は傲岸不遜で他の武将から反感を買い、兵にも人気がなく、康安元（一三六一）年に失脚、関東公方足利基氏《あしかがもとうじ》に攻められて諸国放浪の身となり、畠山氏は一時的に歴史の表舞台からは消えました。

貞治五（一三六六）年、国清の弟義深が将軍義詮から赦されて摂津西成郡の分郡守護に補任され、ここに畠山家が復活し河内に足掛かりを設けます。さらに細川頼元の支援もあり義詮の命で斯波高経を攻め、その功で越前守護となっています。津川本畠山系図によると、畠山義深の項に楠木党和田・須屋・甲斐庄が降参という記載があります。楠木党である楠木党和田・須屋・甲斐庄は、正儀が北朝に降り河内守護になった時点で幕府の守護体制を認めたのでしょう。つまりリーダー正儀の北朝投降で王政復古の大義は無くなり、河内の国の人たちが本業そっちのけでの戦いに嫌気がさし、国司でも守護でもどうでもよくなったというムードが広がったものと考えられます。さらに、将軍義満による正儀の河内国守護職罷免によって河内の守護が義深に代わったタイミングで、楠木党和田・須屋・甲斐庄が降参しました。南朝軍はまんまと義満の手法に引っかかったのです。

しかし守護になった義深は翌天授五年（康暦元（一三七九）年）十月死去し、増福寺と号しました。河内長野市三日市上田にある増福寺は応永年間（一三九四年以降）に入って建立とされており、義深の子である基国《もとくに》が管領である時期に河内畠山家の祖として祀ったものです。この増福寺のそばには甲斐庄が拠った烏帽子形城があり、そこに義深が祀られているのは甲斐庄が義深に従った証といえます。

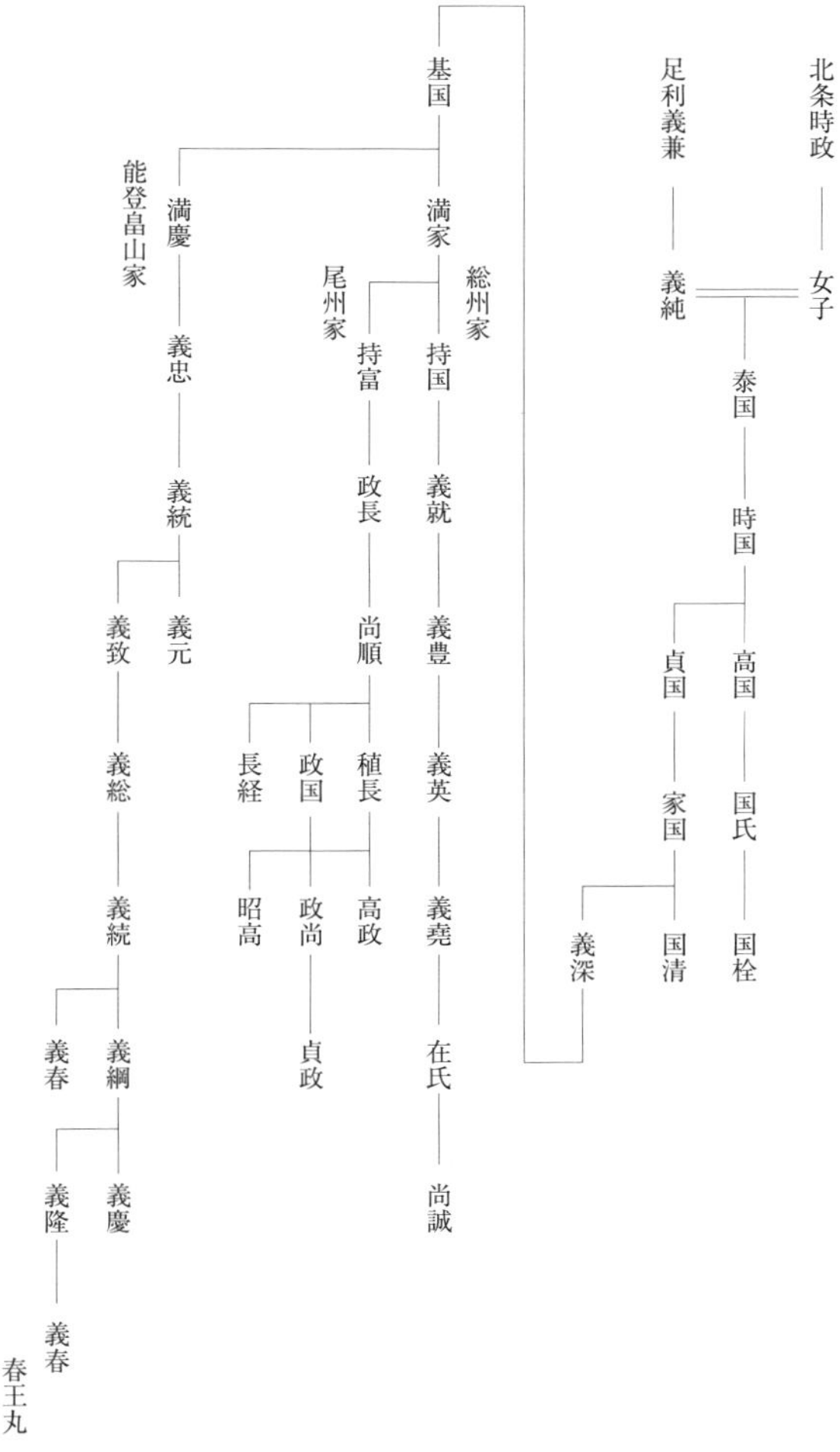

畠山系図

9　足利義満の守護弱体化の手法と南北朝統一

義深の後を継いだ基国は、楠正儀追討を命じられ河内守護になり若江城を築きます。義満は基国と山名氏《やまなうじ》清《きよ》に正儀を攻めさせ、平尾の戦いでは楠木氏は一族六人と郎党百四十人を失ったとされます。東条も赤坂も山名勢に追われ千早城に籠ります。このような中、八月には和田正武が病死し、翌弘和三（一三八三）年三月には懐良親王《かねよししんのう》が、七月には北畠顕能《きたばたけあきよし》が亡くなります。基国と山名氏清は河内・紀州の南朝軍を掃討し、南朝の勢いは末期状態になります。

南朝弱体化の一方、将軍足利義満は管領細川頼之が失脚後、細川氏と斯波氏の対立を利用して権力を掌握。直轄軍である奉公衆を増強するなどして着実に将軍の権力を強化し始めます。そして有力守護の弱体化を図っていきます。嘉慶元（一三八七）年、幕府創業の功臣であり美濃国、尾張国、伊勢国三カ国の守護である土岐《とき》頼康《よりやす》が死去すると、義満は土岐氏一族が分裂するよう後を継いだ康行《やすゆき》に挙兵を仕向け、蜂起するや康応元（一三八九）年、康行討伐の命を出し翌明徳元（一三九〇）年に康行を下します。

また、永和二（一三七九）年、山名氏の惣領師義《もろよし》が亡くなったときには、家督を子供たちに継がせず末の弟の時義《ときよし》に継がせます。当然兄の氏清《うじきよ》と子供の満幸《みつゆき》たちは不満を持ちます。明徳元（一三九〇）年、今度は後を継いだ弟の時義が亡くなります。後を継いだ時熙《ときひろ》とその弟の氏幸《うじゆき》に対し、時義が生前将軍に対して不遜であり嫡男も不遜な態度が目立つとして、元の本家筋の氏清と満幸に討伐を命じます。これに対し時熙と氏幸は挙兵して戦いますが、氏清が時熙の本拠但馬、満幸が氏幸の本拠伯耆を攻め、翌明徳二（一三九一）年に時熙と氏幸は敗れて没落します。戦功として氏清には但馬国と山城国、満幸には伯耆国と隠岐国の守護職が新たに与えらます。しかし氏清・満幸の勢力拡大を恐れ、義満は時熙と氏幸の赦免の噂を流します。この義満の挑発によって、明徳二（一三九一）年、山名氏清・満幸が堺と丹波から挙兵し京を目指しますが、大内・赤松・一色・畠山の幕府軍に敗れてしまいます。これを明徳の乱といいます。

このように義満は、家督相続に口出しし、兄弟同士で争わせ守護の弱体化を図ると同時に、将軍家に従う者に有利なようにする手法を繰り返し用います。

明徳の乱後、畠山基国は山城・河内など六カ国の守護になり勢力を拡大します。河内を攻め元中九年（明徳三（一三九二）年）、正儀の後を引き継いだ楠木正勝の守備する千早城を落城させ、正勝らは大和国の吉野十津川方面へと追いやられます。南朝軍のこの惨状に弘和三年（永徳三（一三八三）年）、長慶天皇の譲位によって即位した後亀山天皇は阿野実為《あのさねため》を使者とし和議を行います。三種の神器は南朝の後亀山天皇から後小松天皇に譲渡する。皇位の継承は相代で行う。旧南朝の君臣のため諸国の国衙領を領地させる。和議に際し以上の三つの条件を出します。こうして明徳三（一三九二）年、義満は南朝側からの和議で南北朝を統一することが出来たのです。

しかし義満はその後、この請け文を守らず南朝の天皇がこれ以降即位することは無くなりました。後の応永九（一四〇二）年三月の吉田家日次記《ひなみき》には後亀山天皇が合一に踏み切った理由として、永年の争いをやめ民間の憂いを除くためと書かれています。

元弘の乱から六十年で南北朝の時代は終わりました。南北朝の合一については、幾度か南朝有利の合一の機会はありながら、努力した正儀はこの統一を知ることなく一三九〇年前後に亡くなったと言われています。

義満の反故によって旧南朝の君臣のための諸国国衙領の保護も消えてしまいます。鎌倉時代から年貢の納入方法に関するものに半斉令《はんぜいれい》という制度があります。足利尊氏が観応三（一三五二）年七月に近江国、美濃国、尾張国の三ヵ国の本所領年貢の半分を兵粮料所として当年一作だけ武士に給与したことに始まり、南北朝内乱による軍費を調達するため荘園年貢の半分が守護を通じて配下の武士に与えた制度に変わります。後には下地そのものを荘園領主と半分ずつ領有するようになり、武士の荘園侵略を促すこととなり、守護大名を生み出す原動力になったものです。

荘園自体は秀吉の政策で消滅しますが、半斉令はその前の状態で末期の荘園の状態を表しています。元々社寺や国衙領に寄進した開発領主である楠木党の和田・須屋・甲斐庄たちは南朝が無くなった為、領地を減らされても守護に従うしかなかったのです。

第8章　管領畠山の家督争いと楠木党須屋孫次郎親子の死

河内守護になった畠山基国に降参した楠木党の「すや」は、その後室町幕府の管領となる基国、満家、持国、義就と続く畠山総州家に老臣として仕えます。順風だった管領家ですが持国に実子ができた為、家督相続の争いが起き、応仁の乱にまで戦いは拡大していきます。この争いの中で南朝弘川城城主の隅屋與市正高の討ち死にに続き、またも「すや」の武将親子の悲劇が起こります。

1　畠山基国、畠山家氏初の管領になる

南北朝が統一される少し前から世の中は変わってゆきます。南朝軍が衰退してくると、いままで南朝軍に注力していた目が海外に向けられるようになったのです。

周防《すおう》を拠点とした守護大名の大内義弘《おおうちよしひろ》は元中六（一三八九）年、将軍足利義満が厳島に参詣し、さらに九州四国の海岸地方を巡視しようとして周防に来たのを歓待し、これをきっかけに中央入りを果たします。元中八年（明徳二（一三九一）年）の明徳の乱では、大内義弘は赤松・一色・畠山と共に幕府軍として戦い、

翌年の南北朝合一を斡旋して功績を上げ、足利氏一門の待遇を受けるまでになります。

南北朝合一した頃、義満は兵庫下荘を直轄地とし、兵庫の港がにぎわい問丸《といまる》という仲介業が発達します。将軍義満は大内義弘を賞して山名氏の旧領和泉、紀伊を与えます。よって大内義弘は周防・長州・豊前・石見と合わせて六ヶ国の守護となったのです。

この頃から明船が堺に入り始め、大内義弘は義満を堺に招いています。堺にも問丸組織ができ、商品の卸、運送、管理を行うようになります。しかし二度あることは三度あるではないですが、義満は土岐氏・山名氏への挑発と同様の挑発を大内氏に対しても行います。

それまで義満と義弘の関係は良好でしたが、応永四（一三九七）年、出家した義満は北山第の造営を始め諸大名に人数の供出を求めます。しかし諸大名の中で義弘のみは「武士は弓矢をもって奉公するものである」とこれに従いません。義満は大内氏が朝鮮貿易で利益を上げていることを承知しているので不満です。同年末義弘は九州の少弐氏討伐を命じられ、筑前で戦い弟の満弘が討死します。これに対する恩賞の沙汰が無くこちらも不満を募らせ、義満が裏で少弐氏と菊地氏に義弘を討つように命じていたとの噂もあり憤慨するのです。

義満は少弐平定後の義弘に対して上洛命令を出し挑発を続けます。義弘は上洛すれば紀伊や和泉の守護職を解かれ抹殺されると拒否します。応永五（一三九八）年、来日した朝鮮使節から義弘が莫大な進物を受け取っていたことを、斯波義将《しばよしゆき》らが「義弘は朝鮮から賄賂を受け取っている」と義満に讒言《ざんげん》し、それが義弘に聞こえ激怒させます。義満は自分が日本の国王と認められず貿易できないでいるところに、大陸との貿易の推進を図る義弘の存在は目障りなものであったのでしょう。

義弘は応永六（一三九九）年十月、周防より兵船三百余艘で堺浦に上陸、義満は相国寺の絶海和尚《ぜっかいおしょう》を使として説得します。しかし義満に不満をもつ義弘は説得及ばず抗戦することになります。義満に敗れた土岐氏や山名氏など不満氏族に檄を飛ばし、応永記には宮方にも奉じたとありますが効果なく、重臣の「堺は材木と兵糧が豊富である」との進言を受け堺に籠城することになります。すでに堺の地は大内氏の貿易の恩恵を受けていたのでしょう。堺住民の支持を受け城内に井楼を四八、矢倉を千二百以上建て、五千の手兵のほか、多くの堺の住民も含め立て籠もります。

この戦いは水軍の応援もあって大内軍が優勢でしたが、幕府軍は折柄の烈風中に街の四方から放火したので、火はたけり狂って一方の民家を焼き、ついに城も焼け落ちてしまいます。十二月、大内義弘は敗死し和泉と摂津の守護は細川氏系が就きます。畠山満家《はたけやまみついえ》が堺にて大内義弘討ったことで、畠山基国は紀州守護を加え管領に就きます。

2　基国に召出された隅屋藤九郎正道

応永九（一四〇二）年項、「管領になった基国の処へ松岡能範が引率し隅屋藤九郎正道《すやとうくろうまさみち》召出す」とあります（「畠山家譜」）。松岡氏は紀州橋本の隅田を本貫とする石清水八幡神社の荘園隅田荘《すだのしょう》を基盤に中世に活躍する、隅田党の家系です。大王号の手掛かりとなる人物画像鏡のある隅田八幡宮のある所です。隅田党は南朝の和田氏や橋本氏と協力して北朝軍と戦った経歴もあります。基国は大内氏が討たれたことで管領となり、紀州を加え河内・大和・山城など六カ国の守護となったのです。

そこに紀州の須田党を通し、なぜか隅屋が登場します。河内守護の基国は親の代に従った楠木党の和田・須屋・甲斐庄なら、すでに周知しているはずです。河内の武士なら松岡氏が紹介するまでもないのです。私は、基国に仕えた隅屋藤九郎正道とは、河内出自の須屋でなく別種の隅屋であると考えます。管領となった基国も義満同様貿易に関心を持ち召出したのでしょう。つまり河内に出自する「すや」以外にも隅屋を名乗る一族がいたと考えられます。

応永十三（一四〇六）年、基国は没しますが、没する前に隅屋正道は休阿入道となり出家しその子の正夏《まさなつ》が基国の寵愛を受けたとあり、畠山家に近い存在になります。この隅屋も、江戸時代には河内の酢屋と合併し区別がつかなくなりますが一族に含め取り上げておきます。初見のこの時代は河内の須屋とは区別され、藤九郎隅屋と呼ばれています。

3　畠山三人目の管領持国に実子ができる

義満は将軍を退いても実権を握り、引き続き守護弱体化の手法を用います。畠山基国が没すると六か国の守護である畠山家にも介入し、家督は嫡男満家ではなく二男満則《みつのり》へ授け、満則は河内・紀伊・能登・越中の守護となります。

応永十五（一四〇八）年義満が亡くなり、介入を受けた二男満則は家督を嫡男満家に譲り、自分は能登・越中の守護に戻ります。義満が亡くなったことが幸いし相続争いは起きませんでした。家督が戻った畠山満家は応永十七（一四一〇）年に畠山二人目の管領となっています。

義満を継いだ義持が将軍を義量《よしかず》に譲りますが、義量が早世したため代理で再び義持が務めた後、正長二（一四二九）年より足利義教《あしかがよしのり》（初め義宣《よしのぶ》）が六代目将軍となっています。永享五（一四三三）年満家が没し持国が家督を継ぎ、河内・紀州の守護を務めます。三五歳の時です。

将軍義教は一四四一年に年号を永享十三年から嘉吉元年に変更します。辛酉の年であり革命が起こると言われていたので改元したのです。一月に持国は関東への出陣を拒否したため義教の勘気を蒙り罷免され、分国の河内に下向しすぐに出家し、家督は弟持永が家督を継ぐことになります。この手法は将軍家安泰を図る最善の手段と考えられ、義教も義満同様、守護弱体化の手法を取ります。

義教から家督への干渉を受けていなかった有力守護は、細川家と赤松家のみとなっていました。赤松満祐《あかまつみつすけ》は備前・播磨・美作の守護を赤松氏の庶子に改替される危機感から、六月二四日、赤松教康邸で将軍義教の嘉吉の祝いの席を設けた際、義教を暗殺します。この事件によって義教の忌諱に触れた人々が恩赦されます。畠山持国も赦され、持永についた家臣団に圧力を加え、持永と遊佐《ゆさ》や斉藤は越中に逃れます。他の家臣や持永の弟の持富《もちとみ》は持国に従い河内の持国側に戻ります。こうして八月三日持国は上洛し、家督を取り戻したのです。

この時の管領は、義教暗殺の赤松邸から逃れた細川持之《ほそかわもちゆき》が務めていました。しかし細川持之は嘉吉の近江の一揆鎮圧に際し賄賂を受け取った事実が発覚し、一円（天下同一）の徳政令を求める守護や畠山持国と対立します。細川持之は赤松氏滅亡に力を入れ、七代将軍として八歳の義勝《よしかつ》を擁し実権を握りますが、翌年義勝が九歳で亡くなった際に管領を辞任します。そして畠山持国が管領となり、持国の後見で八歳の足利義政が八代将軍として誕生します。

室町幕府の管領は足利家の執事職が原点にあり、二代目将軍足利義詮の時に斯波義将が管領となったのが始まりです。三代将軍義満は管領が力を蓄えないよう斯波・細川・畠山を交替で用いており、細川氏が辞任した関係で持国は四五歳で管領になり、八歳の義政の後見人として実権を持つことになります。家督を継いだ時、三五歳の持国には子供もなく、異母弟持永と持富は惣領の持国から経済的援助を受け、持国は何の問題もなく家督を養子とした持富に譲る気だったのです。

ところが義教の忌諱に触れて家督を奪われ、一時は出家させられます。家督を復帰した際には考え方が変わっていました。管領になって永享の乱で没落した大和の越智家栄等を復帰させますが、細川勝元が背後に付く筒井氏と戦乱が続きます。その最中の文安二（一四四五）年、なぜか管領の辞表を提出します。次の管領に細川勝元が就任したことでますます大和の情勢は持国側に不利になっていきますが、仕方がなかったのでしょう。

分国河内の守護に戻った持国は文安五（一四四八）年、家督継承者を弟持富に変えて庶子義夏《よしなつ》（後の義就《よしなり》）とします。管領辞任は家督相続を変更するのが目的だったと考えられます。この時十二歳の義夏は石清水八幡の社僧にすることが決まっていたようです。初名義夏という名前は翌年四月元服して名乗ったものです。

同じく後の八代将軍義政も同年四月に十四歳で元服し、初名義成《よししげ》となり正式に八代将軍になります。義成の一字は父親の義教の一字を取り、義夏の義は義成の一字を賜ったということです。この義夏は持国が京の桂女（遊女）を妾としたときに生まれた子であるといいます。持国が三五歳で家督を継いで四年後、三九歳の時の子です。

五一歳になって家督の継ぎ方を変更した後、しばらくは何も起こらなかったのですが、家督を継ぐはずであった持富が宝徳四（一四五二）年に没し、持国の隠居が迫る一年前の享徳三（一四五四）年になって、故持富の子弥三郎義富《やさぶろうよしとみ》を擁立する陰謀が発覚したのです。

4 「すや」の女房が畠山義夏の乳母となる

私は、義夏が遊女から生まれたことに困った持国が、生まれてすぐ隅屋藤九郎家にあずけたのではないかと考えています。畠山家譜の中に「寛正三（一四六二）年四月、獄山双方退屈、隅屋国敏《すやくにとし》流れ矢に死す」という記事があり、この隅屋国敏は義就の乳母の子であると書かれています。十二歳の義夏を石清水八幡の社僧とする計画は、家臣である甲斐庄が石清水八幡の荘園に関わっていたから決めたのでしょう。元々家督相続の対象でなかった妾の子の行く末を家臣団が決めていたのです。

乳母に関しては、平安時代に院政が始まってから外戚の勢力が衰えて後、育ての親の姻戚者が院内で政治的に影響力を持ったと言われます。冷泉天皇の乳母には藤原氏・源氏・橘氏が選ばれました。

室町時代にも将軍足利義政の乳母である今参局《いままいりのつぼね》が宝徳三（一四五一）年、義政を通して尾張守護代の織田《おだ》敏広《としひろ》をやめさせ、一族の郷広《さとひろ》に代えようと画策します。それに対してわが子を強く諫めたのが日野重子《ひのしげこ》であり、管領畠山持国、細川勝元、山名持清ら重臣もそろって反対したのでついに実現されませんでした。しかしながらその後も今参局の権勢は衰えをみせず、その専横ぶりが世上のうわさにのぼるまでになったといいます。今参局は義政の乳母というより側室で、その後正妻となった日野富子の子が早世したのは今参局の呪詛のためとされ流刑となり、長禄三（一四五九）年自害させられます。

さらに有名な乳母は徳川家光の乳母で大奥の局と言われた春日局《かすがのつぼね》です。乳母は政治に介入しやすい立場にあります。このように、畠山基国に仕えてから義就の時代に、隅屋藤九郎家は家督争いに関わる乳母家となったのです。

5　政長対義就の抗争のはじまり

管領畠山家督争いは文安五（一四四八）年十一月、持国が家督継承者を弟持富に変えて庶子義夏としたことから始まっています。

宝徳四（一四五二）年、当初の継承者であった持富が亡くなります。享徳三（一四五四）年、家臣の神保氏らが持富の子である弥三郎義富を擁立する計画がありました。それを知った持国は神保次郎左衛門を切腹させ、遊佐河内守らによって弥三郎義富は追放され、逃げた義富は細川勝元の被官が匿います。細川・山名氏は、畠山家の弱体化のため弥三郎義富を支援しました。

もともと足利義政は持国・義夏を支持し、細川・山名連合に対抗するはずでしたが、いったん弥三郎義富と面会し家督を認め、逆に八月、弥三郎支持の牢人衆によって持国邸が襲撃されます。義夏は伊賀に逃げ、持国も一族である能登守護の館へ逃げ込んだ後、この騒動によって隠居することになります。

義富は持国の館に入り、細川勝元によって紀州の守護に弥三郎が任じられます。弥三郎は義就より四つ年下で十三歳、一つ年下の弟政長がいます。十二月、伊賀に隠れていた義夏は上洛し義政に対面を果たし、逆に弥三郎義富は大和に没落します。享徳四（一四五五）年二月、義政は弥三郎義富を討つべく、南都に使者を送り合力しないよう触れを出しています。

三月、持国は五七歳で亡くなり、二月に義夏から改名した十八歳の義就が家督を継ぎます。義就は弥三郎を退け河内・紀州の守護になります。大和で義就と、義富を擁護する細川勝元・山名《やまな》持豊《もちとよ》（法名・宗全《そうぜん》）とが一進一退の戦いをしますが、相手の義富が長禄三（一四五九）年九月に他界したため、弟の政長が擁立されることになったのです。

6　政長への家督交替による義就の河内下向

長禄四（一四六〇）年六月、紀伊根来寺と紛争を起こした義就は軍勢を京都から紀伊に向かわせますが、軍事的空白に加え、義政から見限られていたところを勝元に付け込まれ、義政から政長への家督交代を言い渡されます。九月十六日、幕府の伊勢貞親《いせさだちか》は義就の被官遊佐弾正《ゆさだんじょう》と誉田三河《こんだみかわ》に屋形を開き、政長に与えるよう命じたのです。二十日義就は河内へ下向し、政長が惣領となり、大和筒井勢が上洛しました。政長は同月二三日家督の出仕があり尾張守に任ぜられます。

この家督交替と義就の河内下向の様子は、「群書類従寛正長禄記」に次のように書かれています。

公方より伊勢兵庫助《いせひょうごのすけ》、飯尾下総守《いいおしもふさのかみ》両人を御使いにして、畠山右衛門佐義就に早々館を開け、分国に下向いたすべし。遅々に及ぶならば、なお、上意に背くことになると仰せもあり、義就承る。更に身に誤りなし。何事の罪科ぞや。今、子細を述べると言えども、さらに上聞に達する人なし。所詮在国して、静かに嘆き申し上げるとともに、下向しようとする。ここに身内に名を得し、須屋と甲斐庄進み出て、申すには、このような成り行き、館を残してどうする。火を掛け焼き払うべしと申す。義就聞き及んで、いやいや面々の申し分尤もなれど、館に火の手を上げれば、野心があるとみられる。その上、弥三郎も他人に非ず、義就が政長に入れ替わるまでの事。その上、館を焼いても敵の弱みにはならない。その儀を留給う。明ければ、十九日辰の刻に、義就打ち立ち給いけり。

されども義就こそ穏便にしても、誰か意見を言って、打ち手が来ることもあるので、用心すべし。お供の人々の中に、老人は、軽い具足とし、若輩は、ひた冑にて、打ち立てけり。先陣は、誉田、後陣は、須屋・甲斐庄の楠党なり。東の洞院を下り、竹田河原に出れば、淀の大橋にて、皆迎えに参る。それより大勢にて、八幡縄手にて、下馬し、大菩薩を伏せ拝み、それより螺《ほら》ガ峠《さき》※にて、都の方をかえりみて。義就このように詠む。

ウカリケル、都に何の情け有て、
忘れぬ夢の残る面影。

彼峠を下り、天川というところへ、遊佐河内守国助お迎えに参り、それより、国助先陣にて、その夜は、真木の城（牧野）に泊まり給う。終夜、義就は、都の様子を語り、国助は、紀州のありさまを申し上げた。さて、それより河内の若江の城に籠り給う。

（※螺ガ峠は、都から河内に下向するときに通る東高野街道にある山城と河内の境にある峠）

このように先陣は誉田、後陣は須屋・甲斐庄の楠党なりとあるように、河内守護になった畠山義深に降りた須屋・甲斐庄の元楠木党が、基国・満家・持国を経て義就陣営の家臣として登場しています。

7　大和龍田神南山の合戦

寛正元（一四六〇）年閏九月五日、畠山義就討伐が、管領細川勝元以下の諸守護大名と伊勢・伊賀・紀州・河内・近江などの国人、及び大和衆・南都に命じられます。政長は河内に下向して義就を討つため奈良に到着し、筒井《つつい》順永《じゅんえい》がこれを迎えます。宇智郡で双方の合戦があり、義就側が悉く退きます。十六日、政長は龍田に陣替えをします。在地の越智氏に対し政長側は上意に付くよう命じますが、いままで扶持を受けている義就に味方するとします。このように大和の国人は両派に二分されています。

義就は十月十日、龍田に陣を置いた畠山政長《はたけやままさなが》を逆に攻撃しようと二手に分かれて龍田に向かい、神南山の合戦を仕掛けます。しかしながら一番合戦から政長側が勝ち、遊佐次郎左衛門や筒井順興《つついじゅんこう》、神保宗太郎兄弟によって、義就側は遊佐河内守、誉田、甲斐庄、古市、鳥屋《とや》など数百人が悉く討たれます。義就も後詰めの合戦をして、彼らを引き取ろうと須屋と平とを先駆けとして若江を立ちますが、勝負はすでについており、郡山西林寺に引き返します。結局ここは守りにくいため河内に引き返し獄山城に籠ることになります。

この大和龍田神南山の合戦の様子を「寛正長禄記」は次のように伝えています。

河内勢衆、戦ったが元来無勢なれば、一人も残らず討たれけり。討死の人々は、大将河内守国助、弟左京亮。誉田三河守、同弟肥前守、伯父遠江守、孫弥三郎、同彦三郎、龍見孫左衛門、甲斐庄民部丞、同弟新左衛門尉、立野大和守、岡村親子、土師孫左衛門尉、菊竝次郎左衛門、酒匂三郎、萩原三郎、仙波二郎、長尾孫太郎、若党には中村興五郎、高柳、野崎興五郎、遊佐が家来には岡部野太郎、鰐《わに》左衛門次郎、広瀬、高屋、原親子、中村孫七郎、布施藤次郎。総じて四十二人。誉田若党には、岡村藤左衛門、高田掃部允、宮田四郎左衛門、法楽寺民部丞、同左衛門尉、江川入道、同新左衛門、国府式部丞、同兵庫助、藤戸七郎左衛門、広野、小若、江の原、古市七郎以下。誉田一族七十二人。その他河内衆。紀州衆。伊賀衆。山城衆。近江衆数えて百人討死す。

かくて、義就の方へは、神南山合戦状況が聞こえし。義就も若江を立ち、後詰めの合戦をして、彼らを引き取るべし。もし又皆討死するものならば、それがしも討死し、三途の大川を共に越すものとて、高安の馬場へ手勢計にて出で給う。かかるところに、南京の大路より馬が一騎駆け来る。何者ぞと怪しみければ、河内守が供に連れている時宗の僧である。味方が神南山に引籠り合戦が火急に候。何も命は助かり難い。しかしながら殿の後詰めがあれば、もしや皆々引き取りできるかと涙ながら申しける。さらば、急がんとて、山の井の里より、須屋と平とを先駆けとして、三百騎を副えて、嶋道の峯よりよじ登り、火の手を上げ、合図の煙を立てたけれど、神南山の味方残らず討死しければ、義就もついにかなわず、西林寺に引き入れ、ここも、要害悪き（砦としては守りにくい）とて、その夜に寛弘寺へ移り給う。お供の人々申すには、獄山を城に取り立てるべきとて、近辺の兵糧を取り入れ、獄山に登り給う。

義就の性格でしょうか、若江城に居ればまだしも打って出て敗れ、結局も基国の築いた若江城まで失い獄山に籠ることになります。

獄山城《だけやまじょう》は標高二七八メートルの獄山山頂にあります。中腹には蘇我馬子が建て弘法大師が再興したと伝わる龍泉寺があり、城跡がその山頂部にあるので龍泉寺城や東条城とも呼びます。元弘二（一三三二）年に楠木正成が築城し鎌倉幕府崩壊のきっかけを作ったところです。その後楠木正儀が拠ったところですが、畠山基国が河内守護になり、それ以降畠山氏の河内経営の拠点の一つになっていました。獄山は蘇何氏の末裔が楠木党として戦ったゆかりのある地なのです。

8　弘川合戦と須屋孫次郎の討死

神南山の合戦で勝利した政長は嶋の城に陣替えし、吉日なので遊佐新左衛門長直を河内守に任じ、自ら大和より十月十五日、河内の若江城へ入城し、同十八日誉田・古市に移り、同二三日寛弘寺に陣替えをし、十月二十日改元により寛正元年となり、同十二月七日上弘川に着陣します。上弘川は楠木正儀が正平の一統の際、北朝の三上皇を幽閉し、正中年間隅屋輿市正高が拠った陣屋山城のことです。南朝が消滅した後、河内守護の管理下にあり、義就獄山籠城に対し政長は上弘川を陣としたのです。

籠城した義就側は獄山周りの所々に掘を切り、掻盾《かいたて》を立て、茂木を逆に立てかけ、もし急に政長が攻めてきたら大和国の野伏共（農民の武装集団）を以って政長側の布施、高田、筒井、箸尾等の館を焼き払えば、大和の勢は引き返し、その時城より切出れば必ず勝ち戦になると考えていました。

十二月二七日、政長側の先陣が獄山の周りに野陣を張り、義就方より政長方である伊勢の長野の手へ押し寄せ散々合戦し、雲林院を始めとし伊勢衆が多数討死します。河内衆にも大方新兵衛、同彦左衛門、花田宗左衛門尉等が篠尾の小口にて討たれるとあります。その後政長側は野陣を引き払い、弘川の本陣の辺に一か所に集まり陣取ります。

翌寛正二（一四六一）年正月二日、獄山の籠城衆が誉田道明寺のあたりに下り、神物であっても乱暴し兵糧を押し取ります。寄り手が押し掛け太子河原にて合戦し、敵味方三十余人が討死します。寛正二年の春の頃より、「天下大いに飢饉となり、また疾病がことごとく流行り、世間の三分の二は餓死し骸骨が街に満ちて道行く人は哀れを感ぜずにいられない」とあり、かなり悲惨な状況だったことがうかがえます。

飢饉で義就側の兵糧確保も大変な中、時の将軍足利義政は去る長禄三年二月、花の御所を作りこれを寵愛します。山水草木に日々人民を費やし、水石を立ち並べ、国の飢饉を憐れむこともなく、その上に新殿まで建てます。その頃の帝王御花苑院（後花園天皇）はこれを聞き、将軍への一首を作っています。

残民争採首陽薇　處々閉鑠竹扉
詩興吟酸春二月　満城紅緑為誰肥

将軍家はこれを拝見し、大いに恥じて東山殿造営を止めたといいます。

寛正二年夏が近くなっても、弘川と獄山で対陣したまま一向に合戦は起こらず、籠城組は退屈していました。短気な義就衆は獄山にて評定し、いつまでもこのように兵糧詰めにされ見通しが立たない状態が続くより、弘川に乱入し有無の合戦に運命を掛けようと、須屋、平、小野、柳等を始めとする六二人都合二百余騎が、義就の前に参じ、最後の杯を上げ出陣し弘川へと急ぎました。寛正二年六月二十日の夜のことです。山中で迷いながら上弘川城に着くと、三重に大木戸を打ち高矢倉を上げ、夜が明けての合戦は不利なので、次の夜中に攻撃すべしと風上に火を掛け、煙の下に切り入ります。先陣はわずか二八人でした。

この奇襲に動揺して慌てふためいた政長側の弘川衆が打ち負け、神保荘次郎、丹下備前守、長倉大炊助、草賀新左衛門、貴志信濃守、二見三郎左衛門、佐竹、勢木、山本新左衛門尉、服部七郎左衛門、同掃部允、池田修理亮、薬師寺をはじめとして屈強の兵三十余人が討死します。

しかし政長の本陣には火もかからず、打撃を与えることはできませんでした。政長は慌てず御馬回り荒手の兵を引き連れ出て戦います。結局義就側は山中で迷い、野営の上疲れ果てており敗北しました。

「寛正長禄記」には、この一戦に打ち負けて須屋左京亮正輿、同孫次郎、馬場次郎左衛門尉、長尾三郎五郎、酒匂、堀、片岡、龍泉孫次郎、花田式部丞、木屋堂、高田、途辺をはじめとする獄山の寄り手の兵、百余人が討死したとあります。さらに、この戦いで敗れた須屋孫次郎の戦いぶりが特筆されています。

其中に須屋孫次郎は長刀を以てあまた敵をなぎ伏。其上に立て矢七つ八つ射立られ。立死に死ける。死後にも猶両眼見出し。暫く人も近付け得ず。其後槍にてつきたおし首を取てさし上たり。この孫次郎。去る春義就の秘蔵せられし大鷹。いかがしてそれたりしけん。久しく見えざりしが。此のひ弘川の敵陣の茂みにかかりてありし由、山がつの告を聞て（山からの鳴き声を聞き）只一騎じんじょうに出立。敵へ案内してかの鷹をすえて帰りしはあっぱれ大強の兵なりと。敵も持方もほめたりしが。加様に最後もよかりける。

弘川での隅屋與市正高の討ち死に続き、須屋孫次郎の壮絶な立ち回りが語られています。「畠山家譜」には、須屋孫次郎が助けたこの義就の鷹によって、寛正三（一四六二）年二月二月、隅屋藤九郎（正信）を取り返したことも記されています。

六月二四日、討取り首三十を持って政長は京都へ注進します。公方も政長が勝利したことを認識し、寛正三年に入ると諸大名に対し、政長の方へ合力するようにとの上意が出されます。通知先は管領の衆である秋庭備中守を始めとして、河内、紀伊、越中、大和、山城は言うに及ばず、細川讃岐守、同淡路守、山名弾正忠、泉州両守護、備前の守護、摂津の守護、安芸の小早川、佐々木、六角、伊勢の国司、同国の長野等に送られました。

四月十日より義就の金胎寺城と嶽山の両城を攻め始めます。金胎寺を攻めた泉州衆は散々に打ちのめし、討死は数え切れないくらい勝利しましたが、義就は、両城を少数では持つことはできないので、同月十五日、金胎寺を開け嶽山一所とします。寄り手は嶽山を三方から取り巻き、交代で攻めますが、「南には越智備中守の城があり紀伊の通路は煩いなく、さらに痛むことなし」とあり、高野街道の紀見峠から紀州に通じる街道は確保されていたようです。

上意によって遠征してきた中四国勢は地元で反乱や土一揆が起こって引き上げるなど攻めきれず、その年も籠城は続きます。しかし、翌寛正四（一四六三）年三月十四日、奈良の成真院《せいしんいん》による「城中南の口の通路を差し止めればたちまち兵糧が尽きて籠城は叶わなくなる」という計略によって攻め落とされます。

義就側には高野山の衆徒も含まれており、高野山に入れば大丈夫という意見もあり高野山へ逃れます。これに対し高野山では評定を開き、義就を朝敵であり受け入れられないとする意見と、逆に紀州は義就の分国であるので主君として受け入れるべきであるとの意見に二分されます。結局法界を守るべきとする決定があり、義就は高野山金剛峰寺には入れず、紀州和歌の浦の岡城に入りますがそこも攻められ、敗れたのです。

寛正四（一四六三）年三月、敗れた義就は吉野の奥に潜みます。ただ義就は粘り強いのです。義就は家督を政長に奪われているので賊軍扱いです。しかしこの年、日野重子が没し大赦が行われ許されます。

寛正五（一四六四）年、細川勝元の管領辞任に伴い政長が管領になります。二四歳で管領になった政長は増長し評判が悪いわけです。

寛正六（一四六五）年十一月二三日、将軍義政と日野富子の間に義尚《よしひさ》が誕生します。当初将軍義政は妻の日野富子との間になかなか子供ができなかった為、次期将軍として弟の義視《よしみ》を還俗させて後継者に指名していました。母の日野富子は当然、自分の子義尚を次期将軍にと考え、山名宗全に依頼します。一方の次期将軍候補の義視は細川勝元に最初の計画通り自分を将軍にするよう依頼します。山名宗全は細川勝元・畠山政長への対抗策として、畠山義就の再起を働きかけたのです。

9　上御霊社の戦いにおける隅屋の若武者の悲劇

文政元（一四六六）年十月五日、大和から河内に出陣した義就軍の動きを見て、将軍足利義政の意向を受けた細川勝元は、政長、京極持清《きょうごくもちきよ》、山名伊予守以下の出陣を決定します。これに対し十二月二五日、義就は吉野より河内壺坂寺へ出陣し、山名宗全の呼び寄せによって京に上洛します。二七日には千本地蔵堂に陣取り、山名宗全、斯波義廉、大内政弘が援助します。政長は管領職を細川勝元に預け、春日万里小路《かすがまでのこうじ》の自邸に矢倉を上げ、赤松政則、六角政高などが立て籠もり、細川勝元や足利義政も合力していると伝えられていました。

しかし文政二（一四六七）年正月に入ると、突然クーデターが起きるのです。畠山政長更迭によって義就の家督復帰、斯波義廉の管領就任が実現します。以前から足利義政は畠山家の家督改替の考えがあり、それに添うよう寛正六（一四六五）年頃から山名宗全、斯波義廉、大内政弘、畠山義就によって進められた政変であると考えられています。

政長側についた細川勝元、京極持清、赤松政則は室町殿に押し掛け、義政に義就を討つよう訴え、足利義視を推戴しようとする動きもありました。義政は政長と義就の争いは私闘であり、山名宗全や細川勝元は手を出すべきでないとする裁定を下しますが、両者とも引くに引けない状況にあったのです。

文正二年（応仁元（一四六七）年）一月十八日暁、畠山政長は屋形に火を放ち、上御霊社《かみごりょうしゃ》に陣取ります。

京極持清は今出川あたりに陣を取り、細川勝元も室町殿の西に陣を取り政長に合力しようと考え、義就方には山名方の備後の軍勢や朝倉高景の軍勢が十九日夜明けから合力しようと準備していました。十八日午後四時ごろ、義就の軍が到着し合戦となり、十九日午前四時ぐらいまで続き双方の死者が数十人となります。義就側が勝利し、政長側は神保兄弟、遊佐新左衛門以下討死し、御霊社の拝殿に火を放ち、相国寺の闇をぬって逃れます。政長は細川勝元の屋敷に逃れ匿われました。この上御霊社の戦いでも隅屋の若武者の悲劇が起こります。「畠山家譜」にはその様子が描かれています。

義就は翌十八日早天に御霊の社に押寄る。義就方遊佐河内守真先に下馬して懸るを見て、従う兵皆々馬より下り競い攻て、はや鳥居のに火を掛る。寺中より其比の精兵竹田与次を始めとし射手の面々責入、寄手を射伏せけるに、義就の先陣、河内国の住人、文徳天皇の御末と名乗る坂戸源氏坪井を始め、多く射殺る。又遊佐が手にも手負共六百人に余りける。此時も藪の中より射出し、楯も物の具もためりえず、中にも哀れりしは、十三、四歳計の児薄粧かね黒に花やかな具足着、袴の傍高く取て、金作の小太刀を抜き、政長の御内に志し有ん人出合給へ、打物して見せ申さんと呼り、真先に打向うを、藪の中より射ける矢に胸板を射通され、たちまちに打伏しければ、郎党と思しき者空しき死体を楯にのせ、寄手の中へ引退は、楠が末葉、隅屋の次郎が子也。父の次郎、先年獄山の籠城の時、弘川表にて討死す、大剛の者の子也とて、人皆感涙を湿しぬ、……

南北朝の乱から応仁の乱までの戦い方を見ると、時代と共に戦術が変化してきているのがわかります。源平合戦のような集団歩兵戦は南北朝前半まで続き、刀で激しく打ち合う太刀打ちが多く、弘川での隅屋輿市正高の頃までは集団での太刀打ちが主流でした。後半期には遠矢で打ち合う野伏《のぶし》が多くなります。隅屋の若武者は初陣での太刀打ちを願い名乗りを上げたところ、何処からもなく飛んできた野伏の矢に倒れたのです。

10　畠山の家督争いから応仁の乱に発展

上御霊社の戦いは十九日未明に終了したため大乱にはいたりませんでしたが、三月五日、兵革により応仁に改号し、畠山の家督争いは次期将軍の座と管領をめぐるトップの政権争いに発展します。つまり東軍が義視・細川勝元・畠山政長・斯波義敏・赤松政則、西軍が日野富子・斯波義廉・山名宗全・畠山義就・一色義直の構図が出来、両陣営は分国の者を召し上げ、次々と各分国の国人が上洛します。東軍細川軍は花の御所から義視の今出川邸から細川邸に続く北東部を固め、十六万余という大軍を擁するまで軍勢を拡大しました。一方の西軍は宗全の邸や管領斯波義廉邸を中心に中央から西部にかけて、九万余の陣営を整えます。

京の町は一発触発の戦雲に覆われる中、細川軍は敵方の分国攪乱に出ます。五月、赤松政則が播磨に乱入、斯波義廉が守護である越前では斯波義敏が討ち入り、一色義直が守護である伊勢には土岐氏が討ち入ったというように、分国で細川方が山名・斯波方へ先制攻撃を行ったのです。これをきっかけに都でも東軍が仕掛け、五月二四日、大乱は始まり緒戦は山名氏側がわずかに勝利します。

将軍義政は当初態度を明らかにしていませんでしたが、六月に義視と勝元に山名軍の追討を命じます。富子は反対しましたが、将軍義政が付いたため東軍が勝利し、西軍から寝返る者も出て、細川軍が優勢になります。

しかし周防を本拠地とする大内政弘が西軍に加わるという情報で、西軍は大和古市氏や河内・紀伊の畠山義就の養子義豊《よしとよ》の軍勢が入京し、劣勢を挽回し持ちこたえます。大内氏は博多商人を傘下に収め、対明貿易、対朝鮮貿易を積極的に展開していました。兵庫商人、堺商人を傘下にした細川氏と貿易の実権を巡る争いをしていたため西軍に加担したのです。

これで西軍有利な状況となり、義視は義政が山名氏に味方しているのではないかと疑い、八月二三日伊勢に逐電します。意気が低下した東軍に対し、西軍は花の御所と細川邸を分断するため相国寺を攻め炎上、花の御所も動揺します。両軍の市街戦によって洛中が焼失し、両軍の被害は甚大なものでした。

しかし東軍の畠山政長が出陣すると、その勢いに押され西軍は退いてしまいます。その後大乱二年目の応仁二（一四六八）年よりゲリラ的な争いは起こりますが、こう着状態になり長期戦の様相を呈します。戦乱は都から鳥羽・摂津・河内に移っていきます。分国から入京を要請された国人たちは、焼け野原となった洛中の陣地を争うより、敵方の陣地を切り崩し、自分の地盤を拡大することが大事と考えるようになります。

文明五（一四七三）年三月、西軍大将山名宗全が七十歳で没し、西軍では和平交渉の話も持ち上がります。しかし両畠山氏によって講和は実現しません。五月に東軍の主将である細川勝元がはやり病により四四歳で亡くなり、勝元に代わり畠山政長が管領に就いています。義政の態度変更により斯波義廉の管領は既に勝元に代わっていたのです。

文明五年十二月、三九歳の義政は九歳の義尚に将軍職を譲り、富子が後見役となり、東西の大将を引き継いだ細川政元と山名政豊の間で講和が成立します。文明九（一四七七）年九月二二日には主戦派の義就が河内に下国し、十一月十一日に大内政弘をはじめとする諸大名らが撤収したことによって西軍は事実上解体、京都での戦闘は収束したのです。十一月二十日、幕府によって天下静謐の祝宴が催され、十一年に及ぶ大乱の幕が降ろされました。

第Ⅲ部 戦国の時代と「すや」

第9章　酢屋が堺に入るきっかけを作った応仁の乱

応仁の乱の終戦間際、突如畠山義就は河内に下向し、堺を制します。私は、この行動が堺に酢屋が入るきっかけになったと考えます。応仁の乱によって京の町は焼け野原になりました。一方堺は日明貿易の日本一の港として栄えていました。何も得るものが無かった畠山総州家は、堺を制することで応仁の乱の帳尻を合わせようとしたのです。

この時期の商家は武家の補給部隊の役目を担うことから生まれたと考えますが、この動きは、多くの武将を失った「すや」にとって、第一線の戦場から退く機会になったと考えられます。

この章では堺が生まれた歴史と、どのように貿易港として発展してきたのか、商人がどのように育ってきたのかについて、畠山義就と政長の家督争いが終わりを告げる十五世紀末の明応の政変までを見ておきます。

1　堺浦は住吉津の一部

五世紀の河内王朝は難波津を外交と物流の拠点を難波津に置きました。韓半島から九州そして大阪までの海上輸送はこの時期、九州を拠点とする安曇族の協力で可能になっています。これで韓半島南部の鉄を力に倭の五王の時代が訪れ河内が繁栄します。古市古墳群や百舌鳥古墳群は好太王碑に比べても数段大きく、ピラミッドと比べても遜色がなく、高句麗に新羅や百済を属国にしたと言わしめたほどの国家を築いた王朝の拠点が河内に存在したわけです。

「日本書記」によると雄略朝の頃、身狭村主青《むさのすぐりあお》が呉の使者と共に帰国し、呉王が献じた手伎《てぎ》、漢織《あやはとり》・呉織《くれはとり》、の兄媛《えひめ》・弟媛《おとひめ》らを率いて住吉津に泊まったとあり、住吉の名前が初めて登場します。そして呉人《くれびと》を大和の檜《ひの》隈野《くまの》に住まわせるため、住吉津から竹内街道につなぐ磯歯津路《しはつみち》を作ったといいます。初めての陸路です。この住吉津から竹内街道を経由した陸路を通って蘇我氏によって仏教が入ってきます。河内王権に参画した孝元天皇の子、彦太忍信命《ひこふつおしのまことのみこと》の後裔である氏族にとって、大阪湾に面する土地は古来よりつながりのある土地なのです。

五九三年には推古天皇の摂政聖徳太子が難波の荒陵《あらはか》に四天王寺を造立し、推古天皇二一（六一三）年十一月の条に難波より京（飛鳥）に至る大道《おおじ》を置くとあり、難波から我孫子依網池《よさみいけ》付近を通り、丹比道（後の竹内街道）を目指したまっすぐな難波大道の開発が始められます。孝徳天皇は難波に遷都し、大化の改新（六四五年）と呼ばれる新政はこの地で行なわれますが、六五二年に難波宮（前期難波宮＝難波長柄豊崎宮《なにわながらとよさきのみや》）が完成し、この頃飛鳥まで難波大道と丹比道が開通したのでしょう。もう一つ、河内平野の丹比道の北を平行する長尾街道も、聖武天皇の後期難波宮の頃は難波大道に繋がっていたのでしょう。

しかしこの時代まで堺の町としての形跡は見当たりません。上町台地の先端の難波津は潮流も厳しく、遣隋使も遣唐使も住吉津から出発しています。住吉社は天平勝宝元（七四九）年の「興福寺略年代記」に住吉社造営の記事が初めて見られることから、遣唐使でもあった津守宿禰が八世紀になって航海の無事を祈り、住吉三神と神功皇后を祀った社殿を造営したとされます。

伝承によると、堺の総鎮守である開口《あぐち》神社は神功皇后三韓出陣の際、これを守護するために現われた住吉の神を祀る神社であり、この神が移し祀られてからは住吉社の別宮として崇敬されました。天平年間、開口神社の設立は住吉社の造立とともに行われたと考えられ、開口神社は住吉社の一部です。従って住吉社の神輿は開口の地に設けられた宿院の御旅所にて毎年六月晦日、大小路より渡御し、みそぎの神事を行う習わしがあります。堺に住吉社が含まれているというより、開口神社から北の堺浦は住吉津の一部であったのです。これも物流を担った海洋民である安曇族のおかげです。この安曇族が北九州や山口に祀っていた祖神が、住吉の三神です。この神はイザナギ命が筑紫で禊をして生まれた神と言われ、神功皇后は河内湖に着いた際、「吾は住吉の大神と相住まむ」として、渟中椋《ぬなくら》の長岡の峡に住吉の神を祀ろうと宣します。

住吉の語源ですが、河内湖に面した我孫子の港を榎津《えなつ》といいました。スミの榎津でした。スミとは主海《すみ》＝大王の海の港ということになります。「すみのえなつ」が次第に「すみのえの津」に変わり、スミエ津を住吉津という漢字を使い、スミエと読んでいました。安曇族は九州から瀬戸内を経てスミエの海岸線に住んでいました。堺の名がないころから安曇族が漁民として活動し祖神を祀ったのが開口神社です。アベノ・アビコ・アクチのすべてが阿人であるア氏と言われる安曇族の領域だったのです。

ちなみにアツミ族のツミは倭陀津海《わたつみ》から来た語であり、倭国の津や海を表し、海洋民のことをいいます。

2　熊野詣の御旅所

飛鳥時代から奈良時代にかけては聖武天皇の後期難波宮があり、嘉祥三（八五〇）年には文徳天皇が八十嶋祭《やそしまさい》を行う（『文徳天皇実録』）など難波宮・天王寺・住吉社は政権運営の要でした。しかし平安時代になると海外との流通が減少し、大和から難波への流通が衰退、京都から淀川沿いの道が発達し、難波に置かれていた摂津職も延暦十二（七九三）年三月に廃され、摂津国が誕生します。ちなみに霊亀二（七一六）年、河内国より大鳥《おおとり》、和泉《いずみ》、日根《ひね》の三郡を分けて和泉国が誕生しています。

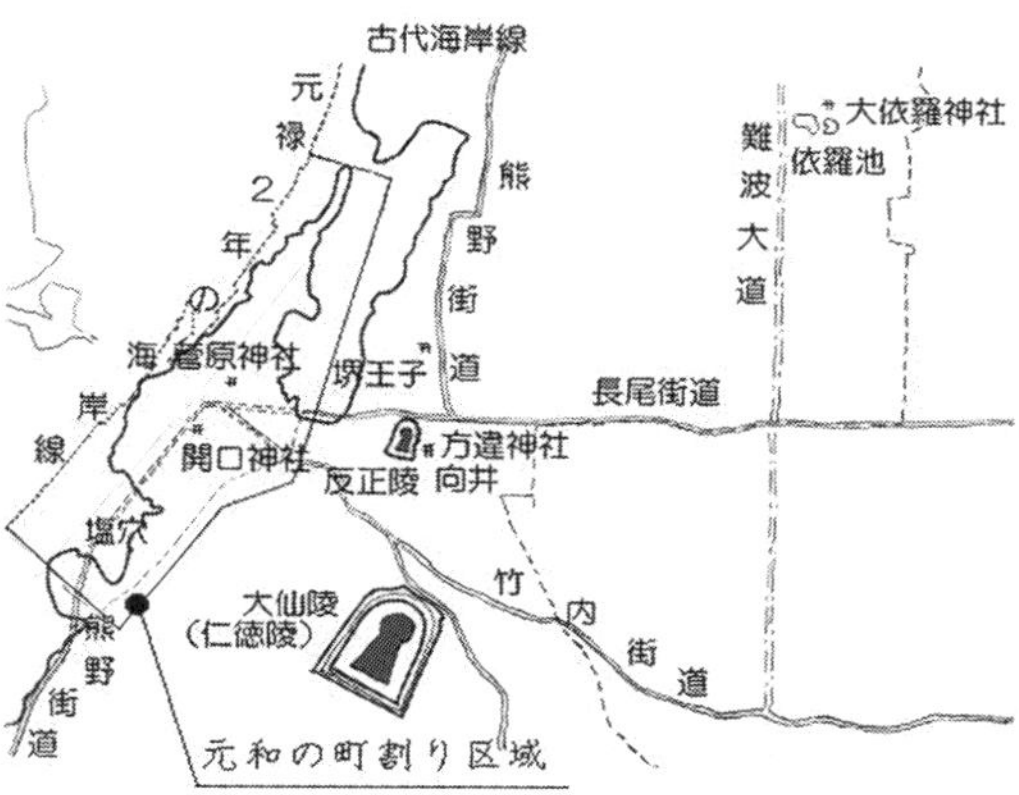

平安末期の熊野街道と江戸時代の堺の町の位置

平安時代後期になると浄土信仰の広がりのもと熊野全体が浄土の地であるとみなされ、九世紀末の宇多法皇から十四世紀初めの亀山上皇まで、熊野への行幸が繰り返されます。建仁二（一二〇二）年の「熊野山御幸記」によると、後鳥羽上皇は熊野参拝のため京都若王子社を皮切りに、船で淀川を下り、天満《てんま》八軒家《はちけんや》で下船し、阿倍野王子神社、住吉社に参り、堺王子社から大鳥居新王子を経て、計九九所の御遥拝所を経て熊野詣を行っています。後鳥羽上皇は二八回も熊野詣を行っており、後白河法皇は三四回も通っていますので、九世紀後期には天満から天王寺、住吉社から堺に至る熊野道が整備されていたのでしょう。

この熊野道は大仙陵に向かって南下しますが、長尾街道に突き当たるこの地を向井村といい、そこに方違《ほうちがい》神社《じんじゃ》があります。方違神社は熊野と大和方面の分岐目印でした。反正天皇陵前を通り、ランドマークである大仙陵を左に眺めながら堺浦をめざします。そして堺浦の開口村の小祠を通り、その先の大鳥郷に向かったのです。

開口村というのは和泉国塩穴郷《しおあなごう》の下條にあり、天永四（一一一三）年に開口神社に木戸村、原村の鎮守を合祀して堺浦の鎮守になります。安曇氏を祖とする漁民が祀る社が海岸近くにあり、熊野に向かう上皇たちの行幸の休憩場所（御旅所）として賑わったのが開口神社の始まりです。鎌倉時代の堺は熊野道が海岸線に沿っており、塩穴と呼ばれる入江もありました。次第に海岸が後退し、室町時代は大道筋が海岸線にあったように砂堆《さたい》の上に町が造られたのです。

3　堺の名は海に面する界隈のこと

八世紀には長尾街道の北側が摂津国、長尾街道から南で向井村から東が河内国、大仙陵を含む大鳥郡以南が和泉国になりました。大仙陵の北の向井村あたりが河内・和泉・摂津の三国の辻となり、三国ケ辻と呼ばれます。

平安時代院政が始まった頃から国衙領の荘園ができ、長尾街道の北に堺北荘、南に堺南荘と堺の南北の名前が登場します。荘園分布図によると、摂津国堺北荘は最勝光院を本所、今林准后《いまばやしじゅこう》（四条貞子）を領家とする皇室領であり、和泉国堺南荘は臨川寺領（本家東大寺）と観心寺領となっています。嘉元三（一三〇五）

年に和泉国の堺荘（南荘）が大宮院から昭慶門院領に代わり、それ以外に臨川寺領（本家・東大寺）もあったと書かれており、皇室領や寺社領が南荘には点在していたのでしょう。南荘には河内の観心寺領もできますが、観心寺領になったのは南朝が成立した前後ではないかと考えます。

堺の名はもともと摂津と和泉の国の境から名付けられたとされますが、国の境なら堺とは書かなかったでしょう。堺はその昔は左界と書かれていたとされ、大阪湾に面する界隈すなわち臨海地を示したということになります。つまり漁港として認識されはじめて名前が付いたと私は考えます。

4　市座の発展――漁港から軍港・商業港へ

鎌倉時代、堺浦は魚介類や塩を販売する市座があり賑わっていました。これらの座は大和の寺社によって管理されていました。

嘉禎《かてい》二（一二三六）年、南都の騒動により堺浦の魚貝が春日社に届かなくなる騒動があり、翌嘉禎三（一二三七）年に南都の寺社に関わる神人以外の魚販売を禁止する通達が出されています。堺浦の魚貝を別ルートで販売して儲ける人物が現われたのでしょう。他にも荏胡麻《えごま》の販売は大山崎八幡宮の神人が独占していたようですが、勝手に製造販売する輩が現われ、禁止をする通達も出されています。それまで市座での収益は独占的に寺社に入る仕組みになっていたのですが、次第に独占が崩れたということは、逆に商業が盛んになったということでしょう。

承久二（一二二〇）年には堺市東部から中河内を本拠とした丹南《たんなん》鋳物師《いもじ》が、梵鐘をはじめとする様々な鋳物製品を堺から全国に廻船を仕立てたという記録があり、漁港であった堺浦は建武の新政前より軍事ないし商業港としての機能を果たすようになります。

堺浦は九州南朝勢である菊池・阿蘇氏との連絡起点となり、興国三（一三四二）年に後醍醐天皇は懐良親王を征西大将軍として鎮西派遣を行います。正平二（一三四七）年、熊野海賊と中四国の海賊は鎮西府を助ける働きをしたと言われます。瀬戸内海の海賊も北条氏に圧迫を受けていたので南朝に味方していたのです。後醍醐天皇は住吉社の津守国夏《つもりくになつ》の働きに報いるため、住吉津に出入りする外国船に課税し、それを住吉社に造営料として寄付をし、建武三（一三三六）年、堺北荘の領家地頭職を津守氏に預け、正平八（一三五三）年には南荘にも住吉社領を与えたとあり、南朝と住吉津の関係は続いていることがわかります。その後の建武四（一三三七）年にも、武蔵権現（高師直）が、堺浦の漁商等が南朝に内通の疑いがあるので和泉国守護（細川顕氏）にその営業を停止させよ（足利尊氏教書）と命じていますが、南都の寺社も堺浦の漁商も、地元愛から陰でなんとか南朝を応援しようとしていたわけです。

正平十六（一三六一）年には足利政権において政争から失脚した執事の細川清氏が南朝に属し、楠木正儀らと四度目の京都侵攻を行い、一時的に南朝が優位に立ちます。その後、後村上天皇が摂津国の住吉大社宮司の津守氏の正印殿を約十年間行宮（住吉行宮）とし、住吉大神を奉じる瀬戸内海の水軍を傘下にして、四国、九州との連絡網を確立し南朝勢は各地で活動します。楠木正儀が南荘の住吉領に守護使の立ち回り停止を行う等、和泉・河内両国は楠木一族が間接的に制していました。

天授六（一三八〇）年、東大寺は年貢代銭を兵庫とならんで堺で為替割符を現金化して堺の商人に為替料を支払うようになります。南朝の支配の下、堺で為替商人の動きが見え始めた時期です。この頃、堺で南朝の楠木党である酢屋が、貿易の商売を始めていた可能性もあるかもしれません。

5　堺が遣明船の日本基地となった経緯

南北朝合一した頃、義満は兵庫下荘を直轄地としたため、兵庫の港が賑わい、問丸という仲介業が発達します。問丸は年貢米の陸揚地である河川・港の近郊の都市に居住し、運送、倉庫、委託販売業を兼ねる組織です。鎌倉時代に荘園からの年貢米の陸揚げ、保管業として始まったとされ、次第に年貢米の輸送管理を引き受け、仲介・運送業者として独立したものです。

大内義弘が和泉の守護となった頃から明船が堺に入り始め、応永年間に堺にも問丸組織ができ、商品の卸、運送、管理を行うようになります。しかし前述の応永の乱で大内義弘は敗死し、和泉守護と摂津国は細川氏系が就き、畠山満家が堺にて大内義弘討ったことで、畠山基国は紀州守護と管領に就きます。応永十三（一四〇六）年の初見で大小路より北側が摂津国住吉郡堺北荘、南側が和泉国大鳥郡堺南荘となっていますので、大小路の南北荘の境界線が応永の乱によって定まったことになります。

大内氏を討ったことで幕府は対明貿易をスタートさせます。義満は博多商人肥富《こいとみ》より対明貿易が莫大な利益を生むことを聞いて知っていました。応永八（一四〇一）年に肥富と臨済宗僧祖阿《そあ》を明へ遣明使として派遣します。

第九回まで遣明使は相国寺が外交を担います。相国寺は永徳二（一三八二）年、足利義満の発願によって十年後の明徳三（一三九二）年に建てられた臨済宗の禅寺です。応永年間に堺南荘を京都の相国寺の崇寿院領とし、応永二六（一四一九）年より年貢七三〇貫文を住民が納入する地下請所となり、南荘は商人の自治都市としての第一歩を刻んでいます。

一四〇三年には明の永楽帝が帝位を奪取したことで、義満はようやく日本国王の称号を獲得し、明国との国交を樹立出来、第三回から正式に勘合貿易（朝貢貿易）となります。応永十五（一四〇八）年に義満が亡くなるまで六回の遣明船を送りますが、義満死後の四代将軍足利義持や前管領の斯波義将らは朝貢形式に不満を持ち、前年第七回を以って応永十八（一四一一）年、朝貢貿易を停止します。

六代将軍足利義教の永享四（一四三二）年に宣徳条約《せんとくじょうやく》で回数など貿易内容が再規定され復活し、永享五（一四三三）年に第八回、永享七（一四三五）年に第九回が実施されます。相国寺や山名氏を主に博多や堺などの有力商人が同乗し、明政府の許可を得た商人との間で私貿易も行われています。将軍義政のときの享徳二（一四五三）年に第十回と応仁元（一四六七）年に第十一回が行われています。

この頃、幕府の管領家で堺を貿易の拠点にしていた細川氏や、山口を本拠に博多や応仁の乱で得た兵庫などに権益を持っていた大内氏が、それぞれ独自に使節団を派遣した貿易経営を始め、両氏は勘合符を巡って対立していました。第十一回は幕府と細川氏、大内氏が共催したもので、遣明船は兵庫から出発しており応仁の乱の影響はまだなかったのでしょう。しかし文明元（一四六九）年、第十一回兵庫から出発した遣明船は雪舟を乗せ初めて堺へ入港します。幕府と細川氏の遣明船は大内氏の勢力圏である兵庫に戻れなくなり、瀬戸内海を回避し、薩摩から土佐沖を回って堺に入港します。これが国際交易都市・堺の繁栄のきっかけになったのです。

文明八（一四七六）年に第十二回遣明船が始まります。これが堺から出発し堺へ戻る勘合貿易の復活第一回であり、兵庫に代わって堺が国際貿易港になったのです。堺が南都に近いことも選択の理由とされますが、大内氏が応仁の乱で兵庫を得て瀬戸内、博多に権益を持っており、幕府と細川氏の遣明船はこのルートが使えず、結果として紀州、土佐、薩摩、琉球と続く南海ルートを開発したことになります。このようにして南朝の軍港であった堺は、日本一の国際貿易港に発展してきたのです。

6　義就、貿易港堺を制す

京に集められた国人衆にとって、応仁の乱は戦っても都では得るものがなく、国元の地盤の確保と拡大に目が向けられるようになりました。都で管領職を争っていた畠山総州家も同じ考えでした。

文明五（一四七三）年、管領の細川勝元が亡くなり、政長が管領を務めることになり分国河内は手薄になっていたのでしょう。終戦間際の文明九（一四七七）年九月二二日に義就が河内へ下向し、政長の河内守護代遊佐《ゆさ》長直《ながなお》を若江城から追放し、他の河内諸城も落として河内を実力で奪取します（若江城の戦い）。九月、併せて摂津国の一部（東成郡・西成郡・住吉郡）も支配します。摂津国は勝元の後細川政元が守護ですが、摂津国人が義就を支持したのでしょう。大和でも義就派の国人越智《おち》家栄《いえひで》・古市《ふるいち》澄胤《ちょういん》が政長派の筒井《つつい》順《じゅん》尊《そん》・箸尾《はしお》為国《ためくに》・十市《とおち》遠清《とおきよ》らを追い落として河内と大和は義就派が領有、政長は名目上の守護に過ぎなくなってしまいます。

一方の政長は文明十（一四七八）年に山城国の守護に就いていますので、洛中に居て河内まで手が回らず、応仁の乱後の河内は畠山総州家の支配地域に戻ったのです。

文明十一（一四七九）年、義就は高屋城を築城しています。さらに大挙して堺も抑え、北荘に甲斐庄、南荘に誉田遠江守を代官とします。元楠木党である甲斐庄とともに、酢屋は堺に入ったのでしょう。

7 文明の一統での領土交換

文明十四（一四八二）年、管領政長と細川政元は摂津国人の蜂起鎮圧と義就征伐に摂津から河内に出向きますが、政元は義就と裏工作を進め、義就が占領した摂津欠郡（東成郡・西成郡・住吉郡）の返還と引き換えに河内十七箇所を義就に渡し、単独で和睦して京に引き返します。細川政元の目的は、貿易港を元通り確保したかったのです（文明の一統）。これによって北荘代官の甲斐庄は辞任します。義就も河内十七箇所を元通り得ることができるのであっさり交換します。

義就が文明の一統までのわずか五年間、国際港としてスタートした堺を手に入れたことにより、義就の家臣である酢屋は堺に進出するきっかけを得て南荘に入ったものと考えられます。南河内の一須賀を本貫地とした酢屋は南北朝の頃の活動範囲は南河内中心でしたが、応永の乱以降、畠山基国が管領になったことで京にまで活動の場が広がります。

畠山だけでなく細川氏においても管領家は洛中に邸を構え、管領を支える老臣団を置いて、分国には守護代、小守護を置き、統治するかたちを取っています。畿内の守護においては守護代までもが洛中に居を構えていることが多いのです。畠山義就に仕えた酢屋の場合、本願地である獄山（東条）の石川付近と義就が築城した高屋城（羽曳野市古市）及び洛中にと活動地が広がっていたと考えられます。それが応仁の乱の戦火によって、洛中から義就が占有した堺に進出したと考えられます。

元弘の乱以降、武士として楠木正成と共に北朝軍と戦い、寛正長禄の戦いや応仁の乱の緒戦となる上御霊社の戦いで多くの戦死者を出した酢屋は、応仁の乱以降戦記に登場することは無くなります。永正六（一五〇九）年、須屋武久が遊佐兵庫助英当と共に、河内金剛寺に対し畠山義英印《よしひで》の福状を発給しているように、主に後陣（財務方・補給方）を務めていたのではないかと私は考えます。戦国時代からの豪商と言われる人物は、武士の次男三男で家督を継げなかった者か、主人が亡くなるとか逃亡したとかで収入が亡くなった武士の落ちこぼれから生まれたと考えられています。楠木党として商業的武士であった一族が、時代と共に武家商人に変わっていったのです。

8　明応の政変と畠山義就と政長の死

応仁の乱が終わっても畠山の家督争いは続きます。細川政元が引いた後も政長は進軍を続け、摂津から船で堺に上陸して堺から河内に侵攻しますが変化なく、文明十七（一四八五）年、義就と政長は河内でなく山城平野を舞台に対峙しています。両方とも河内を戦火に巻き込むのは得策でないと考えていたのでしょう。逆に政長討伐を名目とし義就軍は南山城侵攻を仕掛けます。

しかし山城国人も黙っていません。山城の国人・農民達による国人一揆（山城国一揆）を引き起すことになり、文明十七（一四八五）年には山城から畠山氏は追い出され、山城は守護でなく将軍領になります。その山城から義材《よしき》の従兄の九代将軍義尚は守護大名や奉公衆を率い、六角高頼《ろっかくたかより》討伐（長享・延徳の乱）のため近江へ親征しますが、果たせないまま長享三（一四八九）年三月に近江で病死します。

足利義材は義視の子（富子の妹の子でもある）ですが、応仁の乱後義政と義視の和議によって、従兄弟義尚の猶子《ゆうし》として元服し、富子によって十代将軍に推挙されます。しかし義政と細川政元は義尚と義材の従兄にあたる清晃（後の義澄）を推挙します。延徳二（一四九〇）年に義政が死去すると、義視の出家などを条

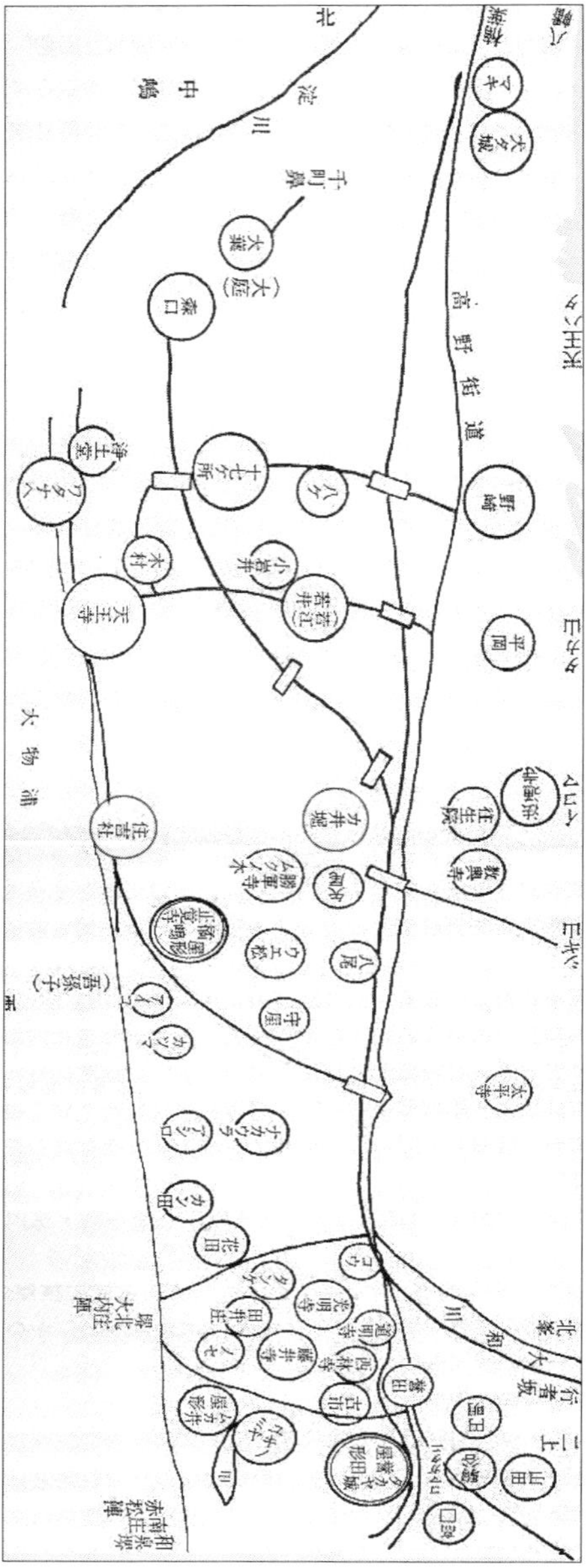

明応御陣図（大阪市史より転載）

件として義材の十代将軍就任が決定します。ちなみに義就と政長は今度は紀州を巡り、延徳二（一四九〇）年、根来の合戦を行い、この合戦の後、義就は五四歳で没しています。

義材の十代将軍就任の一方で富子は義澄にも肩入れし、義政や義尚が住んだ将軍の邸宅である小川殿を義澄に譲ることにしたのですが、将軍邸が手に入らなかった義視・義材は、小川殿を壊してしまったため富子と義材の関係は悪化します。義材は前将軍義尚の政策を踏襲し、丹波、山城等畿内における国一揆に対応するため、延徳三（一四九一）年、政元の反対を押し切って近江国の六角高頼討伐を再開するなど軍事的強化を図ります。

明応二（一四九三）年には政長が義就の跡継ぎである畠山基家の討伐のため、義材に河内親征を要請します。政元は先の近江親征に続いてこの討伐にも反対しますが、義材は畠山氏の家督問題を政長優位の下で解決させるため、二月十五日に討伐軍を発進させます。しかし政元は義材に不満を抱き始めた富子や赤松政則、伊勢貞宗を抱き込み、四月二二日夜に清晃を還俗させて十一代将軍に擁立しクーデターを決行します。富子は政元に京都を制圧させ、その上伊勢貞宗から義材に同行する守護や奉公衆・奉行衆に対して新将軍に従うようにとする親書が送られ、将軍義材は幽閉され、後に越中に落ちます。政元が義澄を将軍職に据えたため政長は討たれる立場になってしまい、河内正覚寺城を包囲され、その子尚順《ひさのぶ》を逃がした後に自害しました。明応の政変といわれる将軍廃立事件によって畠山政長も亡くなってしまいました。

義就の死と畠山政長の自害によって、畠山家の家督争いは次の世代に代わることになります。この明応の政変によって足利将軍家の威光が薄れ、戦国時代へと移っていくのです。ちなみに明応の合戦図では政長と義就がいた正覚寺と高屋城を中心に描かれており、この時代の政権にとっていかに攝津と河内の支配と畠山氏の家督争いが重要な争点であったかを示しています。

第10章　蓮如の河内布教と本願寺加賀米為替を担った堺の朱屋

応仁の乱の終戦間際、突如畠山義就が河内に下向した頃、すでに河内では本願寺蓮如の河内布教が始まっていました。必然的に畠山総州家は本願寺に協力し、深く結びついていきます。しかし義就の死後、畠山総州家が戦国の下克上のなか次第に衰退していく一方で、河内門徒として、酢屋は本願寺の経営に関わっていきます。

1　本願寺、蓮如の河内布教

応永二二（一四一五）年生まれの蓮如は、元服する頃には真宗再興の志をすでに持っていたと言われます。三十代の頃は父と共に東国や北陸を布教し、長禄元（一四五七）年に父存如《ぞんにょ》が亡くなり四三歳で本願寺法主を継ぎます。蓮如が法主になった頃、本願寺は比叡山延暦寺（山門）の末寺で荒れており、再興のため宗旨を異にして布教したとして山門は本願寺を仏敵と決め、寛正六（一四六五）年、延暦寺は大谷本願寺を破却します。蓮如の布教は教義を消息《しょうそく》（手紙）の形で分かりやすく説いた御文章《ごぶんしょう》を用い、近江の金森や堅田、大津を転々と布教します。この布教を比叡山は絶えず圧迫したのです。

文明三（一四七一）年、蓮如は近江を離れ越前国吉崎に向かいます。北陸には真宗布教に適した土壌があったと見え、瞬く間に信者が増え吉崎御坊《よしざきごぼう》が出来ます。しかし応仁の乱が地方分国に波及し、北陸で越前斯波義兼、能登畠山、朝倉等の政権争いが起こります。加賀でも富樫《とがし》氏に内紛が起こり、富樫政親の要請を受けて本願寺門勢が富樫幸千代《とがしこうちよ》を倒します。内紛が収まることで守護の保護を受けることを期待したのですが、逆に勢力拡大を恐れ門徒弾圧が起こり、文明六（一四七四）年吉崎御坊が焼かれます。

蓮如は文明七（一四七五）年八月二一日、越前吉崎を退去し河内国出口へ向かう旅に出ます。小浜から丹波路を経て、摂津国有馬郡名塩に道場を開き、摂津を経て河内国茨田郡出口に居を定め、光善寺御坊を創ります。摂津や河内で布教活動を行い、河内国渋川郡橘島庄久宝寺に慈願寺御坊、文明八（一四七六）年、摂津国島上郡富田庄に御坊（後の教行寺）を創建します。そこに、河内に下向した畠山義就が出会うことになります。

2　畠山軍団が山科本願寺建立に寄与

河内の国人衆は、南北朝の乱に始まり畠山の家督争いから応仁の乱まで穏やかに暮らす日々は無く、かなり厭戦的になっており、蓮如の教えに従う者も多かったのでしょう。百姓や商人だけでなく武士までも門徒となります。後に武士は番衆と呼ばれる本願寺の軍役を担うことになります。

文明十（一四七八）年、応仁の乱が終わったのを確認し、蓮如は東山を越えた山科の地に山科本願寺の建立を決意します。文明十二（一四八〇）年、御影堂建設を始めます。御影堂の建築資材は南河内の門徒が吉野から切り出したものであり、不足を補いながら加賀・能登・越中の門徒の寄進によって順調に進み、八月には仮仏壇を設け、絵像を安置するまでになります。蓮如は本願寺再興を目の前にして、うれしさのあまり寝ずに御影堂にこもり続けたといいます（「帖外御文章」）。

十一月十八日には三井寺山内に預けてあった根本の御影を迎え、寛正六（一四六五）年の大谷破却以来十五年ぶりに本願寺の再興が叶います。御影堂遷座直後には日野富子、永正元（一五〇四）年には足利義澄までが本願寺を訪れています。山科の寺内町は大いに賑わい、応仁・文明の大乱で荒廃した洛中に身を置く貴族たちにはあたかも天国に思えたようです。野村本願寺古御屋敷之図（光照寺蔵）によると、山科寺内町は御本寺（第一櫓）、内寺内（第二櫓）、外寺内（第三櫓）と南の出丸からなる三層の環濠をもつ戦国の法城と呼ぶにふさわしい寺内町であったといいます。この山科本願寺寺内町の構《かまえ》は、文明年間に畠山義就が築城した高屋城に構が似ており、しかも南河内の門徒による南朝のあった吉野からの木材の切り出し提供があったとされ、義就以下の元楠木党である酢屋や甲斐庄が尽力したものと推測できます。山科本願寺の建立は、河内における畠山義就一党と蓮如の結びつきが生んだものと言えるでしょう。

3 河内布教の協力者・興正寺の蓮教

元々興正寺は京都の五条西洞院にあった親鸞の住坊を、元亨元（一三二一）年頃、第七世了源が教化活動の拠点を旧仏教の盛んな京都に移すべく、寺基を洛東の汁谷《しるたに》（現在の京都国立博物館の辺り）に移したもので、光明本尊・絵系図・交名帳を用いて西日本一帯の布教活動に力を入れます。この頃、阿弥陀佛光寺の勅号を後醍醐天皇より賜り佛光寺としました。その後佛光寺はますます隆盛となりますが、第十三世光教の時には佛光寺も応仁の乱によって焼失。佛光寺の第十四世を継ぐべき経豪（後の蓮教）は山科を破却された蓮如を助け、一緒に河内を布教していたものと考えられます。

文明七（一四七五）年、蓮如が八尾の慈願寺（久宝寺村）にて布教活動を開始し、畠山氏とも結んで当寺を中心とする久宝寺寺内町が形成されていきます。久宝寺と同じく、富田林においても寺内町の原型が出来上がります。文明年間に蓮教は河南地方の村々に布教し、毛人谷《えびたに》に念仏道場を開きます。古御坊という字地が大正時代まで残っていたようです。

石川毛人谷に興正寺道場を作った蓮教は山科本願寺の建立を始めると、文明十三（一四八一）年には山科西野に再び興正寺として創建、有力末寺と共に当時山科にあった本願寺に帰参しました。残された汁谷の仏光寺は蓮教の弟の経誉が継ぐのですが、寺勢は急激に衰え、代わって本願寺と興正寺が台頭するところとなります。

4　堺に樫木屋道場

堺にも文明八（一四七六）年、樫木屋道場（後の堺北御坊＝真宗寺）が造られます。ほぼ応仁の乱が終わったこの年、堺から復活した遣明船が出航し、堺の町は以前にも増してにぎわいを取り戻しつつあったのです。

真宗寺は、南北朝時代の建武三（一三三六）～暦応二（一三三九）年に源義国の曾孫・足利義氏《あしかがよしうじ》の第四子祐氏《すけうじ》が母とともに堺に来て住み、出家して本原院道祐《どうゆう》と号して天台僧となり、本願寺第三代宗主・覚如上人に帰依し招じて一寺を開いたのが始まりとされます。覚如は当所に赴いて、灰具左上の御影（蓮如筆親鸞眞影）や自筆の三帖和讃（親鸞著書）を授与し寺号を真宗寺と名づけます。建武五（一三三七）年には足利尊氏が荘園を寄進しています。

文明二（一四七〇）〜文明八（一四七六）年頃、真宗寺第五世・本覚院道顕《どうけん》は真宗寺を再興し本願寺第八世宗主・蓮如上人を請じて落慶、境内に信証院を建立して蓮如上人の堺での布教の拠点としました。これを樫木屋道場といいます。真宗寺第五世・本覚院道顕は日明貿易で堺に来た明の人である堅一官《けんいっかん》とその商売の相手でもあった宿泊先の万代屋《もずや》の女、木花との間に生まれた子で、元の信証院が北庄の堅木屋町にあったので樫木屋道顕を名乗ったとされます。ちなみに堅木屋とは船具屋のことで、おそらく遣明船の造船に関わった町があったのでしょう。後述しますが、江戸時代堺の宿屋町にあった薬種商酢屋の墓基は幕末まで真宗寺にあったことが宗旨人別帳により確認出来ます。

5　久宝寺村顕証寺や石山本願寺の造営

明応年間には、慈願寺の住職の法円の協力を得て蓮如が久宝寺村に西証寺（後の顕証寺＝久宝寺御坊）を建立。以降久宝寺寺内町の中心は顕証寺に移り、慈願寺は顕証寺の世話寺となります。ちなみに慈願寺は、文明年間（一四七〇年代）に浄土真宗の一派である興正寺派の蓮教が本願寺第八代蓮如を助けて南河内地方の村々に布教したことに始まっています。

石山本願寺の造営は山科本願寺再興から十六年後の明応五（一四九六）年から始まり翌年完成します。造営は堺の道場を開いた樫木屋道顕、万代屋《もずや》休意《きゅうい》、万代屋の親戚である大坂の松田五郎兵衛が行ったといいます。

6　酢屋の出自地・大ケ塚にも寺内町ができる

河内国石川郡の寺内町について少し触れておきます。蓮如が河内で布教を始めてから八五年後の永禄三（一五六〇）年、興正寺の第十六代証秀上人が元長の子三好長慶《みよしながよし》より富田の地を銭百貫文で買い取り、近隣の中野村、新堂村、毛人谷村、山中田村の四村の信者達の力により寺内町として整備されます。信長が百名ほどの軍勢を引き連れて上洛し、室町幕府十三代将軍の足利義輝に謁見した翌年にあたります。毛人谷にあった興正寺道場から移転したわけです。

毛人谷には元弘の乱の折、正成が作ったと言われる毛人谷城があり、富田氏は河内国丹比郡富田庄をルーツとする富田氏が拠ったところです。毛人谷は継体天皇時代に入植した河内毛野氏が住んだところではないかと推測しています。正成時代の城があった場所はその後畠山氏の城があったところです。その後大ケ塚《だいがつか》にも寺内町が創られますが、これは永禄十一（一五六八）年に織田信長が河内に入り、根来衆が敗退した後、村人が自衛のために久宝寺顕証寺の通寺としたことに始まるといいます。大ケ塚は元来一須賀の一部であり、酢屋の出自地にも道場が出来たのです。江戸時代までは、富田林より大ケ塚の寺内町が栄えていたと言われています。

7　続　畠山家の家督争いと堺貿易商の実力

畠山総州家も義就が亡くなり、義豊《よしとよ》が家督を継ぎます。政元は一時管領の代行を基家にさせます。明応の政変で政長は自害し、その子尚順《ひさのぶ》は数年紀州に身を隠すことになります。畠山義就と政長の家督争いは二人が亡くなっても続いているのです。ここで武士が商人になった事例を取り上げておきます。

政長の大和の家人であった木沢武久《きさわたけひさ》は、主人が亡くなり浪人となって落ちぶれて堺で商人となっていました。まだ士農工商の明確な分離がない中でも、すでに浪人武士が商人になるのは落ちぶれたという感覚があったのでしょうか。

明応五（一四九六）年十一月、珍しく堺に雪が降り、家に帰ろうとした武久が納屋の門のところで足の雪を払おうとトントンと音を立てると、門が開き中に通されます。中には納屋の女房たち二人が待っており、人違いできょとんとしています。問いただすと、武久が納屋の女房の間男に人違いされたことが判明します。納屋の主人は高麗へ出張中で、主人に内緒にしてほしいので金銀を出すと申し入れますが、武久は女たちの不義の証として主人の使っていた笛を持ち出しました。

明応六（一四九七）年正月、納屋の主人は高麗より帰ってきます。武久は納屋の義父にあたる臙脂屋《べにや》に笛を返し、兵糧金銀の援助の約束を取り付け、畠山の家人である杉原・斉藤・志貴・丹下・宮崎・安見・遊佐等に触れを出し、畠山尚順を大将にして河内守護の畠山義豊側の高屋城の桃井・一色を攻め討ち取ります。平野城の義豊は細川政元の援軍を得て紀州退治に出かけており、その留守に平野を占拠され義豊は戻れなくなってしまったのです。

結局明応八（一四九九）年正月、義豊は平野正覚寺にて自害し、その子義英は行方知れずとなります。尚順は父政長の敵を討ち取り、大和・紀州・河内の三国を奪取したのです。このようにひょんなことから、堺の一商人の財力をバックにして大和・紀州・河内の三国の領主が代わったのでした。

8　堺の豪商・湯川宣阿が畠山義英を匿う

義豊の子義英は堺に亡命します。義英を庇護したのは、堺の遣明船第一号の豪商湯川宣阿《ゆかわせんあ》です。

文明八（一四七六）年、堺商人の遣明船が出発します。湯川詮阿と泉州小島林太郎が堺からの遣明船の代表として出帆しましたが、二人は二年前の文明六（一四七四）年に琉球まで市場調査に出向き、紀州経由のルートを開発し自信をもって出帆しています。遣明船は一艘で搭乗人数が百五十人から二百人と言い、運航の水夫は五十人程度で残りは軍隊です。貿易船の経営は単なる商人では通用しない世界であり、湯川氏は一個中隊を率いて明に向かいました。湯川詮阿は畠山基国が河内・紀州の守護となった頃から紀州で被官になった湯川一族であり、詮阿とは後年の出家名であろうと思われます。興福寺日記には柚皮《ゆかわ》という記載もあり、いかにも紀州の出自をうかがわせます。細川勝元との結びつきで和泉・紀州の有力者が乗り込んだのです。

この豪商湯川氏が亡命した義英を匿いました。代々畠山総州家の大和国の家臣である越智家栄の娘が湯川に嫁いでいるので、義英が堺に逃げることが出来たと言われます。ちなみに同じく大和国の家臣、古市澄胤《ふるいちちょういん》も越智家栄の女婿であり、大和の越智・古市義兄弟のおかげで逃げることが出来たようです。その原点は細川政元と畠山義就の関係にあって義英は亡命できたと言えます。

この時代になると、紀州の山中に身を隠すのでなく、人口の多い堺に身を置くことの方が安全と考えられました。河内守護の命運は堺の商人が握っていたとも言えます。

その後政元は義豊を討った尚順の討伐軍を出し、北大和の筒井・十市氏を追討して北大和を制圧し、尚順は紀州に逃亡します。かくて政元の援助のもと明応九（一五〇〇）年、義英は河内守護となり高屋城に入り河内を支配します。その後尚順の高屋城攻めもありますが、政元が控えているので尚順は紀州に退きます。

9　河内国錯乱――本願寺の混乱で畠山義英と尚順の和談も実らず

蓮如は吉崎を離れ河内に入り、畠山義就支配下の堺に樫木屋御坊、久宝寺に慈願寺、石川に道場を開き、山科本願寺、石山本願寺の造営と本願寺を積極的に拡大していきます。本願寺と畠山総州家とは良好な関係を続けていました。ところが、山科本願寺が軌道に乗った長享二（一四八八）年、加賀の本願寺門徒一揆が守護の富樫政親を倒したため将軍足利義尚の逆鱗に触れ、本願寺に討伐令が下されそうになります。細川政元がこれに強く反対して討伐令を撤回させました。

明応八（一四九九）年、蓮如が亡くなり第九代法主に実如が就きますが、蓮如の管領細川政元への恩義が河内錯乱を招き、畠山総州家は大きな打撃を蒙ることになります。事の起こりは細川政元にあります。

管領細川家は文亀二（一五〇二）年、摂関家の九条家から家督相続を条件に養子として迎えていた澄之《すみゆき》を正式に嫡子と定めていました。しかし翌文亀三（一五〇三）年五月、細川一門の阿波守護家（讃州家）から澄元《すみもと》を養子として迎えて家督相続を約束したため、政元は澄之を廃嫡することになります。さらに野州家の細川政春の子高国《たかくに》を三番目の養子として迎えたため、細川家に混乱が生じます。

修験道に凝った政元には子がなく、もともと奇行癖があり、官僚でありながらぷいと行方をくらますなど一族の中でも惣領として不適格という声があり、永正元（一五〇四）年九月、内衆である摂津守護代・薬師寺元一《やくしじもとかず》が阿波の澄元を迎え家徳させ、政元に隠居を求めるとして、山城淀で決起する事態になります。幸い大乱にならず鎮圧されますが、細川家の家督争いの火種となります。

この細川政権の動揺を知った紀伊の尚順は決起し、河内に進出します。一方の畠山総州家の義英は国衆から、もともと祖父義就の時代から反細川であったものが今は政元の傀儡となっていると不満を言われたのでしょう。尚順と再び争うことで郷土が惨禍を蒙ることを避けるように反細川に舵を切り、尚順との和談がまとまります。二人は周防の前将軍義材改め義尹《よしただ》に上洛を求め、細川軍と戦うという誓書を送ります。

河内での実際の戦いは守護代の両遊佐氏が率い高屋城に籠ります。ここで政元は山科本願寺の実如に、畠山攻めのため門徒一揆の動員を要請します。再三の要請により実如は、畿内門徒に対し畠山氏の根拠地である河内への侵攻を命令します。しかし摂津・河内の門徒が猛反発し、実如の異母弟で畠山氏の血を引く実賢《じつけん》を石山御坊にて擁立し、法主交替を求める連判状を作成します。実如は下間頼慶《しもまらいけい》を河内に送り交渉させますが解決せず、実力行使で石山御坊の実賢を追放し抑え込みます。

加賀の長享の一揆で富樫氏を倒した北陸本願寺実如派の下間頼慶が北陸の門徒一千人を動員し、政元は河内・大和を征圧します（河内国錯乱）。高屋城は陥落し、義英は吉野、尚順は紀州に逃れることになります。

この事例でもわかるように、石山本願寺は堺の商人によって建てられ、河内門徒勢によって運営されていたのです。それに深く関与していたのが畠山氏であり、北陸門徒に包囲された義英はショックだったと思います。本願寺は畿内派と北陸・山科派に分かれ内部で混乱し、実権を持つ実如によって畠山の和談も台無しになったのです。

10　永正の錯乱と室町幕府の機能崩壊

細川京兆家では庶家の澄元を阿波から嗣子として迎えた際、澄元の補佐役の新参者である三好之長《みよしゆきなが》が、政元にその軍事の才を見込まれ重用されるようになります。このため澄之の補佐役だった香西元長《こうざいもとなが》の権力が失墜します。

永正四（一五〇七）年六月、細川政元は薬師寺長忠《やくしじながただ》と警護役の竹田孫七《たけだまごひち》に入浴中を襲われ暗殺されます（永正の錯乱）。首謀者は香西元長と言われ、澄元を近江に追いやり澄之を家督とします。しかし八月、澄元が高国の支援を受けて巻き返し澄之を討ちます。澄之敗死後の澄元と高国の家督争いは、将軍家の義澄・義稙《よしたね》の争いや畠山義英・尚順の争いも絡んで、二十年以上の長きに亘り畿内に争乱をもたらすものになります。

政元が倒れたのを聞き義英は河内に戻ります。当初は尚順との和睦は保たれていましたが十二月に分裂します。尚順が高国の姉婿となり、前将軍の義尹の上洛を見込んで協力し、河内より義英を追い出そうとしたらしいのです。

その一方で高国は周防国の大内義興らを味方につけ、永正五（一五〇八）年四月、澄元を近江国に追いやり入京を果たし、周防の前将軍足利義尹（後の義稙）を再び擁立し、自らは管領となって実権を握り、管領代となった義興と共に幕政を運営しました。

永正八（一五一一）年、堺に亡命中の義英は、澄元と組んで尚順に勝ち高屋城に入ります。しかし澄元は船岡山合戦で敗れ、義英も尚順に敗れ再び堺に戻っています。

永正十五（一五一八）年に大内義興が周防国に帰ると、これを好機と捉えた澄元・之長らは永正十六（一五一九）年十一月に挙兵、軍勢を率いて阿波国より兵庫に上陸すると高国勢は崩れ、永正十七（一五二〇）年二月に近江国に逃れます。しかし六角・土岐・朝倉ら諸氏の支援を受けて逆襲に転じ、五月に京都に三好之長を攻めて敗死させ、澄元を阿波国に退けます。再び高国が政権を奪いますが、将軍義稙は高国と疎隔し淡路に出奔します。

畠山尚順（卜山《ぼくざん》と号す）も紀州で国衆討伐に敗れて淡路に入り、淡路の将軍義稙は義英と卜山の和睦を呼び掛けますが、畠山尚順は大永二（一五二二）年八月二七日、淡路で亡くなり、畠山系図によると義英も大永元年七月に亡くなり和睦には至りません。義英の後を義堯《よしたか》が継いでいます。

高国は播磨国の赤松義村のもとに寄寓していた足利亀王丸（足利義澄の遺児・後の足利義晴）を迎えて将軍に擁立し、高国政権を確立させます。しかし大永六（一五二六）年十月、波多野稙通《はたのたねみち》・柳本賢治《やなぎもとかたはる》が丹波国に拠って決起し、十二月、三好勝長・政長が阿波国より堺に上陸、細川晴元はこれに呼応して大永七（一五二七）年二月の桂川の合戦に挙兵し、敗れた高国は義晴を奉じて近江国に逃れたのです。

幕府の奉行衆なども逃散したため、ここに室町幕府の機能は完全に停止しました。

11　堺公方の成立と崩壊

三好之長の孫である三好元長は、足利義維《あしかがよしつな》（義稙の猶子）と細川晴元を擁して堺の顕本寺《けんぽんじ》に拠り、いわゆる堺公方を打ち立て京を支配しました。義英の後を継いだ義堯の発給文書によると、大永六（一五二六）年十二月からの四国勢による畿内高国攻めで義堯は細川晴元に協力し、尚順（卜山）の後を継いだ稙長《たねなが》を討つため大和の越智氏を促しますが、大和勢は四国勢の進攻には加わりませんでした。そこで摂津・河内の潜在的勢力であった本願寺門徒勢力に連絡を取ったといいます。摂津・河内の門徒衆は義英と深い関係にあり、石山本願寺のリーダーである久宝寺慈願寺と連絡し協力を仰いだのです。

畠山義堯は大永六（一五二六）年、晴元の傀儡で一時的とはいえ室町幕府管領となります。義堯は晴元の姉婿であったらしく、その後義兄弟でもある細川晴元と結んで、共通の敵であった細川高国や同族の尾州家当主畠山稙長と争い、享禄四（一五三一）年、三好元長の支援を受けて高国を摂津国天王寺に滅ぼします（天王寺の合戦・大物崩れ）。畠山満家が大内氏を堺で破り、義就が堺を制したように、義堯は堺公方の成立に参与したのです。畠山総州家にとって堺は重要な拠点でした。

この晴元と足利義維の堺公方も長くは続きませんでした。畠山義堯の家臣に木沢長政が登場します。木沢は明応の乱以降は尚順（尾州家）に仕えその後も稙長に仕えていましたが、義英との和睦時代を経て河内守護の義堯の家臣となります。出世のため機敏に変化し行動する戦国乱世に適した人物でした。

木沢長政は堺公方に義堯の奉行として参加した際、義維を奉じ高国との管領争いを狙う晴元に接近し、義堯を越え晴元の家臣となります。享徳三（一五三〇）年十一月から晴元の命令で京都防衛に努め、細川高国に呼応して京都東山の将軍山城から襲来した内藤彦七と交戦し内藤氏を退け、認められます。しかし翌享禄四（一五三一）年三月七日の高国による摂津侵攻の際には戦わず一時的に姿を消し、六月四日の天王寺の戦い（大物崩れ）では赤松政村の裏切りもあり高国を破って切腹に追い込んだ晴元ら堺公方派の勝利が確定した頃に再び姿を現し、高国方の要人である細川尹賢《ほそかわただたか》を摂津国富田で討つ功績を挙げ、河内国飯盛城主となります。

連合所帯の堺公方は山城守護代を巡って三好海雲《かいうん》（元長）と柳本賢治が争っていたため、阿波勢と摂津衆の間には争いが内在していました。そこに高国を倒した晴元は義維派でありながら堺公方を見限り、対立してきた十二代将軍足利義晴との和睦を図ろうとします。これに対し三好元長、義堯は反対する構図となります。木沢長政は三好氏一門の中で元長を敵視する従叔父の三好政長を巻き込み、丹波の波多野稙通《はたのたねみち》・摂津の柳本賢治《やなぎもとかたはる》らの讒言を誘い、晴元は元長を疎むようになったのです。

晴元に取り入る長政は、本来の主君である畠山義堯の不興を買うこととなって享禄四（一五三一）年八月頃には手切れとなり、義堯は大和衆の筒井順興を率い飯盛城を包囲します。元長も与力しますが形勢不利な木沢長政は晴元に援軍を求め、自ら摂津中島に出陣し攻撃を食い止めました。晴元も最初は、両者が引き、穏便に済ませたかったと考えますが、この騒動により元長は堺に閉居を求められます。

木沢長政の台頭とその行動によって、堺公方の連合体は内部崩壊を始めます。

12 畠山義堯、石川道場に追われ絶命

享禄五（一五三二）年五月、義堯は再び木沢長政の飯盛城を攻撃します。救援のため晴元は家臣茨木長隆《いばらきながたか》の縁者を通じ本願寺証如に応援を求めたのです。

蓮如の後を継いだ実如は、政元に加担し永正三年の河内錯乱を起こした後、政元が暗殺されたことで後ろ盾を失い一時逃亡した経緯があり、戻った後は本願寺経営を実子円如と蓮如の子である蓮淳に委ね、永正十五（一五一八）年、武装・合戦の禁止、派閥・徒党の禁止、年貢不払いの禁止などの三カ条の掟や新坊建立禁止令・一門一家制などの教団諸制度改革を進めました。自ら反省して「世俗の権力を敵に回すな、関わるな」と一揆の禁止を言い渡したのです。

しかしながら永正十八（一五二一）年、後継者の円如が亡くなり、四年後の大永五（一五二五）年には実如も死去してしまいます。これで、蓮淳を保護者とし遺された円如の遺児、証如が後を継ぐことになります。

晴元から応援依頼を受けた証如はわずか十七歳、蓮淳に相談したのでしょう。蓮淳は熱心な法華宗徒であった元長に弾圧を加えられたことがあったため、主戦派の下間頼秀・頼盛《よりもり》に命じて畿内の門徒を動員し、法華宗との戦いと位置づけ参戦します。ここにあっさりと実如の掟は破られたわけです。

享禄五（一五三二）年六月二十日、門徒一揆勢は包囲する義堯軍を蹴散らし、義堯は高屋城から石川の道場に逃げましたが、捕えられ殺害されたと言われています。義堯が逃げた石川の道場は、まさしく畠山総州家の祖である義就が連教を援助し造った興正寺の道場でした。この一揆は北陸門徒派である下間兄弟によって主導されたので、河内本願寺の第一の協力者が一向一揆に囲まれ、道場に追い込まれる事態はあってはならないことでした。このようなことになった要因として、本願寺の中に北陸・山科と河内の二派の門徒があり、本願寺内部の主導権争いも考えられます。

さらに一向一揆は堺の顕本寺を攻め、元長を自害させます。晴元は姉婿である義堯より新参の木沢の援護を選択するほど、上洛を望んだのです。晴元の変心によりわずか六年で堺公方は崩壊します。

一向一揆は収まらず、さらに奈良で領主興福寺に乱入するなど収拾がつかなくなります。一向一揆の勢いが畿内を席捲するようになると、将軍義晴の下で管領となった晴元の命令で、木沢長政はその対応と鎮圧に追われることになります。

13　山科本願寺炎上と石山本願寺の内部改革

晴元は本願寺勢力に脅威を感じ門徒一揆の制圧に踏み切り、木沢長政が浅香道場に放火するなど各地で門徒一揆は衝突します。晴元は足利義晴、六角氏と修復し、元長を討ったのを怒った法華宗徒に対抗させることで打開しようとします。

改元後の天文元（一五三二）年八月、本願寺は不和となった細川晴元や六角定頼と日蓮宗徒の大軍に山科本願寺を包囲されあっけなく炎上し、五十年の幕を閉じます（天文法華一揆）。山科本願寺炎上に怒った本願寺勢は天文二（一五三三）年二月に堺の晴元を攻め、堺南荘を占拠し、晴元が淡路に逃れる事態も起きます。山科が焼失し、蓮淳・下間兄弟は寺基を大坂石山の大坂御坊へ移し石山本願寺とし、晴元・木沢長政と戦いますが、天文四（一五三五）年六月に細川軍の総攻撃が始まると戦闘は本願寺の敗北に終わります。当時の後奈良《ごなら》天皇の日記に石山本願寺滅亡と記されたほど、本願寺は風前の灯だったのです。

証如は興正寺蓮秀や三好長慶の協力で晴元と和平交渉を行い、六角領近江門徒の総破門や蓮淳に従った抗戦派の下間兄弟を追放するという条件を飲み石山本願寺を守りました。

14　天文日記と堺の朱屋

天文四（一五三五）年六月の改革によって石山本願寺は河内久宝寺・堺・富田林を中心とする興正寺蓮秀以下の勢力が主流になっていました。つまり畠山総州家系の門徒によって運営されていたのです。

石山本願寺の本願寺十世上人の証如は、二一歳の時から亡くなるまでの十八年間、日々起こったことを「天文日記」として記録に残しています。正式には「石山本願寺日記」と言われ、石山寺内町の動向、畿内政治史および生活文化など戦国期研究の重要史料といえます。

この「天文日記」に堺の朱屋《すや》が為替業者として登場します。

堺には応永年間の頃に問丸組織が出来、応永の乱の以前、大内氏が堺には材木と兵糧（米）物資が豊富であると評価するほど物流の中心地でした。岩清水八幡の造営木材はいったん堺に集められ、それから船で淀川を遡航し山崎に運ばれたと言われ、南禅寺文書には応永三五（一四二八）年に堺の材木屋に材木発注した記録が残っています。文明十九（一四八七）年の春日大社造替のときには堺への未払いが五百貫文もあったといい、京都の東福寺の材料も土佐から堺に向けて送られる途中海賊船にあったという話も残っており、海上の現金輸送のリスク回避のため堺の割符を使った為替業がさらに発達したのです。

応仁の乱後すでに堺は日本を代表する町になっており、京都・奈良の寺院の資材・年貢のほとんどが堺に集約されました。

石山本願寺においても、他の寺社と同じように堺の為替業を利用していました。加賀国は一向宗の勢いが強く、大坂に居を構えた石山本願寺には加賀の国に散在する各講中からおびただしい献金があり、本願寺と関係のある堺の商人を通じて割符を現金に換えることを行っていました。

天文五（一五三六）年閏十月二四日、石山本願寺への加州（加賀）からの献金が、奈良のすだらやと堺の朱屋の手（為替）で百六貫余文が石山に送られました。これは天文四年分の加賀国江沼郡からの飯米銭であり、同六年十二月八日に届いたのも、江沼郡の飯米銭百八貫でした。この時現地からは百三十貫文送っており、約二割が手数料であろうと書かれています（大阪市史）。同じく天文八（一五三八）年十二月、加賀の六日講分の志納金七十貫文が堺の朱屋によって、四日講の志納金六十貫又五貫文を菊屋宗左衛門によって為替が組まれ、石山本願寺に入っています。

15　堺の朱屋は元畠山総州家の酢屋

「天文日記」（原文）では、天文八（一五三九）年十二月の加賀の六日講分の志納金について堺の朱屋と書かれていますが、豊田武氏の『堺』では、加賀の六日講分の志納金七十貫文が堺の米屋によって入ったと、原文と異なった記載になっています。これは、堺の米屋彦左衛門が加賀の北野神社領の年貢を天文十八年に京都に送っていることから、朱屋を米屋と読み違え、米屋彦左衛門であると解釈したものです。

元禄絵図によると、堺に朱屋という家は存在せず、朱座と米屋と酢屋があります。朱座とは銅座・銀座などと同じようにお金の製造所で、堺には一軒あるのみです。いままで述べてきたように、河内の畠山総州家は、蓮如が河内に入って以来、本願寺と深い関係にあります。その畠山氏に仕えていた酢屋も当然、本願寺と繋がりがあります。

応仁の乱後堺に入った酢屋は主に米屋と材木商であり、両替も行っています。私は発音を重視し、朱屋は酢屋のことであると思っています。

当時、各地の年貢米や木材の輸送、金品の輸送に関してはリスクが大きく、武家商人でないと務まらなかったと考えられます。その中で畠山家は能登・山城・河内と守護の経験があり、安全な輸送ルートを確保していたと思われます。酢屋と石山本願寺との関わりは、興正寺蓮秀が晴元との和平を成立させ、北陸勢の下間兄弟によって管理されていたものが追放でいなくなり、蓮秀関係の堺や大和、河内の門徒衆商人に振り向けられた為であろうと考えられます。

16　堺御坊の再建と小西弥左衛門の出自

「天文日記」には前述の堺の朱屋による為替以外に、堺御坊の再建の記事も見えます。

堺御坊は天文二(一五三三)年、細川勢によって破壊されましたが、天文六(一五三七)年に再建されます。「天文日記」によるとこの年、堺の坊を建立するにあたり、小西弥左衛門改め宗左衛門は酒や竹木等を調えその斡旋に努めたので、証如は特に小西を石山に招いてその奔走を謝したとあります。天文十（一五四一）年九月には本願寺の証如が堺坊を見舞った時、堺坊に座敷のないことを遺憾として堺の坊主衆に話があり、その坊主衆から堺の小西党たる帯刀、弥左衛門、千三郎に伝えられ、三人はその命に奉じたとあります。天文年間の堺の樫木屋御坊の再建は、小西が代表となっていたのです。

また天文六（一五三七）年、小西弥左衛門は堺衆の遣明船を建造するにあたり、資金調達を石山本願寺に依頼しています。「天文日記」には堺六七人の宿老中の使いとして小西弥左衛門が石山本願寺に来て、渡唐船の材木調達について本願寺の尽力を依頼するためと書かれています。そして翌年には渡唐船も完成し、天文七（一五三八）年正月には小西宗左衛門が木屋宗観と共に渡唐のことを催す南北十人衆の代表として石山に礼に来たとあります。つまりこの時期、堺の小西も酢屋同様、本願寺の商人として活動していたのでしょう。

「天文日記」に登場する小西弥左衛門の出自について触れておきます。永享三（一四三一）年、丹波守護代であった香西元資が罷免され、代わりに八木城に入った内藤信承が守護代に就任します。元々内藤氏は丹波国の土豪で藤原氏秀郷流を称していました。その後細川氏に被官し、後年嘉吉の乱の際、管領であった細川持之の内衆となっていました。文明十四（一四八二）年には政元によって内藤元貞が罷免されますが、明応三（一四九四）年丹波守護代に復帰しています。

享禄三（一五三〇）年、木沢長政が細川高国に呼応した京都東山の将軍山城から襲来した内藤彦七と交戦し、内藤氏を退け認められています。この内藤氏は細川氏分裂の際、高国に属しています。内藤元貞の弟を久清と言い、その子を次忠といいますが、この次忠から小西行正を名乗ったとされます。

元貞が失職したのち長男家は京に残り、二男は京を離れ、堺に住んで商人の道を始め、その子の代になって成功し堺で小西を名乗ったと考えられます。つまり高国が摂津守護をしていた際、堺に進出し、堺公方が置かれた大永年間頃から小西を名乗ったのです。

「開口神社文書」の天文四（一五三五）年の念仏差帳には、材木町に小西屋藤九郎なる商家があったことが記されています。藤九郎とは藤原氏の末裔であることを表しており、内藤氏が元々藤原氏秀郷流の一族を名乗っていることからも、小西が元内藤氏の出であることが判ります。ちなみに第8章の2で取り上げた管領畠山基国に召出された隅屋藤九郎正道も藤九郎を称し、藤原氏の末裔を意味しています。

小西行正の子が隆佐（寿徳）であり、すでに堺で重役を担っており、隆佐には如清、如信、如休という子供がいて、二男の如信は小西行長《こにしゆきなが》を名乗り、備前国岡山の商人、魚屋《ととや》九郎衛門の養子になります。行長は宇喜多家に出入りするようになり、宇喜多直家の信頼を得て、宇喜多直家の織田家への臣従の交渉役になり、宇喜多直家が織田家へ臣従した際、織田家の中国攻め総大将、羽柴（豊臣）秀吉に請われ、羽柴家の水軍の将として仕えます。

秀吉の時代になってからは千利休と共に、小西家（隆佐）は軍奉行となり堺の豪商の窓口になります。天文六（一五三七）年、堺御坊の再建で登場する小西弥左衛門改め宗左衛門は、隆佐の長男、如清と考えられます。隆佐の三人の子は名前に全て如という字を証如から授かるほど、熱心な在家門徒であったのでしょう。

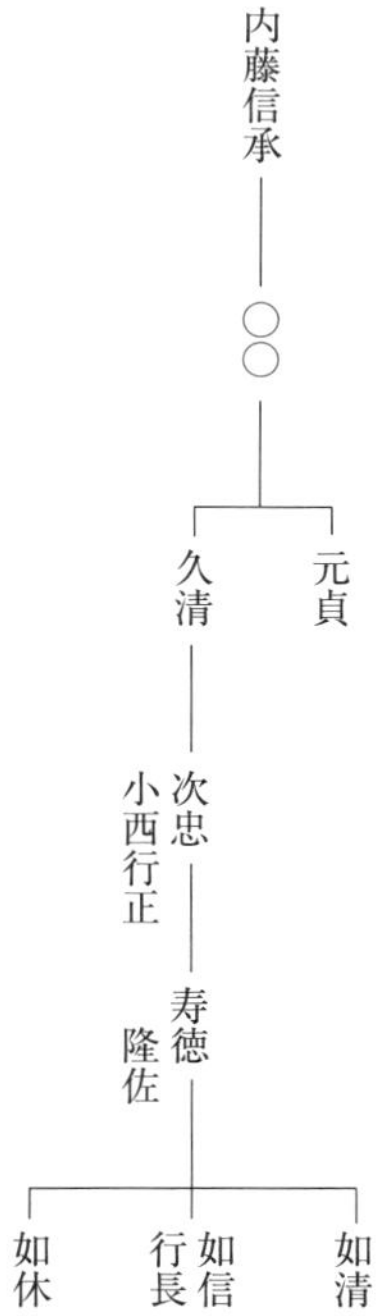

小西の系図

17　本願寺門徒で材木町に店を構える酢屋と小西

細川氏の内衆であった丹波内藤氏の一部が細川京兆家の混乱の頃、堺に入り、武士商人となって成功します。天文年間以降、行長が秀吉に仕え、隆佐が奉行となり、一方で如清が本願寺を相手に商売をするという多面的な活動を行い相当な力を持つに至ります。

酢屋についても畠山総州家の家臣として南河内、京などに住み、応仁の乱後、義就の堺制圧とともに一族が堺に入り、武家商人として為替や材木と米とを取り扱い成功を収めました。両者とも武士として輸送上のリスク回避の手法を持っていたので成功したと考えます。この両者は石山本願寺に出入りする商人であり、堺御坊に属する門徒であったという共通点もあり、同じ材木町に住み堺御坊再建の頃から協力関係にあったと考えられます。

堺の三大大火の一つ、天文の大火が天文元（一五三二）年十二月にあり、北庄の全部と南庄の三分の二が焼けたと伝わっています。開口神社念仏寺の土塀にも火が入って修理が行われた記録があり、開口神社天文四（一五三五）年四月二八日付の「念仏寺築地修理料差文」には、念仏寺の築地修理料として堺南荘の豪商百十余名が一人当て一貫文の銭を寄進しています。このなかには茶人の武野紹鴎《たけのじょうおう》、千利休（せん与四郎名義）、奈良春日神社の石灯籠にも名を残す魚屋弥次郎といった有名人の名も記されています。念仏寺の築地を修理するにあたり、大小路・市小路・甲斐町・大道町・材木町・材木町中浜などの地名があり、市小路には倉庫業を営む納屋があったとされます。納屋衆は明応年間（一四九二〜一五〇一年）より始まったものです。

天文十（一五四一）年十二月には、秀吉から弥九郎（行長）に頼んでいる材木がいつ到着するのか、手配確認の手紙があり、小西が材木の商売をしていることを裏付けることが出来ます。堺御坊の再建をきっかけに門前町として宿屋町《しゅくやちょう》ができます。材木町の酢屋と小西はこの宿屋町に進出し、江戸時代の薬種商の基礎を作り上げます。石山本願寺出資の遣明船により、この年代にすでに薬種を手に入れていた可能性もあります。

第11章　信長と戦った石山本願寺の顛末と酢屋の町名

天文年間、酢屋は門徒商人として石山本願寺の財政運営に関わり、堺御坊の再建を行う小西一党と共に遣明貿易を始めます。しかし平安な時代は長続きせず室町幕府は崩壊に向かい、信長が上洛することになります。信長の登場によって石山本願寺と堺の門徒商人は、またも戦いに巻き込まれます。

1　細川政権の崩壊と信長上洛

堺の顕本寺で自害した元長の子の三好長慶は、天文十八（一五四九）年、江口の戦いで、晴元の側近で同族の三好政長を討ち取ります。長慶を恐れた晴元は、十三代将軍足利義輝と大御所足利義晴を連れて近江坂本へ逃れます。細川晴元は天文二（一五三三）年に上洛して以来十六年間、管領として政権を維持していましたが、これにより細川政権は事実上崩壊し、三好政権が誕生することになります。

天文二二（一五五三）年、反撃を試みた義輝を近江朽木へ追いやり、三好氏は畿内の実力者となりますが、京の支配は難しく、永禄元（一五五八）年には義輝と近江守護六角義賢の攻撃を受けて和睦し、長慶は幕府相伴衆に列するに至ります。

　復帰した義輝は全国の戦国大名へ合戦の調停を行なったり、幕府の役職を与えたりするなど幕府権威の回復を図ります。しかし永禄七（一五六四）年に長慶が没してしまい、長慶の後を継いだ三好義継と三好三人衆（三好長逸《ながやす》・三好政康・岩成友通）は幕府権力の復活を目指す義輝に危機感を抱きこれを暗殺し、第十四代将軍として義輝の従弟の足利義栄を傀儡として擁立します（永禄の変）。

　松永久秀《まつながひさひで》らはさらに義輝の弟で僧籍にあった一乗院覚慶（のちの足利義昭）の暗殺も謀りますが、義昭は一色藤長《いっしきふじなが》・和田惟政《わだこれまさ》ら幕臣の支援を受けて奈良から脱出し、越前国の朝倉義景《あさくらよしかげ》のもとに身を寄せます。しかし義景が三好氏追討の動きを見せなかったため、義昭は永禄十一（一五六八）年七月には美濃国の信長へ接近を図り、信長は義昭の三好氏追討要請を応諾します。

　尾張・美濃と勢力を拡大し続けた織田信長は永禄十一（一五六八）年九月、足利義昭を奉じて上洛します。永禄の変以降、三好義継《みよしよしつぐ》、松永久秀と三好三人衆は内輪揉めにより対立しており、この内輪揉めが上洛を招いたのです。

　上洛すると信長は摂津に出陣し唯一抵抗していた池田勝正を降伏させます。この信長の上洛によって室町幕府は崩壊に向かい、その余波で石山本願寺と堺の門徒商人はまたも戦いに巻き込まれます。

2　自由都市堺の会合衆と矢銭二万貫

　信長は堺に矢銭二万貫を要求、大和法隆寺に矢銭を課すなど摂津・和泉に矢銭を課します。法隆寺が防築銭千貫余に対し、堺は二万貫という巨額の矢銭です。これを堺は拒否します。

耶蘇会士のビエラによると、この頃の堺は「日本全国堺の町より安全なるところなく、他の諸国において動乱あるもこの町にはかって無く、敗者も勝者も、この町に來住すれば皆平和に生活し、諸人相和し他人に害を加えるもの無し。市街においては、嘗て紛争起こることなく、敵味方の差別無く皆大なる愛情と礼儀を持って対応せり」と紹介されており、商人が治める自由都市であり平和な町でした。

堺は応永二六（一四一九）年から納屋貸十人衆と呼ばれる合議集団が行政にあたっていました。文明十六（一四八四）年八月一日に三村社（開口神社）の祭礼で頭を務めたのが会合衆内、カスエ（材木商・三宅主計《カスエ》）、イスミ（和泉）屋両人と記されています。会合衆については永享三（一四三一）年に地下請《じげうけ》を許可された頃から組織化が始まっており、会合衆が集まる会所は南北庄それぞれにあり、堺荘では北庄経堂（「蔗軒日録《しゃっけんにちろく》」）とあり、堺南荘の会所は発掘調査などで開口神社境内の念仏寺（廃寺）にあったと推定されます。会合衆の総数は三六人といわれ、「文明年間は十人と見える」（「蔗軒日録」）と書かれているのは、とりわけ有力な者が十人であったとされています。ちなみに会合衆の読み方ですが、豊田武氏は会合衆の組織は寺院の集会《しゅうえ》にその源流を持つと言い「えごう」と読むとし、最近では会合《かいごう》を持つ会所だから「かいごう」の説もあります。

永禄二（一五五九）年には「町に二つの門があり、夜になると閉じる習慣があり、門は番人によって、吊錠により閉じられた」（ルイス・フロイスの「日本史」）とあり、永禄九（一五六六）年、仲違いした松永久秀を三好三人衆が堺四条道場に包囲した際は、会合衆である能登屋や臙脂屋《べにや》などが説得し堺内での戦いを回避させたように、会合衆は力を持っていたのです。

永禄十一（一五六八）年に織田信長が堺の町に莫大な矢銭を命じた際には、「三十六庄官一味同心して、櫓を上げ、堀をほり、北の口に菱を巻き、防戦の用意しまちにけり」とあり、さらに堺の会合衆が摂津平野郷の年寄衆に対し共同防衛を促したといいます。堺は信長の矢銭要求によって、より強固な環濠を備えた自衛都市となったものと考えられます。

3　信長、今井宗久を登用し、堺の自治組織を分断

信長はこの防御態勢に激怒しますが、堺の保有する富を失うことを惜しみ、畿内の制圧がまだ十分でないと考え、堺をすぐに攻撃することはありませんでした。堺の豪商たちが二万貫の矢銭に拒絶反応がある中、今井宗久が登場します。宗久は近江佐々木氏の末裔で、近江国高島郡今井市城を領したので氏を今井と称しました。堺に出て納屋宗次の居宅に身を寄せ、武野《たけの》紹鴎《じょうおう》に茶を学び、やがて紹鴎の女婿となり、家財茶器などをことごとく譲り受けたといいます。

永禄十一（一五六八）年十月、上洛した信長と摂津西成郡芥川で相見え、名物の松島の茶壺や紹鴎茄子《じょうおうなす》などを献上し、いち早く信長の知己を得て、足利義昭からは大蔵卿法印の位を授かります。その年の十二月、三好三人衆が堺に上陸します。翌年正月京都に入り、五日将軍義昭を本国寺に攻め囲みますが、義昭方の三好義継らによって山城の桂川で敗れ、阿波に追われます。

堺の頼みの綱であった三好三人衆が屈服した為、宗久は信長の要求を受け入れるよう会合衆の仲介を行い、永禄十二（一五六九）年二月、堺の会合衆は結局、矢銭二万貫を差し出したのです。

仲介に成功した宗久は摂津住吉郡に二千二百石の采地を受けます。これ以降宗久は信長に重用され、永禄十二（一五六九）年には堺近郊にある摂津五カ庄の塩等の徴収権と代官職、淀過書船の利用（淀川の通行権）を得て、元亀元（一五七〇）年には長谷川宗仁とともに生野銀山などの但馬銀山を支配し、我孫子に移っていた丹南鋳物師を堺の代官領に集め、鉄砲や火薬製造にも関わって戦国の武器商人となり、信長の天下統一

を支えます。

また茶人としても、千利休、津田宗及とともに信長の茶頭を務めました。さらに信長は堺の諸問屋に厳しい年貢を課したため、会合衆の代表十人が美濃に嘆願に赴きますが、かえって獄に投ぜられ八人が自決し二人が堺に逃げ帰ったといいます。新興勢力であった宗久は、会合衆の中でも抜きん出た存在として堺での立場を確実なものにしますが、堺の自治組織は親信長派と反信長派に内部分裂し、いったん自治組織は消え去ります。

堺を制した信長は永禄十二（一五六九）年二月、軍勢三千をもって別所に陣取り、港町尼崎に矢銭を課し、これを拒否した尼崎衆と戦いを交え、四町の間をすべて焼きつくします。考え方によっては今井宗久の仲介があり、堺の町が焼かれなかったとも言えます。

4　石山合戦の開始となる一揆の発令

同年十月、信長は将軍家の名目で摂津教行寺など畿内の本願寺系末寺に矢銭を要求し、応じない場合には取り潰しを行うと迫ります。本願寺には京都御所再建費用の名目で矢銭五千貫を請求します。永禄十二（一五六九）年、興正寺に本願寺顕如の次男顕尊《けんそん》が入寺し、石山本願寺の脇門跡に任ぜられています。この顕尊がのちに顕如を支えた講和派の中心となり、このとき顕如は穏便にこれを支払いました。

元亀元（一五七〇）年六月、信長・徳川家康連合軍は姉川の決戦で浅井・朝倉を撃破します。八月には、摂津中島に進出した三好三人衆の討伐のため、義昭と信長は野田・福島に進撃します。いったんは信長の要求に応じた本願寺でしたが、その後も圧迫を強めたため、九月、顕如は諸国門徒に一揆蜂起の指令を出し、摂津福島に陣を敷いていた織田軍を突如攻撃します。これがその後十年間に及ぶ石山合戦の始まりでした。

前年本願寺は阿波門徒が三好三人衆に援助しているとの噂を信長側に指摘されていますが、堺の門徒を含め三好三人衆が最後まで頼みの綱であったのです。顕如はなんとか三好三人衆を援助したい為に一揆指令を発令し、長島・近江・越前・加賀各地で一向一揆が起こります。石山挙兵とほぼ同時に長島願証寺で一向一揆が発生（長島一向一揆）し、尾張の小木江城を落として守っていた信長の弟信興《のぶおき》を自害に追い込むなど公然と信長に敵対するようになります。

信長は元亀二（一五七一）年五月に長島殲滅を図りますが失敗し、多数の兵を失います。本願寺との戦いは九月に志村城・金ヶ森城を降伏させたに留まります。元亀三（一五七二）年七月には武田信玄（信玄の妻と顕如の妻は姉妹の間柄）の仲介で本願寺と和議を結ぶ一方で、九月、信長は義昭に異見十七か条を上せて失政を諫めます。

これに対し天正元（一五七三）年二月、義昭は朝倉義景、浅井長政、武田信玄と結び、近江の今堅田などで一揆を起こさせますが、柴田勝家《しばたかついえ》や明智光秀《あけちみつひで》に平定されます。それでも義昭は三月、信長を義絶し挙兵しますが敗れ、三好義継の若江城に追われます。九月、信長は再度長島を攻めますがまたも失敗し、長島攻めは信長も打つ手がなく小休止します。

十一月には本願寺は和睦の引き出物として名茶器白天目を贈り、信長も謝礼をしていったん和睦が成立したのです。

5　越前と伊勢長島の一向一揆の顛末

天正元（一五七三）年、信長は朝倉義景と浅井長政を相次いで滅ぼし、義景の領国であった越前守護代には義景の元家臣桂田《かつらだ》（前波《まえば》）長俊《ながとし》を任じます。しかし長俊の横暴な振る舞いにより、天正二年一月に国人富田長繁らに滅ぼされます。さらに越前一向一揆が起こり、朝倉景鏡《あさくらかげあきら》を攻め滅亡させ、越前は加賀と同じく「一向一揆のもちたる国」となったのです。これにより信長はせっかく得た越前を一向一揆に奪われることになりました。

これを知った顕如は当初、七里頼周《しちりよりちか》を派遣し、その後下間頼照《しもまよりてる》を越前守護に任じます。こうして本願寺と信長の和議は決裂し、四月、顕如は挙兵、これに三好康長、遊佐長教らが呼応します。

一方伊勢長島では天正二（一五七四）年七月、信長は数万人の大軍と織田信雄《おだのぶかつ》・滝川一益《たきがわかずます》・九鬼嘉隆《くきよしたか》の伊勢・志摩水軍を率いて伊勢長島を水陸から完全に包囲し、兵糧攻めにします。一揆軍も地侍や旧北畠家臣なども含み激しく抵抗しますが、八月に兵糧不足に陥り大鳥居城から逃げ出した一揆勢千人余が討ち取られるなど劣勢となります。九月、伊勢長島の一向一揆は和睦を請い、長島城から船で大坂方面に退去しようとします。しかし信長は一斉射撃のだまし討ちを掛けます。これに対し一揆側も反撃し、信長の庶兄・織田信広、弟・織田秀成など織田一族の将が討ち取られます。織田一族の将が討たれた腹いせに、信長は中江城、屋長《やなが》島城《しまじょう》に籠城していた男女二万人を焼き討ちで全滅させたとされます。ちなみにフロイス日本史には「仏僧らは、ある日伏兵によって信長の千人の兵、信長の家族を殺した。そこで信長は（一揆衆）二万人以上を殺戮した」との記述が残っています。

信長は天正三（一五七五）年には本願寺と結託した高屋城主三好康長《みよしやすなが》を降伏させ、甲斐・信濃の武田勝頼《たけだかつより》を長篠の戦いで破り、八月、加賀に進軍します。加賀では下間頼照ら本願寺から派遣された坊官らが重税を課したため、一揆をおこした民衆との関係は悪化し混乱が生じ、瞬く間に越前を制圧されます。重要拠点二か所が制圧され、十月、顕如は三好康長・松井友閑《まついゆうかん》を頼り和睦を請い、信長は承諾します。

6　石山籠城と水軍の争い

天正四（一五七六）年二月、足利義昭は備後鞆にて吉川元春に命じ、毛利輝元に幕府再興を依頼します。さらに上杉謙信に武田・北条と和睦し幕府再興を命じています。本願寺は義昭と与して四月、挙兵します。

これに対し信長は四月十四日、明智光秀らに命じて石山本願寺を三方から包囲します。包囲後も本願寺は楼岸（現大阪市中央区天満）や木津（同浪速区）から海上を経由して得た弾薬や兵糧を補給し、織田軍が木津を攻めると、本願寺軍は逆に一万を超える軍勢をもって木津の織田軍を蹴散らし、天王寺砦付近まで攻め入るなど互角の戦いを繰り広げます。危機に陥った明智光秀は砦にたてこもり、信長に救援を要請したほどです。

五月五日、この敗報を聞いた若江城にいた信長はすぐさま動員令を出しますが、急な動員の為、集まったのは三千人ほどでした。五月七日早朝、援軍を率い、すぐさま光秀はじめとする砦内の兵等と合流して討って出ます。信長自身も銃撃され負傷する激戦となりますが、篭城策を採るものと思い込んでいた本願寺軍は浮き足立って敗走し石山本願寺に退却しました（天王寺合戦）。信長はすぐさま石山本願寺を包囲します。

これによって大坂や堺の商人の中には、本願寺と手を切り、織田方に乗り換える者も多かったといいます。

しかし元畠山家臣で本願寺商人の酢屋は、織田方には付かなかったと考えられます。

経済的に封鎖された本願寺は毛利輝元に援助を要請し、七月十五日に村上水軍など毛利水軍の船が兵糧・弾薬を運ぶために大坂の海上に現れ、九鬼水軍などの織田軍は木津川河口を封じますが火矢や焙烙玉《ほうらくだま》で織田軍の船を焼き払い、大勝して本願寺に兵糧・弾薬を届けます（第一次木津川口の戦い）。この木津川での敗戦後、信長は九鬼嘉隆に大砲を装備した黒船（鉄船）建造するよう命じ、再び海路を封鎖し、十一月には毛利水軍を追い帰します（第二次木津川口の戦い）。

天正五（一五七七）年二月、紀伊畠山貞政《はたけやまさだまさ》は雑賀衆・根来衆と謀って挙兵します。ところが、本願寺に協力していた紀伊の雑賀《さい》三緘衆《かみからみしゅう》と根来寺の杉の坊が信長軍に内応し、信長は和泉に出陣し雑賀衆の和睦を引き出します（紀州征伐）。六月、本願寺は武蔵・相模・越後の門徒に大坂籠城の状況を報じ、兵糧などの馳走を命じ抗戦を続けます。ただ信長の包囲戦略も天正六年十月、摂津における石山本願寺討伐の要であった有岡城の軍師荒木村重《あらきむらしげ》が本願寺側への離反をし、信長の対石山本願寺戦略に重大な狂いが生じます。

7　講和までの本願寺内部抗争

織田軍に周囲を包囲された本願寺は籠城が続く中、天正六（一五七八）年十一月、木津川口で毛利水軍が九鬼水軍に敗れ、毛利氏からの食料供給の道も断たれ、天正七（一五七九）年十月には有岡城が陥落し三木城の情勢もすこぶる悪くなってきたこともあり、十二月、ついに恒久的な和議を検討するようになります。本願寺は密かに朝廷に、先年の和解話のやり直しの希望を伝えます。天正八（一五八〇）年一月三木城が落城した中で、三月一日、朝廷は本願寺へ勧修寺晴豊《かじゅうじはるとよ》と庭田重保《にわたしげやす》を勅使として遣わします。

本願寺内では石山合戦講和に際して、慈願寺は教如の抗戦派に与し、顕如の講和派に与した顕証寺と対立していました。しかし顕如は和議を推し進めることにします。条件は顕如ら門徒の大坂退城や惣や末寺の保護、問題がなければ加賀の二郡（江沼・能美）を返還するなどがありました。「信長公記」には退城の期限は七月二十日だったと書かれています。講和条約に署名したのは顕如の三人の側近である下間頼廉・下間頼龍・下間仲孝です。

これに対し抗戦派の教如は退城に反対します。四月九日、顕如は紀伊鷺森御坊《きいさぎもりごぼう》に退去しました。退去にあたり顕如は諸国門徒に教如に味方しないよう指令を出します。ところが義昭は、教如の徹底抗戦を支援するよう小早川氏に命じます。

二三歳の教如は五月、退去を拒否し、諸国門徒に籠城支援を依頼し、逆に顕如の直参取立ての方針に従わないよう指示します。しかし荒木村重が花隈城の戦いに破れ去るなどの情勢悪化があり、八月二日には教如も石山本願寺を明け渡し雑賀へ向います。顕如の長男である教如が退去した直後、大坂の堂舎・寺内町が炎上して灰燼に帰したのです。

8　顕如の遺言と移転先に残る酢屋の町名

本願寺退去後、教如上人は鷺森の父顕如上人を訪ねますが、面会どころか顕如上人から義絶されます。ところが、信長が石山本願寺を退去させてからわずか二年で、本能寺の変により亡くなってしまいます。

信長は永禄十一（一五六八）年、義昭の上洛要請に応じてから本能寺で自害するまで十四年間、多くの武将と戦いますが、十年の戦いを終え、天下を統一するまで最も時間を費やしたのは石山本願寺との争いでし

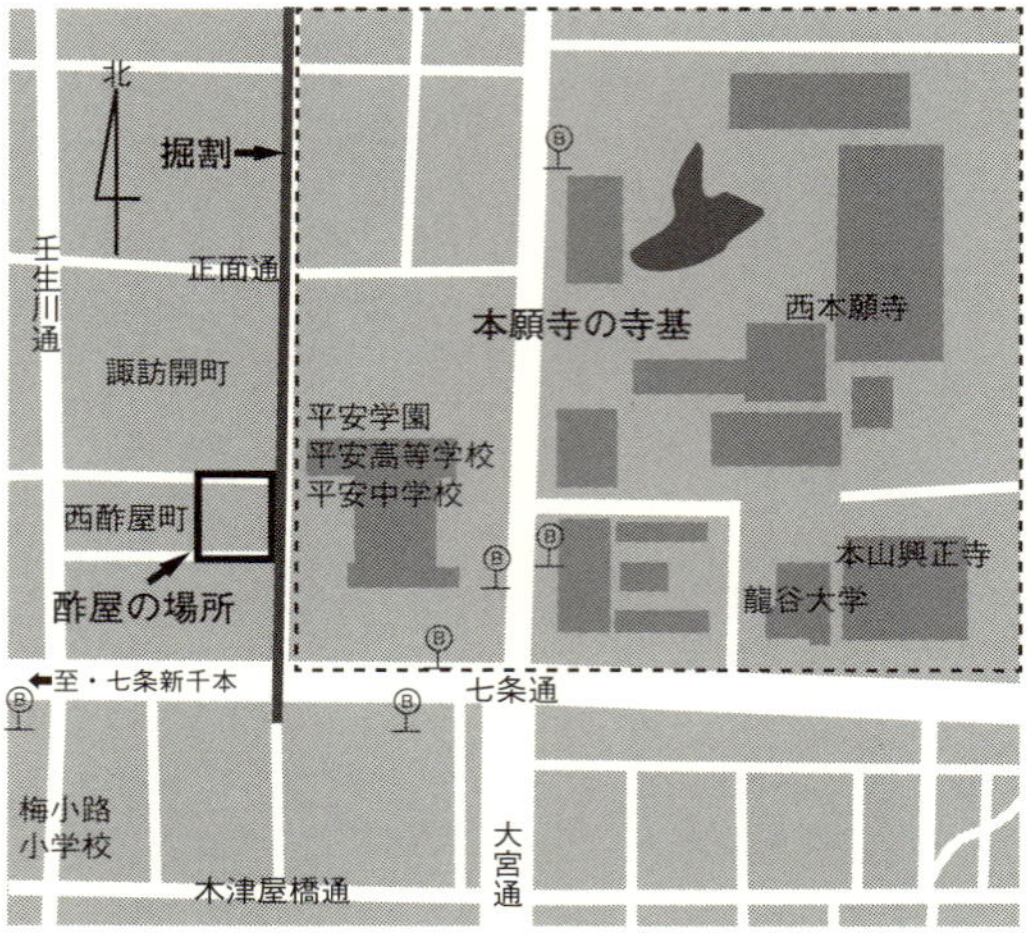

京都七条堀川の本願寺の寺基と西酢屋町

た。石山本願寺炎上による門徒衆の怨念が本能寺の変に影響したということはないでしょうか。

その後本願寺は豊臣秀吉の命もあって大阪天満、そして京都七条堀川（現西本願寺）へと移転を繰り返します。文禄元（一五九二）年、秀吉は本願寺に寺地を寄進し京都に再建されます。この年の十一月に顕如が亡くなると（五十歳）、教如は三五歳で本願寺宗主を継職します。義絶された後二年間、教如は各地を流浪、潜伏の日々を送っていました。その教如上人が返り咲いたことで、教如上人の義絶後、逼塞を余儀なくされていた元抗戦派が復権し側近の座を独占、顕如上人の鷺森退去に同道した元和睦派は退けられることとなり、本願寺内部で対立が再燃します。

しかし文禄二（一五九三）年閏九月、元和睦派を代表した顕如上人の妻如春《にょしゅん》尼公《にこう》（教如上人の実母）は秀吉に、「顕如上人は遺言状で、本願寺宗主は長男教如にではなく三男准如《じゅんにょ》に継職させるよう言い残した」と訴え出ます。秀吉はこの訴えを取り上げ、准如が本願寺宗主に就き、教如上人は隠居の身とされます。この秀吉の采配によって、教如派と准如派の分裂は決定的となります。

秀吉の死後、大坂冬の陣と夏の陣後の慶長七（一六〇二）年、家康から西本願寺とは別に、烏丸七条に寺地を寄進され、教如が翌年ここに御堂を建立します。これが大谷派本願寺（東本願寺）の起源となっているのです。八尾久宝寺では慈願寺は東本願寺派に属し、西本願寺派に属した顕証寺との関係がさらに悪化するなど、本願寺東西分裂に際して末寺まで影響を受けます。

ちなみに興正寺は文明年間に山科本願寺が再建され、当時あった興正寺四八坊のうち四二坊が本願寺に帰属しました。秀吉の天満移転命令によって連教の子・連秀の時代に天満に寺基を定め、天満興正寺が出来ます。しかし天正十九（一五九一）年、第十七世顕尊の時に豊臣秀吉による都市計画の一環で本願寺と共に興正寺も寺基を洛中の七条堀川に移し、天満移転は破棄されます。

七条堀川の名の通り本願寺の周囲に堀があり、大川につながっていました。その堀川に面したところに西酢屋町という地名が残っており、本願寺の京都移転後も酢屋と本願寺の関係は続いていたと考えられます。

第12章　茶人・酢屋了喜は家康の逃走ルートを企てたのか

天正十（一五八二）年六月、本能寺の変が起こった日、徳川家康は信長に命じられ堺を訪問していました。信長が亡くなったことで再び戦国の世に戻ります。少人数で堺を訪問していた家康は危険を感じ、本国三河に戻ろうとします。この本国への逃走を手助けしたのはどのような人達なのか。堺で逃走の道筋を企てたのは誰なのか。それは逃走後の結果に現れています。

1　家康、堺へ

天正三（一五七五）年五月、三河の長篠城を巡って武田勝頼軍と織田・徳川連合軍との間で長篠の戦いが起きます。この戦いで武田勝頼は主要家臣を多く失い、その後の方策で信頼を失い内部崩壊を始めます。

織田信長は本願寺や毛利との戦いに目を向けていましたが、家康は武田攻めを続けており、遂に天正十（一五八二）年二月、織田信長の甲斐侵攻によって武田は滅びてしまいます。この侵攻の際、武田の武将である穴山信君《あなやまのぶただ》（梅雪《ばいせつ》）は、武田宗家の継承と自らの河内領・江尻領の安堵を条件に、徳川家康を通じて信長に内応したのです。

甲州征伐が終了した天正十（一五八二）年五月十五日、安土城に凱旋した信長を家康一行が表敬訪問します。もちろん穴山信君を従えており、信長は機嫌よく家康をもてなしたと言われます。信長はこの時、家臣の長谷川秀一に案内させるので三河に帰らずぜひ堺の見物をするよう家康に勧めます。堺見物とは名目で、四国の長宗我部《ちょうそがべ》元親《もとちか》を攻めることを企んだ、いわゆる四国攻めを準備する三好勢と結託した織田信孝《おだのぶたか》軍の軍船を見て来いと自慢したかったのでしょう。この時、饗応役として明智光秀もこの長宗我部攻めの話を聞いていた可能性があり、本能寺の変につながったとの説があります。

家康は二十日まで安土に留まり、その間長谷川秀一が接待しています。長谷川秀一は尾張の出身で小さい時から信長に仕える小姓上がりで、信長に言われ三河の家康の軍勢調査などにも出向いており、いわば織田側の徳川氏渉外担当に該当します。家康は二一日に京都に上洛し二七日まで滞在しますが、その間も長谷川秀一は帯同しています。この京都での一週間は茶屋四郎次郎や角倉了以などの豪商と情報交換をしていたのではないかと思われます。

五月二九日、家康の一行は船で住吉津に向かい、織田信孝軍の軍船を見学した後堺に入津します。その晩は信長の右筆で堺の奉行を務める松井友閑宅にて到着の接待があり、そこに投宿します。家康は六月一日まで今井宗久や津田宗及などが主催する茶会に出席し、長谷川秀一や穴山信君も同席の上、堺の豪商らと面談し、いろいろな情報を得たのでしょう。

2　逃走の第一歩は河内に向かう

六月一日の夜は堺の材木町にある妙国寺に宿泊します。そして翌日早朝に本能寺の変が起こったのです。信長は茶会を催す予定があり五月二九日に上洛し、持ち運んだ名物茶道具を、京で挨拶に訪れた公家衆や博多の商人・島井宗室《しまいそうしつ》や神屋宗湛《かみやそうたん》らに披露したと言われます。堺奉行の松井友閑はその茶会に出席するため六月二日に上洛しようとしましたが、途中で本能寺の変を知り、堺へ戻ったとされます。

本能寺の変の当日、堺の妙国寺では油屋《あぶらや》常祐《じょうゆう》が主宰する茶会があり、その茶会の最中に本能寺の変を知らされたことになります。家康はその情報は隠し、急きょ信長に会うため再び上洛すると言って堺を出立します。

堺から京に上洛する場合、来た道の逆で大坂を通り、淀川を船で遡るのが常識として考えられますが、堺を出立した家康は迷うことなく竹内街道に進み、畠山義就築城の河内の高屋城を目指します。摂津大坂は避け、逃走の第一歩は河内に向かったのです。続いて、上洛すると出立した手前、河内から北へ向ったと考えられます。これは同行の信長の部下である長谷川秀一を欺く芝居をする必要があったのでしょう。明応の合戦図にあるように高野街道（現東高野街道）を北へ進み、二日の昼に畠山の元家臣であった木沢長政築城の飯盛山城に到着します。いわゆる神君伊賀越えと言われる、家康一世一代の逃避行が始まったのです。

飯盛山城では先行していた本多忠勝《ほんだただかつ》が戻り、京から茶屋四郎次郎によって伝えられた上様御生害を改めて確認します。家康は長谷川秀一の手前、変の報に初めて知ったように仰天し、「弔い合戦をしたくてもこの人数、土民の槍に掛かって果てるよりは京都知恩院に入ってそこで腹を切ろう」といったんは死を決意する振りをし、本多忠勝が一人反対して「信長公への報恩は、何としてでも本国へ戻り、軍勢を催して明智を誅伐すること」と力説、家康はじめ一同もこれに同意したと伝えられています。上様への報恩で長谷川秀一を安心させ、三河に戻る筋書きを作ったのです。

もともと長谷川秀一は信長から、隙があれば家康を亡き者にするよう命じられていた節もあります。秀一は三河へ戻るとなった家康に道案内と称し急使を飛ばして、家康がどこを通っても隙あらばの姿勢は崩さなかったといいます。大和国衆の十市遠光《といちとおみつ》に護衛の兵の派遣を要請し、山城の宇治田原城主の山口甚介《やまぐちじんすけ》にも書状を送り、草内《くさじ》での渡しを想定し、秀一旧知の近江信楽町の代官で多羅尾光俊《たらおみつとし》の所領を通って伊賀越えすることを織田勢に知らせたのです。

一方穴山信君らも途中で家康の配下に襲われることを避け、少し遅れて別行動をとります。山城宇治田原の山口氏の家臣が草内に到着した時はすでに家康は渡った後で、遅れて来た穴山一行は、草内で野伏に襲われ討ち取られてしまいます。何者かが邪魔者を一人消したのか、おそらく長谷川修一の命令で家康一行と間違われた可能性もあります。本能寺の変後、長谷川は秀吉側に就いて小牧・長久手の戦いでは家康軍と戦っているので、互いに本心を見せずに帯同していたのです。

3　伊賀越えに関わった元南朝関係者

六月三日夜遅く、ようやく家康一行は多羅尾氏の本拠小川に到着し、家康は城の向かいの小高い茶山に腰を下ろし、館の中を見下ろして油断なく様子を窺い、なかなか門の中に入ろうとはしなかったようです。秀一のことを全く信用していなかったのでしょう。しかし多羅尾光俊は害しないと決心し、小川城下で家康は一泊します。

六月五日、信楽《しがらき》多羅尾を立ち、御斎峠《おときとうげ》を越え伊賀に着きます。伊賀には服部氏がおり、すでに長谷川秀一からの連絡もあったと言われています。

服部氏はもともと楠木正成と姻戚関係があり南朝軍に近く、伊賀は後に家康に仕えた服部半蔵の出身地となります。服部半蔵は天文十一（一五四二）年、服部保長《はっとりやすなが》の四男として三河国に生まれた二代目であり、この二代目は楠木正成同様正成を名乗っています。当時の伊賀には服部氏族の「千賀地《ちがち》」「百地《ももち》」「藤林《ふじばやし》」の三家があり、初代服部保長は千賀地の長でした。保長は狭い土地において生活が逼迫したため、旧姓の服部に復して上洛し、室町幕府十二代将軍・足利義晴に仕えます。ちょうどその時松平清康《まつだいらきよやす》が三河国を平定し、将軍に謁見するべく上洛した折り保長と面会して大いに気に入り、その縁で松平氏に仕えることになり、三河に転勤になったのです。その後服部保長が伊賀に戻り、千賀地氏を名乗ったとされます。

家康は、伊賀からは加太《かぶと》越えをして伊勢国に入ります。六月六日に伊勢の大湊に到着します。ここまでくれば一安心です。

天正五（一五七七）年、反織田の北畠残党が蜂起します。南朝軍の伊勢国司であった北畠氏後裔の北畠具《きたばたけとも》親《ちか》の軍団です。信長と伊勢長島の一向一揆の戦いに見られるように、伊勢国も信長にはかなり圧迫されていました。その家臣団の一人を吉川平助《よしかわへいすけ》といい、伊勢神宮の門前湊として栄えた伊勢大湊（二見浦）の船奉行をしていました。吉川氏と同じく伊勢大湊で北畠氏を支えた伊勢神宮の神官の息で、大湊で廻船業を営んでいたのが角屋七郎次郎《かどやしちろうじろう》です。これらの元南朝軍の手引きによって伊勢国から三河国大浜までの船が手配され、家康は伊勢湾を渡って岡崎に戻ることが出来たのです。

神君伊賀越えは走破距離三百キロ六日間の逃避行になります。この逃避行を助けた人物を、家康は優遇し

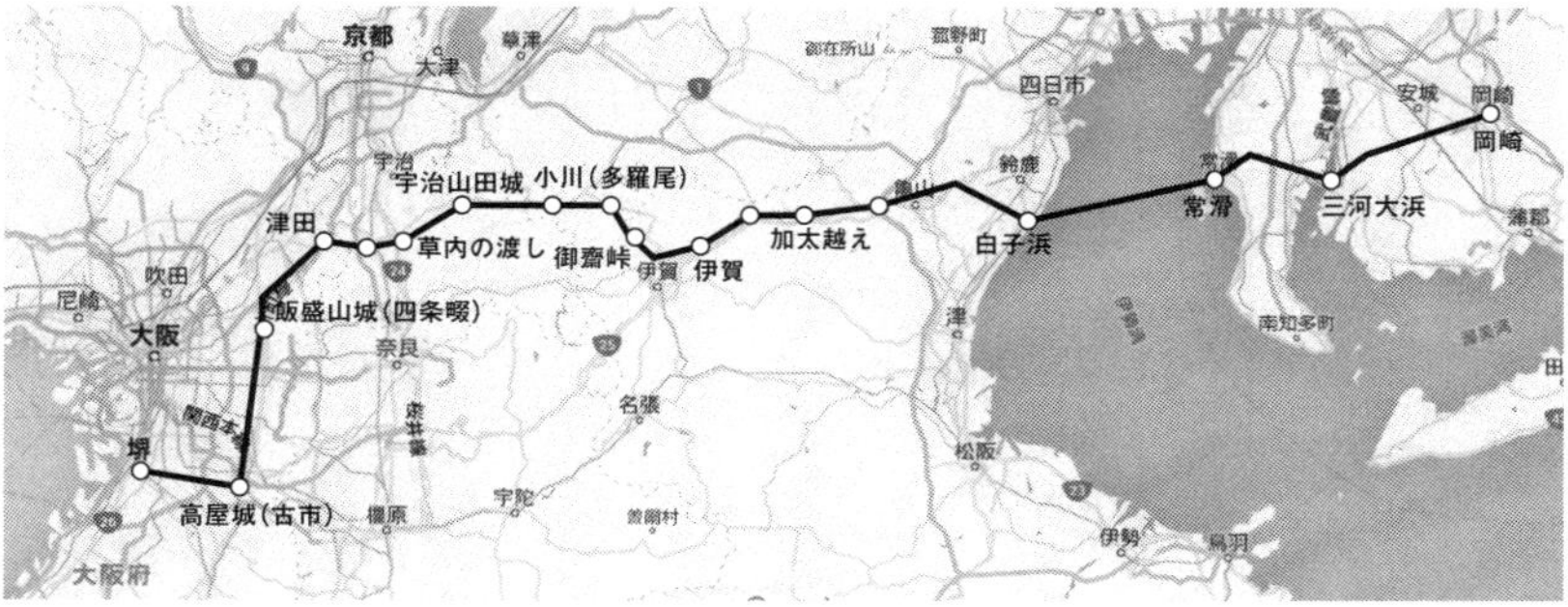

神君伊賀越え逃避ルート。家康は大坂を避け河内を抜けると、津田からほぼ一直線に岡崎へ逃げた

採用します。伊勢商人の角屋七郎次郎秀持は、家康より「汝の持ち船は子々孫々に至るまで日本国中、いずれの浦々へ出入りするもすべて諸役免許たるべし」と喜ばれ、以後廻船自由の特権を与えられます。長崎奉行・堺奉行を担った長谷川藤広は伊勢大湊の豪族で北畠軍の一員でした。伊賀越えを助けた二代目服部正成（半蔵）は家康に仕え、伊賀同心や甲賀同心を率いました。このように家康を助けたのは南朝軍の末裔なのです。

もう一人重要な人物がいます。家康のもとに本能寺の変を伝えた茶屋四郎次郎清延です。茶屋四郎次郎は江戸時代になって糸割符制度が導入されると、京都の商人らの代表として権利の獲得に尽力します。茶屋は屋号で本姓を中島と言い、信濃守護職・小笠原長時に属した地侍でした。長時が没落すると清延の父明延は京都に出て呉服商を始め、この明延のとき第十三代将軍・足利義輝がしばしば屋敷に立ち寄って茶を飲んだことから茶屋と号するようになったといいます。朱印船貿易が始まると早くから秀吉の朱印状を得て貿易に従事しています。信濃（長野県）守護職・小笠原に内紛があったとき管領であった畠山持国は援助しているので、畠山総州家と縁があった人物も関わっていたのです。

4　御家人に登用された元楠木党の甲斐庄

このようにして家康の神君伊賀越えは成功したわけですが、では堺で最初に逃走の道筋を企てたのは誰なのでしょうか。

本能寺の変の当日、妙国寺では油屋常祐が主宰する茶会があり、その最中に本能寺の変が知らされます。しかしその時、家康は少しもあわてずゆるりと茶を飲み、その茶碗を譲り受けて寺を出発したといいます。後に家康からこのときの礼として、「妙なりや　国にさかゆる　そてつぎの　ききしにまさる　ひともとのかぶ」の歌に名物の茶碗が添えられていたといいます。信長に切られた蘇鉄が妙国寺で生き返ったとする話題を踏まえ、蘇鉄を自分に例えたのでしょうか。慌てなかったのは何かを知っていたのではないでしょうか。つまり本能寺の変を予知できる情報を、堺で得ていたのであろうと考えます。

家康は六月一日まで今井宗久《いまいそうきゅう》や津田宗及《つだそうぎゅう》などが主催する茶会に出席し、リスク回避の一環として、事前に万が一の避難ルートを模索していたのではないかと私は考えます。となると、神君伊賀越えのルートを堺で家康に提案した人物がいるはずです。家康の逃避ルートの大半は元南朝軍が関与しています。つまり、織田信長に滅ぼされた河内を分国とした元畠山総州家の案内があったように思えます。河内はもともと楠木氏の分国であり、その後畠山氏の分国となった地です。河内の高屋城は文明年間畠山義就が築城したものであり、義就の家臣にとってはホームグラウンドです。また飯盛山城は南朝方の恩地氏が飯盛山城に拠ったところで、楠木正行が四条畷の戦いで敗れた後も南朝信奉者の多い土地なのです。

堺から上洛するのに摂津国を通らず、伊勢に抜けるにも大和国を敬遠するのは、元南朝軍で旧畠山総州家の河内国人しかいないと考えられ、これに該当するのは甲斐庄と酢屋となります。

戦国時代末期、河内国は三好氏と畠山氏の半国支配であり、飯盛山城には畠山昭高《はたけやまあきたか》がいました。遊佐信教の反乱によって昭高が殺害されると、これに激怒した信長の攻撃を受けて信教は殺害され（高屋城の戦い）、天正四（一五七六）年に落城し廃城となります。当初畠山氏は信長によって半国河内を安堵してもらいますが、全てを失うことになります。天正五（一五七七）年、畠山一族は信長に謀反し敗死し滅びてしまいます。これで長らく畠山総州家に仕えていた甲斐庄も浪人の身になったのです。

神君伊賀越えから二年経った天正十二（一五八四）年、甲斐庄は家康より浜松城へ呼ばれ御家人となります。おそらく他の元南朝軍団と同様、逃避行を助け優遇採用されたのでしょう。

寛保二（一七四二）年、法令集である公事方御定書《くじかたおさだめがき》が制定されます。この公事方御定書は先例（刑事）を収集分類して裁判官に容易に必要な先例を提供するため、評定所で編纂した撰述格例《せんじゅつかくれい》というものが土台となっています。撰述格例は御仕置例撰述《おしおきれいせんじゅつ》ともよばれる事例集で、極端に罪が重くなりすぎないようにしたものです。この撰述格例は寛政年間にお留役勘定奉行である甲斐庄正方《かいしょうまさかた》によってまとめられています。甲斐庄は畠山総州家の一員として培った今までの経験を生かしたのでしょう。

甲斐庄は江戸中期から本郷弓町に屋敷があり四千石の禄高を受け、幕末には河内錦部郡の知行地を受け故郷に錦を飾っています。ただし、浪人中の甲斐庄が堺で情報を伝えることは出来ないはずです。

5　茶人・津田宗及と酢屋了喜

家康は五月二九日堺に到着後、六月一日までの数日間、今井宗久や津田宗及などが主催する茶会に出席し、堺の豪商らと情報交換をしています。

津田宗及は堺南荘の豪商・天王寺屋の津田宗達の子として生まれます。茶人武野紹鴎の子である宗瓦の門人であった父に茶道を教わり、大徳寺住持の大林宗套《だいりんそうとう》には禅を学び、後に天信の号を与えられています。堺の大小路に居所を構える天王寺屋は堺でも有力商人として知られていました。

宗及は永禄年間には石山本願寺の下間丹後の一族と通じ、次いで堺に勢力を張った三好政康を頼みとしていました。信長の矢銭二万貫の要求に関しては、最初は他の会合衆と共に反信長であったと考えられます。三好三人衆の屈服、幕府の終焉と時代が変わっていくことを見極め、伸長してきた織田信長に接近し、元亀三（一五七二）年十一月には信長が主催した京都妙覚寺での茶会に参加して接待を受けます。さらに元亀四（一五七三）年二月三日には岐阜城で信長の名器の拝見を特に許され歓待されるまでになります。

天正六（一五七八）年、信長が堺を来訪した際には自邸に訪問を受けるなどして重用されます。明智光秀の茶会にも顔を出し、本能寺の変後に実権を握った豊臣秀吉にも信頼を得て茶湯者八人衆の一人として数えられ、今井宗久、千利休とともに三千石の知行を与えられます。天正十五（一五八七）年十月一日、豊臣秀吉が九州平定と聚楽第の造営を記念して北野天満宮で開催した大茶湯（北野大茶湯）では、今井宗久、利休とともに茶頭として茶会を行うなど、茶の湯を通じて信長・秀吉の信頼を得た堺商人の代表格の人物なのです。宗及はこの大茶会の三年後に亡くなっています。

改めて堺の茶人について見ておきます。茶の湯は室町時代後期に簡素簡略の境地を良しとして「わび」の文化が生まれ、武野紹鴎がその精神を重んじ、書院造りの侘《わ》び数寄《すき》の間でのわび茶を発展させ、利休は書院造の建物から茶室を独立させ、「囲い」と呼ばれる草庵を生みだし、わび茶を完成させたとされます。

戦国武将や豪商にとって、茶室は密談と情報交換の場であったのでしょう。津田宗及は永禄八（一五六五）

年から天正十五（一五八七）年までの二二年間、主催した茶会や招かれた茶会を「宗及茶湯日記自会記」と「宗及茶湯日記他会記」として記録しています。宗及の茶会に出席している堺の茶人には、野遠屋《のとや》、油屋常言、春慶、慈光寺永賢坊、永福寺條阿、半井《なからい》驢庵《ろあん》、宗榮、宗順、宗洙、（半井）醫師宗玻、銭屋宗仲、長慶寺祐藏主、禪通寺祐藏主、薩摩屋宗忻、長慶寺語藏主、禪通寺秀首座、（四條）覺阿、南宗寺團首座、圓璡（竹田）、竹野新五郎入道宗九、（材木町）林砂、大安寺退藏軒、高三隆世、（南宗）宗德、（今市）紹通、同良向、（天神）舜盛、（柳町）隆意、谷宗齊、（海船）宗把、光明院等玻、譽田屋由也、（市小路）宗春、油屋紹可、（市町）宗惠、永福寺珠阿彌、光明院康司、重宗圓、（湯屋町）德林、同常益、北向道味、（天神）春盛、重助九郎、鹽屋次兵衞、木屋次兵衞、萬代屋彌三、同帶刀、木屋宗雪、薩摩屋宗椿、萬代屋了二、譽田屋道作、銭屋宗仙、奈良屋道滴、樋口屋道閑、高石屋宗兵衞、酢屋良喜、松江宗過、萬代屋新太郎、石津屋宗陽、金田屋宗入、高石屋卜意、石津屋良精、竹倉屋紹有、住吉屋宗湍等、僧侶や商人が名を連ねています。

その中に、酢屋の一人が茶人として名を連ねています。元楠木党で畠山義就の家中であった酢屋にとって、堺から河内・山代に通じるルートは庭のようなものだったと考えられます。江戸初期材木町の大道筋東西には五軒の酢屋があり、了運の名があります。了喜（良喜）と了運は親子であり、共に興正寺に帰依し、開基了源にちなんだ了の字を号とする興正寺の在家門徒でした。

津田宗及と酢屋了喜はどちらも堺の大小路に居を構えた茶の湯仲間であり、この二人は河内の慈願寺のある久宝寺でも茶会を行っています。「宗及茶湯日記他会記」には平野大田屋、堺町衆すや了喜とともに久宝寺衆四人の茶会があったことが記載され、「宗及茶湯日記自会記」にも平野大田屋、堺町衆すや了喜とともに久宝寺衆四人の茶会があったことが記載されています。自他両日記に記載があるのは、同じメンバーによる招待のお返しもあったのでしょう。

久宝寺の寺内町は明応年間に慈願寺の住職の法円の協力を得て、蓮如は久宝寺村に西証寺（後の顕証寺。久宝寺御坊）を建立します。慈願寺は文明年間（一四七〇年代）に、浄土真宗の一派である興正寺派の蓮教が本願寺第八代蓮如を助けて南河内地方の村々に布教したことに始まっています。久宝寺寺内町の誕生は天文十（一五四一）年頃にこの御坊を中心に誕生したとされます。天正年間二人はこの久宝寺で茶会を催していることになります。つまり本能寺の変の頃も、酢屋了喜は久宝寺に関わりがあったのです。

久宝寺は地理的に要衝の地にあり、河内の門徒集団を束ねる拠点として、多くの門徒宗が集まり暮らしており、商工業者も集まって活発な寺内町でした。家康は密室で宗及と茶の湯を楽しみながら、リスク回避ルートを得たのではないかと考えます。つまり了喜が宗及を介して、「万一何かが起こった場合まず河内に向かえば安全です」という提案を行い、家康が少しもあわてなかった環境が出来ていたのではないでしょうか。

私は、家康の情報ルートは茶屋四郎次郎から津田宗及に入り、酢屋了喜を経由し、甲斐庄が実行したものと考えます。

第13章　徳川珠姫の嫁入りを指揮した酢屋権七

本能寺の変直後に命がけで三河に戻った家康は、堺の商人である酢屋が元楠木直系で畠山総州家の老臣であった経歴を認識していたと推測できます。その証となる出来事が関ヶ原の翌年に実施されます。徳川と前田家の二大勢力の縁組です。この縁組に酢屋が関わったのです。

1　秀吉の死後、反徳川を期待された前田家の弁明から生まれた縁組

本能寺の変を知った秀吉は毛利と和睦交渉を進め、急いで京に戻り（中国大返し）、山崎で明智光秀を敗走させます。後継者選びの清州会議では嫡男織田信忠《おだのぶただ》の子、三法師（織田秀信《おだひでのぶ》）を推し、筆頭家老の柴田勝家の案を退けます。翌天正十一（一五八三）年の柴田勝家との賤ヶ岳の戦いでは前田利家が秀吉方に付き勝利し、家康を味方につけ大坂城を築城し居城とします。天正十四（一五八六）年には太政大臣となり、朝廷から豊臣姓を与えられ信長が成し得なかった天下人になります。

しかし文禄二（一五九三）年、側室の淀君が拾《おひろい》（秀頼）を生んだため、文禄五（一五九六）年、甥の秀次《ひでつぐ》

を切腹させる事件も起こり、後継者問題に悩みながら、二年後の慶長三（一五九八）年八月、秀吉は享年六二で死去します。

後継者である秀頼一人で豊臣政権を動かしていくことが無理なのは秀吉も承知していました。そのため秀吉は死の直前五大老の筆頭である徳川家康に秀頼の後見を依頼します。秀頼が一人前になるまで家康を中心に五大老・五奉行といった家臣たちの協力体制によって豊臣政権を存続させていくことを誓わせます。文禄四（一五九五）年七月の、徳川家康、毛利輝元《もうりてるもと》、小早川隆景《こばやかわたかかげ》の連署による起請文がそれにあたります。

しかし、慶長二年、小早川隆景が死去し、慶長四（一五九九）年閏三月三日には前田利家も亡くなります。利家が亡くなるとその後を前田利長《まえだとしなが》が継ぎ五大老になります。

利長は織田家の家臣であった前田利家の長男として尾張国で生まれます。初めは安土城で信長に仕え、本能寺の変の後は織田信雄《おだのぶかつ》の軍下で戦い、信長の娘・永姫を匿い後に室に迎えます。その後秀吉に仕え、天正十三（一五八五）年、秀吉により佐々成政《さっさなりまさ》が支配していた越中国（富山県）が制圧されると同国射水郡《いみずぐん》・砺《と》波郡《なみぐん》・婦負郡《ねいぐん》三二万石を与えられます。秀吉は秀頼の後見を、高齢の利家より若い利長に期待していました。利家は亡くなる前年の慶長三（一五九八）年に前田家家督と加賀の金沢領二六万七千石を利長に譲っています。利長は三六歳で加賀藩の初代藩主となったのです。

豊臣政権内部では前田利家が亡くなり、おのずと筆頭である家康の力が増大します。慶長四（一五九九）年閏三月、前田利長が五大老になったその翌日に、五奉行の朝鮮征伐の評価を巡って武断派と官僚派の争いが起きます。豊臣家の武断派の武将七名（福島正則《ふくしままさのり》、加藤清正《かとうきよまさ》、黒田長政《くろだながまさ》、藤堂高虎《とうどうたかとら》、細川忠興《ほそかわただおき》、加藤嘉明《かとうよしあきら》、浅野幸長《あさのよしなが》）によって、官僚派五奉行筆頭である石田三成《いしだみつなり》の襲撃計画が立てられます。石田三成はこれを事前に察知し未遂に終わりますが、筆頭家老の家康によって三成は一時失脚し、三成に代わり家康が大坂城に入ることになります。

このような党派抗争の中、前田利長は対徳川の対立軸の立場に立たされます。八月、利長は家康に勧められ大坂城を離れ加賀に帰ります。その翌月、石田三成派の増田長盛《ましたながもり》によって、利長と妹の夫浅野幸長が謀って打倒家康を企んでおり、利長がその中心であるという噂が流れます。家康は即座に加賀征伐を宣言します。当初利長も、売られた喧嘩は買うつもりで細川・宇喜多を通じ豊臣家に協力を要請しましたが、協力を得られませんでした。

母まつの説得もあり、争いを回避するため、前田家の家老横山長知《よこやまながちか》が加賀と大坂を三度往復し弁明に努めます。利長が家康に刃向うつもりがないことを説明し、利長の母まつを人質として差し出すことで忠誠を誓うというものです。家康は自分の子息の一人を利長の養子とし金沢城を譲れとも言ったとされますが、横山長知が利長の弟（養嗣子）利常《としつね》の妻に秀忠《ひでただ》の姫を迎えたいと願い出て家康が承知したので、征討回避できたのです。

2　珠姫と利常の縁組と花嫁行列の指揮者・酢屋権七

前田利長は家康との和睦条件を実行すべく、慶長五（一六〇〇）年の春、芳春院《ほうしゅんいん》（母まつ）を伏見から江戸に送ります。関ヶ原の戦いで勝利した家康は、間もない十一月に前田家と結納を交わし、翌慶長六（一六〇一）年七月に秀忠の次女の珠姫《たまひめ》を嫁入りさせることを決めていきます。珠姫は徳川秀忠と正室お江与（浅井長政の三女）の次女として慶長四（一五九九）年六月に誕生しました。秀忠は慶長二年十二月から三年八月まで伏見にいて九月に江戸城に戻っています。その後十二月にお江与が長女の千姫と共に伏見から江戸に帰ったとあり（御系図大全）、珠姫は伏見で生まれています。結納を交わしたとき珠姫はわずか二歳、一方の利常は文禄二（一五九四）年前田利家の四男として誕生しておりこの時六歳、母は側室の千代保《ちよぼ》（寿福《じゅふく》院《いん》）です。同年子供がなかった利長の養子となり縁組に至ったのです。

　慶長六（一六〇一）年七月一日、江戸城大手門を花嫁行列が繰り出します。主人公はわずか三歳の珠姫です。送り役は大久保忠隣《おおくぼただちか》・青山忠成《あおやまただなり》が務め、安藤重信《あんどうしげのぶ》、鵜殿兵庫助《うどのひょうごのすけ》、伊丹喜之助《いたみきのすけ》、医師の久志本左馬助《くしもとさますけ》が随行しました。御供の人数は女中衆・料理人まで入れると数百人に及んだといいます。「三壺聞記《みつぼぶんき》」によると行列は東海道から美濃路を経て、中山道、北国街道を進みます。具体的には江戸表から東海道を品川、小田原、駿府、浜松、岡崎を通り、宮の宿から美濃路を名古屋、清須、墨俣、大垣を経て中山道垂井の宿に至ります。垂井からは中山道を柏原、醒ヶ井《さめがい》と進み、坂田（米原）から北国街道に入り、栃の木峠を越え越前金津に入りました。そして加賀に入り金沢城に到着するという全行程一二五里の長旅です。

　道中は掃き清められ橋が架けられ、五色の砂がまかれ茶店が設けられました。行列には珠姫が乗っている輿の前に祭りの山車《だし》そっくりの舞台車をしつらえてゆっくりと進みました。舞台車の上では狂言や芝居を見せ、花嫁に里心をおこさせないよう気配りしています。道中笛・太鼓の鳴り物入りであでやかな女乗り物百余挺《ちょう》を連ね、華やかに気品高く静かに進んだのです。沿道の大名や町人、百姓に至るまで徳川のご威光に目を丸くしたといいます。関ヶ原の戦いが終わってまだ一年経たない頃で道中不安もあったかと思いますが、堂々と進んだのでした。

　この珠姫に付いて路次中の慰みを行った人物を酢屋権七といいます。「三壺聞記」によると、「権七は銀の立烏帽子に朱の丸を付けて直垂《ひたたれ》の装束にて、御輿の先に頭を振り躍り、狂言をいたし、その間には小歌の上手に歌を唄わせ、諸芸をつくし、金沢に入らせる」とあります。なぜこの大役を務めることになったのでしょう。

浪人の身であった甲斐庄は、伊賀越えから二年後の天正十二（一五八四）年、家康から浜松に出仕するよう命じられ河内を離れています。私は、家康の家臣となった甲斐庄が花嫁道中の相談を受け、防衛面も含めもっとも芸達者な人物として酢屋のひとりが選ばれたと考えます。きっかけは神君伊賀越えにあったのです。もともと狂言の原点は大和猿楽にあるといわれています。猿楽の祖と言われる観阿弥《かんあみ》の実父は、伊賀国浅宇田庄預所を務めていた上島景盛の子で服部氏を継いだ服部元成といい、元成は楠木正成の妹を妻に迎えて観阿弥をもうけたといわれています（「上島家文書」）。京の将軍や管領の祝い行事には酒と能・狂言がつきものであったのでしょう。酢屋や甲斐庄は、楠木正成の身内としての戦いが始まり、管領畠山義就の戦乱の中でも豪快に河内の名産の天野酒を飲みながら、河内俄《かわちにわか》の基となる狂言や田楽踊りに興じていたと考えられます。堺の酢屋の中には茶の湯だけでなく、猿楽や狂言を得意とし金沢歌舞伎の祖となるような大芝居を打つ強者がいたのです。

このように権七が参加した珠姫の花嫁道中は、江戸の徳川幕府のすごさと戦国の世が終わり平安になるという印象を民衆に与えた最大のイベントとなりました。この花嫁行列は九月晦日に越前国金津上野（現福井県坂井郡金津町）に到着しました。二か月を費やして江戸城から金津まで来たのです。越前は珠姫の叔父にあたる結城《ゆうき》秀康《ひでやす》の領国で加賀に近い交通の要所です。ここで嫁入りの作法である輿渡しと貝桶渡しが行われました。大久保忠隣が輿、青山忠成が貝桶を渡す役目を務め、前田家からは前田対馬守が輿、長九郎右衛門が貝桶を受け取る役を務めました。貝桶は嫁入り道具中第一のものです。

利長は一行を手取川（現石川郡美川町）まで出迎え、御供二十人がきらびやかないでたちでこの行列に供奉しました。参勤交代は江戸幕府が、寛永十二（一六三五）年の武家諸法度によって、諸大名に江戸への参勤を義務づけたものですが、徳川家と加賀藩前田家の間で行った伏見から江戸への芳春院の行列やこの珠姫の花嫁行列、また慶長七（一六〇二）年に利長が徳川秀忠へ珠姫のお礼で江戸に伺候したものが、参勤交代の先鞭となったとされます。

３　権七の名の由来

酢屋権七という名前はどのように出来たのでしょう。

古くから酢屋は兵衛府などに関わったため、兵衛や左衛門・右衛門といった名前が使われており、権七には生まれ持った別の名前があったと考えられます。慶長五（一六〇〇）年十一月、関ヶ原の戦いが終わり加賀・能登・越中三ケ国の領主となった利長は、まつと共に江戸にいる家臣村井長頼《むらいながより》に手紙を出します。家康より加賀二郡を賜った事と我ら弟さる（利常幼名猿千代）に中納言殿の姫君様を給わったことを知らせて御うえ様（＝お江与）に祝儀の品を持参するよう指示しています。中納言様とは二代目将軍権中納言秀忠のことです。

ちなみに家康は元和二（一六一六）年に亡くなり、大権現様として祀られています。権という字は家康の手前、大名でもつけられなかったといいます。家康を権大納言様、珠姫の父秀忠を権中納言様というのを、利長の地元金沢の人々は略して権《ごん》と呼んだのでしょう。花嫁道中以降、金沢でも家康の威光を示した芸達者に対し、権の七光りを略し、権七と呼んだのではないかと考えます。

4　天徳院珠姫が眠る野田山に酢屋権七も眠る

金沢城には珠姫のために御殿が新たに作られ、石川門外に御付の人々の住む長屋が設けられて江戸町と呼ばれました。花嫁行列の御供の人々の半数は金沢へ転勤になった訳です。徳川家から珠姫に付いてきたのは興津内記《おきつないき》を筆頭に由比民部、矢野所左衛門、矢部覚左衛門、飯山庄兵衛といった人々で、加賀に居ても徳川直参の旗本の身分でした。

戦国時代、政略結婚をしても、拝領妻や御付の家来衆から謀反のうわさを立てられ敵対することも多く、前田家にとっては軍事上の紀略や内情が徳川に筒抜けになりかねません。しかし利長は珠姫から末端女中にいたるまでおもてなしの心で気を配り、徳川勢を前田ファミリーにしたようです。三歳で嫁入りした珠姫は慶長十七（一六一二）年十四歳でようやく利常と結婚しています。つまりそれ以前の十一年間は徳川姓だったのです。

この結婚は家康が前田家を従えることで徳川幕府の安定を図るという政略結婚ですが、利常と珠姫は仲良く、翌慶長十八（一六一三）年三月九日、長女を出産し亀鶴と名付けます。懐妊中利長は生国の尾張の熱田神宮に安産祈願をし、家康は生まれるとすぐに金沢に使者をたて、祝いの産着を届けています。徳川家にとっても前田家にとっても待望の子供であったのです。亀鶴に続いて元和元（一六一五）年、長男光高をはじめ、元和八（一六二二）年までに三男五女の子宝に恵まれました。

慶長十九（一六一四）年、江戸から法春院が金沢に戻り、玉泉院、珠姫と前田家三代の正室がそろい、皆仲良く珠姫の子供を含め金沢の町全体が華やかな賑わいがあったといわれます。ところが元和八（一六二二）

年三月、五女夏を出産後珠姫の体調が回復せず次第に衰弱していきます。利常は回復を祈り、埴生八幡に拝殿を寄進し大和春日社で祈祷を受けるなどしました。京都から名医を呼んでも効き目なく、七月三日ついに二四歳の若さで逝去しました。すぐに珠姫死去が諸方に伝わり、江戸の秀忠の元には大名が弔意を表し、七夕の参賀は取りやめになったそうです。

ところで珠姫の死後の元和九（一六二三）年八月ごろ、珠姫に付いていたお局と呼ばれた女中が成敗されたと言われています。この女中は江戸の船奉行の娘で十九歳の時珠姫の御乳の人に出仕し、以来金沢に詰めた人です。珠姫を粗末に扱い、特に病弱になってから利常に合わせないよう不届きなことをしたとして、利常の怒りを買ったとされます。利常がいかに珠姫を愛していたのかが偲ばれる話でもあります。

八月八日、金沢小立野《こだつの》で大規模な葬儀が行われ、法名天徳院《てんとくいん》殿となります。利常は九月、高野山に位牌所を建立し天徳院とし、さらに翌年、小立野にも寺を建立し、同じく天徳院としました。珠姫の墓は小立野天徳院にありましたが、五十回忌の寛文十一（一六七一）年に前田家の墓地である野田山に移されます。

天徳院珠姫の墓が移された野田山は、金沢城の南方の大乗寺丘陵の一画にあります。小立野天徳院は御城と野田山の間に位置します。野田山は利家から始まる加賀百万石前田家十一世の墓地であり、珠姫も玉泉院の墓もこの墓地の一番奥にあります。後に移した関係で珠姫の墓は利常の横ではなく、孫にあたる五代目前田綱紀《まえだつなのり》の横になっています。

この野田山の入り口の区画に、酢屋権七の墓があります。「金沢墓誌下編」（尚軒　和田文次郎編）によると、十三人の前田家の墓の紹介の後十九番目に酢屋権七を紹介しています。権七は金沢歌舞伎の始祖で珠姫道中の無聊を慰むとあり、慶長六（一六〇一）年七月、珠姫の花嫁行列を指揮した後珠姫と共に金沢に留まり、芸事を教え、元和元（一六一五）年十一月に没したとされます。一介の狂言師であれば、二か月に及ぶ道中興行が終われば自分の居住地である河内・堺に帰るはずです。しかし徳川から差し向けられた付け人が前田家のおもてなしに触れ、生涯前田家に尽くした結果、珠姫と同じ野田山に葬られたのでしょう。

石川県の人名事典には、子孫世々酢屋権七を名乗り、天保・弘化（一八三〇～一八四七年）の頃、町会所の肝煎役を務め、その居地に権七ケ辻の名を遺したとあります。権七ヶ辻は金沢市の片町から竪町（＝竪河原町）に入る四辻で、旧町名の片町と亀沢町の接する場所とされます。つまり権七は、北陸の流行の発信地とされる金沢の町屋通りの中心地に名を遺したのです。

第Ⅳ部 経済・文化の発展と「すや」の興隆

第14章　江戸時代の商人、堺衆酢屋の発展

　関ヶ原の戦いでの東軍の勝利から二年後の慶長八（一六〇三）年、家康は将軍宣下を受け江戸に幕府が開かれます。一大名となった豊臣秀頼は幕府の統制に服さず豊臣家の再興を賭けますが、慶長二十（一六二〇）年の大坂夏の陣での大阪城落城で戦国の世は終わりを告げます。

　大坂夏の陣以降、幕末までの二世紀にわたって日本全国を巻き込んだ内乱がなく、天下泰平の世が二世紀以上続きます。この平和な世だからこそ、経済と文化が大いに発展します。信長時代、圧迫を受けた堺の町は商業の中心地として復活します。その堺の商人として、酢屋の人達は基幹産業の地位を確立します。糸割符商人、薬種商、米問屋、原綿商、国問屋及び材木商等の主な出来事を紹介します。

その一　糸割符制度の復活と南端郷惣年寄・酢屋治兵衛

1　糸割符制度

慶長八（一六〇三）年、家康は江戸に幕府を開き、豊臣秀吉の朱印船貿易で行われていた銀と生糸の交易を自分の手に引き寄せる狙いのもと、新たな貿易政策を実施します。家康はかつて訪れた堺が日本一の貿易港であることを十分知っており、世話になった町でもあるのです。

関ヶ原の時期に来航したポルトガル船は天下分け目の争乱で経済が低調になり、生糸以下の商品の買い手がつかず滞留していたといわれます。そこで、伏見の家康が堺の会合衆十人を呼び、買い取りを指示したのです。堺の商人がその実力を発揮した経緯もあり、当然のごとく堺を配下に収め、新たな貿易政策に取り組みます。

慶長八年五月三日、家康の側近である板倉勝重《いたくらかつしげ》と本多正純《ほんだまさずみ》は、堺・京都・長崎に対し奉書をもって指示を出します（糸割符奉書）。「ポルトガル船が着岸し定められた糸年寄達が糸の値段を決めるまで、諸商人は長崎に入ってはならない。糸値段が決まったなら望み次第に商売してよい」、これが糸割符制度の始まりです。関ヶ原の戦いが終わって三年目、江戸に幕府を開いた直後の貿易政策です。

まず、三都市の有力者を糸割符年寄りに任命し糸割符仲間を組織します。これを三ヶ所糸割符仲間といい、ポルトガル船の主要輸入品である中国産の生糸（これを白糸と呼んだ）を一括購入させ、一部を幕府関係者に分かち、主要部分は堺や京都西陣など国内の織物業者に売渡します。

ちなみに鎌倉時代摂津の住吉郷の院領では、織物を年貢に出すくらい盛んでした。これは雄略時代に行われた呉の織姫たちの導入に端を発しており、応仁の乱で住吉郷（北荘）に逃れた京の人々がその技術を持ち帰ったことから京都の西陣織は始まったのです。

糸割符仲間は仕入価格と販売価格との間に生じた差益（糸割符増銀）について一定の高率利潤を確保し、純益を仲間で分配する方法をとり、莫大な差益利潤を確保しました。銀と交換となる糸の価格を他の商品の基準とし、長崎貿易全般の世話役として活躍し、長崎貿易を管理掌握しました。つまり三都の糸割符年寄が毎年長崎に下って、長崎奉行の指図のもとに長崎貿易全般の世話役として活躍し、諸国より集まる貿易商人を統制し、ポルトガル船によるこれまでの巨額な利潤の一部を抑制し、その部分を糸割符仲間で分配するという仕組みが作られたのです。

この奉書に基づき慶長九（一六〇四）年には糸割符制度が実施されます。当初幕府は三ヶ所の都市間に生糸貿易に関する配分の枠を示し、題糸三二〇丸とし、堺題糸百二十丸、京都・長崎題糸各百丸と定めます。この題糸というのは、生糸の輸入量の如何にかかわらず、三ヶ所の都市の配分比率のことで、常に堺が三二〇分の百二十、京都・長崎が三二〇分の百を配分する比例配分が定められました。遣明貿易以来、日本の代表港である堺を中心に配分したのです。このほか、題糸に対し現糸配分というのがあり、実際の数量による配分もありました。一丸は五十斤、一斤は百六十匁の量なので一丸は八貫目（三十キログラム）となります。

糸割符制度を含む長崎貿易は、その後変遷をたどっていきます。寛永八（一六三一）年、これまでの京都・堺・長崎に江戸が加えられ、四ヶ所糸割符仲間となり、翌年大坂も加わり、五ヶ所糸割符仲間となります。寛永十（一六三三）年には題糸が四七〇丸と改められ、堺が百二十丸、京都・江戸・長崎が百丸、大坂が五十丸となり、相対的に江戸・大坂の地位が向上し堺は低下しました。また同年分国（博多・柳川・久留米・熊本・

小倉・対馬）の有力商人に現糸二六丸半の配分がされ、更に寛永十八（一六四一）年には平戸が加わり現糸三六丸半とされ、幕府の式服を調達する呉服所にも現糸六十丸が割り当てられました。全般的に糸割符仲間に追加される有力商人が続出し、仲間の員数が増加の一途をたどりました。

それと共に当初生糸の配分であったものが利益の配分になり、一種の権益となってしまいました。慶長以来の糸割符仲間にとっては、生糸貿易による利権の減少化をきたす結果になり不満が生じます。

寛永期に入ると、日本側が価格を決めるのでポルトガル船の生糸貿易は不振となり、寛永十二（一六三五）年には中国船を長崎一港に集中させ、その生糸も糸割符制度の対象とし、寛永十六（一六三九）年、第四次鎖国令によりポルトガル船の来航が禁止されると、寛永十八（一六四一）年には平戸に本拠を置くオランダ船が長崎の出島に移され、オランダの生糸も糸割符制度に完全適用されるようになります。この結果、対外貿易は長崎一か所となり、長崎奉行の管轄のもと五か所商人が実務を管理する形となっていきました。

このような中、生糸をもたらした中国船が春秋に分け来航し、春に価格を決め翌年まで据え置くという商慣習がありました。明の崩壊後、清に抵抗していた鄭成功《ていせいこう》一党がこれを利用し、一時的ですが生糸の輸入量を春秋で操作し価格を高騰させ、五か所商人が資金繰りに困り利益を上げることが出来ない事態も起きます。

さらに、新興都市商人たちの、旧来の糸割符仲間の特権的営業に対する不満も募り、幕府は明暦元（一六五五）年、糸割符制度を廃止し、長崎貿易を広く都市商人に開放し貿易を自由化しました。これにより五ヶ所糸割符仲間の特権はいったん無くなったのです。

2　糸割符制度の復活と堺での題糸の割振り・糸乱記

相対貿易と呼ばれた自由な貿易も、その主導権は外国側に握られる結果となり、不当な価格操作も起こって輸入商品価格が高騰し、わが国の銀の流出が増大するなど弊害が多いものでした。

幕府は寛文十二（一六七二）年、貨物市法商法を実施し、再び幕府の統制による保護貿易政策に転換します。糸割符制度は元来生糸のみが対象でしたが、この貨物市法商法は生糸だけでなく、中国・オランダのすべての品物に対する統制を図ったものであり、鎖国後初めての大がかりな貿易改革でした。

しかしながら外国人にはこの管理強化は不評で、しかもわが国からの金銀の流出量が従前にも増して増大化したため、再び幕府は長崎貿易の全面的検討を迫られます。特に貨物市法によって長崎に多くの配分があった結果、長崎奉行汚職事件もあり、町民までが無益の華美を好む傾向が出て、貨物仕法商法が比較的好ましい貿易仕法であったにもかかわらず、幕府は綱紀粛正の意味から貨物市法を全面的に廃止しました。

貞享二（一六八五）年、旧制度である糸割符制度の復活が指令されます。幕府は前年より旧制度の調査を行い、明暦以前すなわち寛永十八年改定の糸割符仕法に戻すことなり、長崎貿易における直接の統制は糸割符年寄の町人があたり、貨物仕法の時のような長崎奉行所の役人による直接統制は行わないよう改められました。

復活した貞享二（一六八五）年の糸割符制度では、堺の題糸は百二十丸（全体で約四七〇丸）です。元和の町割によって堺の中心は有力者が占有する大きな区画に変更されます。糸割符制度の復活が指令された貞享二（一六八五）年に新屋四郎左衛門、高石屋四郎左衛門、酢屋治兵衛、鰯屋《いわしや》九郎次郎、荘屋《しょうや》藤左衛門、阿

注記：縁故欄（※は新規年寄に縁のある者）

員数	経歴筋	古割符	縁故	氏名	斤数	預り糸
1	新規年寄			新屋四郎左衛門	200	40
2	新規年寄			高石屋四郎左衛門	200	40
3	新規年寄			酢屋治兵衛	200	40
4	新規年寄			鰯屋九郎次郎	200	40
5	新規年寄 古来平の内	○		荘屋藤左衛門	200	40
6	新規年寄 古来平の内	○		阿賀屋九郎右衛門	200	40
7	新規年寄 古来平の内	○		銭屋平左衛門	200	40
8	新規年寄 古来平の内	○	*	駿河屋与左衛門	200	40
9	新規年寄 古来平の内	○		伊丹屋六左衛門	200	40
10	新規年寄 古来平の内	○		鶴屋太郎左衛門	200	40
11	新規年寄 古来平の内	○	*	伊丹屋宋不	200	40
12	古来年寄	○		海部屋平右衛門	57	21.4
13	新規			海部屋三郎右衛門	57	21.4
14	新規		*	小西次郎兵衛	57	21.4
15	新規			具足屋六左衛門	53.5	10.7
16	新規			海部屋又左衛門	53.5	10.7
17	新規			伊勢屋道務	50	
18	新規		*	錢屋孫三郎	34	6.8
19	新規		*	五貫屋次郎左衛門	34	6.8
20	新規		*	小刀屋宗信	34	6.8
21	新規			櫛屋与三右衛門	34	6.8
22	新規			阿武屋徳左衛門	34	6.8
23	新規			平野屋宗友	34	6.8
24	新規			しま屋宗園	34	6.8
25	新規		*	小西勘太郎	34	6.8
26	新規		*	粋屋長五郎	34	6.8
27	新規			紙屋次郎左衛門	28	5.6
28	新規		*	住吉屋治右衛門	28	5.6
29	新規			大阪屋庄兵衛	17	3.4
30	新規			布屋七左衛門	17	3.4
31	新規			海部屋善兵衛	17	3.4
32	新規			小西冶右衛門	17	3.4
33	新規			住吉屋幸之助	17	3.4
34	新規			京屋隆賀	14	2.8
35	新規			櫛屋治兵衛	14	2.8
36	新規			海部屋宗悦	14	2.8
37	新規			八丈孫左衛門	14	2.8
38	新規			河邊市郎右衛門	14	2.8
39	新規			紅粉屋彦右衛門	14	2.8
40	新規		*	錢屋五兵衛	14	2.8
41	新規		*	伊丹屋善右衛門	14	2.8
42	新規			小西清左衛門	14	2.8
43	新規			櫛屋長左衛門	14	2.8
44	新規			帯屋庄右衛門	14	2.8
45	新規			鰯屋太郎兵衛	14	2.8
46	新規			駿河屋長左衛門	14	2.8
47	新規			金屋半兵衛	14	2.8
48	新規			日野屋喜兵衛	14	2.8
49	新規			酢屋小太郎	14	2.8
50	新規			河邊吉松	14	2.8
51	新規			京屋長左衛門	14	2.8
52	新規			櫛田九郎左衛門	14	2.8
53	新規			日野屋利左衛門	10	3
54	新規			酢屋了運	10	3
55	新規			奈良屋次郎吉	10	3
56	新規			大和屋善兵衛	10	3
57	新規			松本了仁	10	3
58	新規			斗斗屋長三郎	10	3
59	新規			木島屋市郎兵衛	10	3
60	新規			櫛屋六兵衛	10	3
61	新規			小刀屋長左衛門	10	3
62	新規			布屋冶左衛門	10	3
63	新規			紅粉屋喜右衛門	10	3
64	新規			木屋清兵衛	10	3
65	新規			和田利兵衛	10	3
66	新規			粋屋徳左衛門	10	3
67	新規			和泉屋与三兵衛	10	3
68	古割符の内	○	*	海部屋宗良	120	24
69	古割符の内	○	*	阿賀屋久右衛門	60	22
70	古割符の内	○		日野屋利兵衛	60	22
71	古割符の内	○	*	帯屋源兵衛	57	21.4
72	古割符の内	○		海部屋彦右衛門	57	21.4
73	古割符の内	○		海部屋庄三郎	53.5	10.7
74	古割符の内	○		糸屋治兵衛	53.5	10.7
75	古割符の内	○		柳屋長兵衛	34	6.8
76	古割符の内	○	*	帯屋甚右衛門	34	6.8
77	古割符の内	○	*	帯屋四郎兵衛	34	6.8
78	古割符の内	○		茶碗屋吉左衛門	34	6.8
79	古割符の内	○		大和屋利左衛門	34	6.8
80	古割符の内	○		海部屋利兵衛	34	6.8
81	古割符の内	○	*	五貫屋作右衛門	34	6.8
82	古割符の内	○		山口屋宗閑	28	5.6
83	古割符の内	○		大津屋九左衛門	28	5.6
84	古割符の内	○		具足屋喜右衛門	28	5.6
85	古割符の内	○		高三清兵衛	17	3.4
86	古割符の内	○		布屋重兵衛	17	23.4
87	古割符の内	○		山口屋庄右衛門	17	3.4
88	古割符の内	○		具足屋浄久	17	3.4
89	古割符の内	○	*	平野屋善次郎	17	3.4
90	古割符の内	○		奈良屋宗玄	17	3.4
91	古割符の内	○		具足屋宗専	17	3.4
92	古割符の内	○	*	阿賀屋源左衛門	17	3.4
93	古割符の内	○		平野屋彦八郎	17	3.4
94	古割符の内	○	*	紙屋与兵衛	17	3.4
95	古割符の内	○		石田屋宗役	17	3.4
96	古割符の内	○	*	鰯屋七左衛門	14	2.8
97	古割符の内	○		酢屋久左衛門	14	2.8
98	古割符の内	○		小西宗忍	14	2.8
99	古割符の内	○		安井加兵衛	14	2.8
100	古割符の内	○		阿波屋宗左衛門	14	2.8
101	古割符の内	○		斗斗屋三郎右衛門	14	2.8
102	古割符の内	○		茶碗屋重兵衛	10	3
103	古割符の内	○		酢屋又右衛門	10	3
104	元禄２年（1689）追加			斗斗屋市兵衛	50	
105	元禄２年（1689）追加			西九郎兵衛	17	
106	元禄２年（1689）追加			和泉屋次郎吉	17	
107	元禄２年（1689）追加			谷新左衛門	14	
108	元禄２年（1689）追加			伊予屋宗	9	
109	元禄２年（1689）追加			表屋宗心	9	
110	元禄２年（1689）追加			河内屋作兵衛	9	
111	元禄２年（1689）追加			河崎屋吉左衛門	9	
112	元禄２年（1689）追加			奈良屋吉左衛門	9	
113	元禄２年（1689）追加			くけ屋市左衛門	9	
114	元禄２年（1689）追加			日比屋七郎兵衛	8	
115	元禄２年（1689）追加			綿屋宗慶	8	
116	元禄２年（1689）追加			伊勢屋市左衛門	8	
117	元禄２年（1689）追加			八丈甚左衛門	8	
118	元禄２年（1689）追加			満田長左衛門	8	
119	元禄２年（1689）追加			京屋徳兵衛	8	
120	元禄２年（1689）追加			多木右兵衛	8	
121	元禄２年（1689）追加			八百屋又右衛門	7	
122	元禄２年（1689）追加			奈良屋甚左衛門	7	
123	元禄２年（1689）追加			奈良屋是安	7	
合計					4693	1010

糸割符制度の復活（貞享二年）で任命された堺の糸割符仲間

賀屋九郎右衛門、銭屋平左衛門、駿河屋与左衛門、伊丹屋六左衛門、靏屋《つるや》太郎左衛門、伊丹屋宋不の十一名が惣年寄となります。この惣年寄十一名のうち十名が新規年寄であり、従来からの継続年寄は伊丹屋宗不《いたみやそうふ》のみです。

この惣年寄十一名がそのまま糸割符年寄に任命され、計百三名の新しい糸割符仲間が決められます。構成を見ると、百三名のうち惣年寄の新屋四郎左衛門、高石屋四郎左衛門、酢屋治兵衛、鰯屋九郎次郎の四名を含め六十名が新規に仲間に加わりました。惣年寄の配分は群を抜いており、新規年寄に縁のあるものが二一名（表中＊印）加えられています。

旧糸割符仲間のうち、新規年寄の縁故や当時の財力のある四三名は参加を認められたものの大部分の旧糸割符年寄筋目と糸割符仲間は外されており、新規年寄の力は相当なものでした。これは、発足当時から約八十年経過し町人の勢力図が変化していることを示しています。

外された旧糸割符年寄筋目と糸割符仲間の者が、堺奉行所や幕府及び新規糸割符年寄に対し不当であると抗争し、訴訟事件に発展しました。旧糸割符年寄筋目として唯一残った伊丹屋宗不が、旧糸割符年寄筋目から目の敵にされます。この復活した糸割符制度に直面した堺の糸割符仲間の心境を記したものが、「糸乱記」です。結局、元禄二（一六八九）年には旧糸割符年寄筋目の主張も加味され、若干の配分がされ一応決着をみます。表の元禄二（一六八九）年追加二十名がこれにあたります。当初除かれた古割符の人々の集会には一五七名が参加しており、結局九四名は外されたことになります。元々の古割符仲間は当初三七名だったものが廃止前には二百名に上っていたことになります。

貞享二（一六八五）年に復活した糸割符仕法はその後元禄十（一六九六）年に再び大改正が行われ、翌年実施されます。それまで生糸の配分の基準が五ヶ所に対して題糸四七〇丸となっていたものが、元禄十一（一六九七）年には現糸五百丸に改められ、それ以後生糸の量目だけの配分となり、結果的には糸割符仕法による利潤は急速に少なくなりました。しかも幕府の呉服所には現糸七百丸の救い糸が配分され、長崎現糸百五十丸、堺・京都・江戸百丸、大坂五十丸とされたので堺の優位性も無くなり、トップは地下の長崎に奪われる結果となったのです。以後生糸貿易は衰退の一途をたどり、国産生糸の和糸が輸入生糸に取って代わり絹織機業界に進出していきます。

さらに、宝永六（一七〇九）年には呉服所現糸七百丸が廃止され、五ヶ所糸割符仲間のみ五百丸が配分されました。十八世紀に入り糸割符仲間も衰退期に入っており、糸乱記の執筆された享保四（一七一九）年頃は糸だけを頼りにして生きてきた商人は末期の困窮を迎えていました。

糸割符に関わった酢屋の変遷を見ると、材木町（北本町郷）の酢屋（長左衛門・喜右衛門）が慶長九（一六〇四）年に始まった糸割符制度に最初から関わっています。堺の百二十丸のうち四・六％を占有し、復活した貞享二（一六八五）年の糸割符制度では元禄時代南郷の宿老であった治兵衛が一人で百二十丸のうち四・五％を占めたので全体で五・七％以上となり、「糸乱記」が書かれて六十年経った天明元（一七八一）年の糸割符取締覚によると、北郷四名、南郷三名計七名を数え六・二五％を占めているので発足当初から百八十年経過してむしろ占有比率は増加していきます。

天明元（一七八一）年時点で糸割符に関わる大商人数は、堺九六人・京四五人・大坂三五人・江戸六人となっているので、日本の大商人の数は堺が依然一位でした。この制度は幕末まで続きますが、日本国内における生糸の生産が増加し、輸入生糸の重要性が低下したことから、仲間の取り扱いは糸から唐物薬種に変化していきます。

３　元和の町割と元禄堺大絵図

元和元（一六一五）年の大坂夏の陣の前哨戦で、豊臣秀頼方の大野治胤《おおのはるたね》（道賢《どうけん》）によって堺の町は焼き討ちに遭い全てを焼失します。焼き討ちは堺商人が糸割符貿易でにぎわっているなかでの被害でした。道賢は堺の町を家康側の資金源だと見ていたのでしょう。

夏の陣で豊臣家が滅亡した後、堺は徳川幕府の直轄領となります。堺の復興をするにあたり、堺奉行を兼務していた長崎奉行の長谷川藤広が、地割奉行風間六右衛門《かざまろくうえもん》に命じて復興・区画整理（元和の地割）を行います。新たに三方に濠（土居川）が掘られ、周囲には寺院を配し、碁盤目状の街路等も整備されて、堺は新しい近世の環濠都市に生まれ変わりました。環濠の中には農地は無く、六右衛門の祖先は日蓮宗の大信者であったため日蓮宗の寺院が他宗派寺院より広く、中心部に割り当てたとされます。

町の規模については、それまでの環濠都市よりも一回り小さいものであるとされ、街路の位置や方向もそれまでとはすこし異なっているといわれています。元和の町割から七四年経過した元禄二（一六八九）年に町奉行などによる都市管理運営の基本図が造られます。整然とした短冊形の屋敷地割ごとに、所有者の名前、間口、奥行が明記された詳細なもので、全九枚の部分図をつなぎ合わせると、全体として三十畳ほどの巨大な元禄堺大絵図となります。

区割の基本は元和の町割と変わらないとされますが、住民の階層化が進み区画が大きくなっているといわれています。

堺は南北の庄に分かれ、各庄の支配者が変遷するなか、独自の自治権も生まれてきました。徳川時代になっ

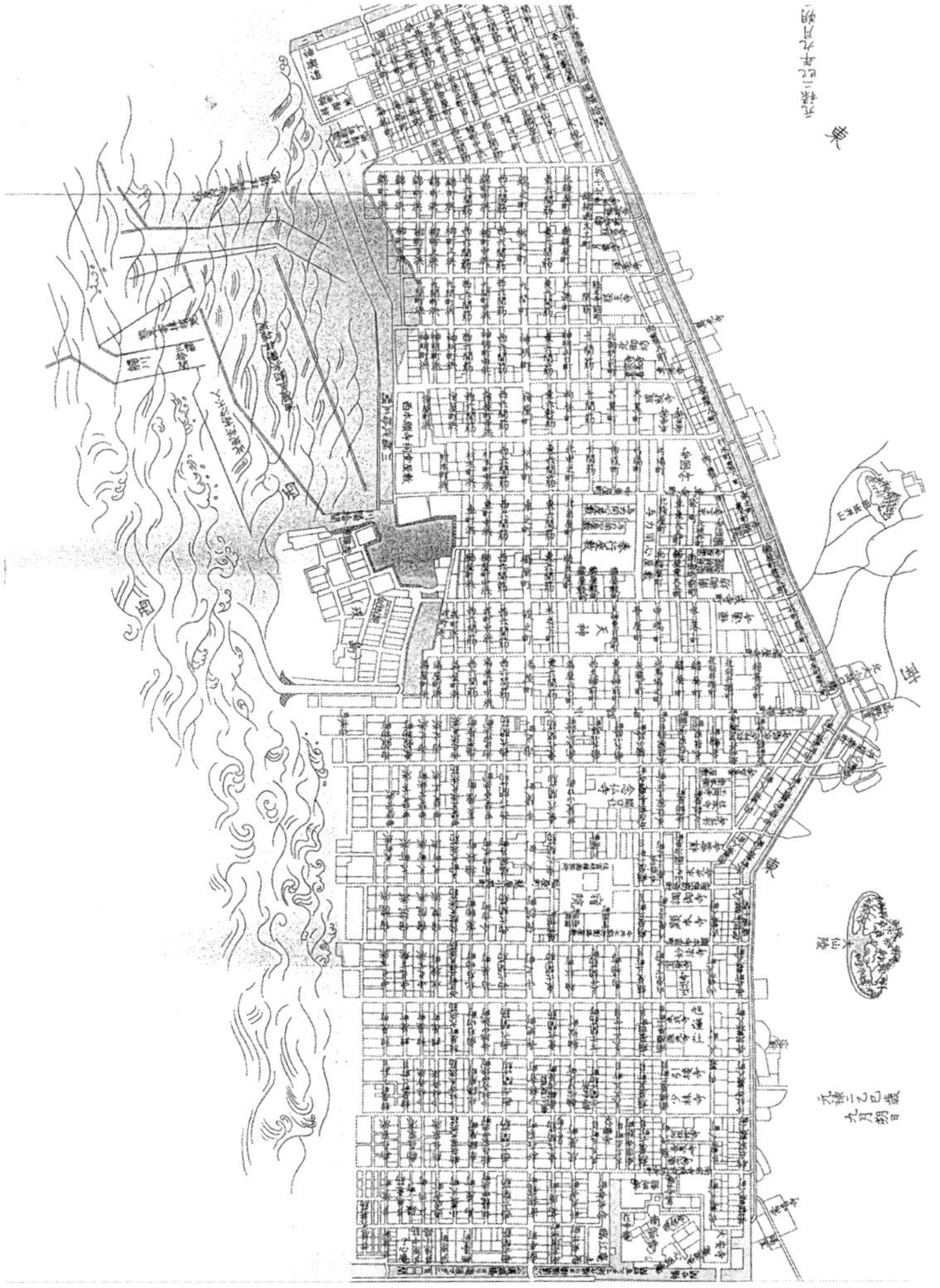

元禄堺大絵図（前田本転載）

て一つの幕府領になり、今までの呼び名を踏襲し大小路をはさんで北と南に別れ、各々本郷と端郷の四辻に分けて町組の自治組織が出来ます。この四つの郷から、会合衆の時と同じように十一名の惣年寄を決め、環濠都市の運営をしたのです。貞享二（一六八五）年の糸割符制度の復活時に新規惣年寄になった十名と、古来年寄の伊丹屋宋不が元禄二年も惣年寄を続けており、このメンバーが元禄大絵図の承認をしています。

寛文四（一六六四）年には、堺の濱に突如戎島が出現しました。戎島新地に惣年寄が土地を優先的に取得する権利を得ており、元禄大絵図にはそのうち七名が掛屋を設けています。ちなみに酢屋治兵衛が、戎島の広大な西本願寺祠堂屋敷のその脇に掛屋を構えています。

堺の場合、当初の糸割符仲間は年寄十人を含む計三七人の有力町人で形成されていました（高三過去帳）。御手鑑によると、古来糸割符として酢屋長左衛門と酢屋喜右衛門が含まれていますが、酢屋喜右衛門は戎島に掛屋がありますが住居地を大和郡山に移していますので、地図には含まれていません。酢屋久左衛門・了運・六左衛門・長左衛門・又右衛門・又左衛門・五郎右衛門・五郎左衛門八名の所有地が北郷にあり、酢屋忠兵衛・喜兵衛・徳兵衛・治兵衛・助右衛門・九兵衛・長兵衛・市兵衛・庄兵衛・妙意十名の所有地が南郷にあります。

北郷の酢屋の特徴は○左衛門・○右衛門の衛門系です。衛門というのは兵衛同様、近衛府から始まった律令時代の官位であり、○左衛門は楠木氏が左衛門尉を名乗ったことから始まり、南朝時代酢屋家の一部を楠木・和田氏系の人物が継いで生まれた家系であると思います。○右衛門については、畠山基国が右京督を任じた際、その家臣が右衛門尉や右京亮を名乗ったことから始まった家系であると考えます。畠山基国時代には隅屋藤九郎の家系が含まれており右衛門系に該当すると考えますが、定かではありません。八名中五名が材木町大道に位置し、了運の名前からも小西家同様、遣明船と本願寺や堺堅木屋御坊再建に関わった人々の

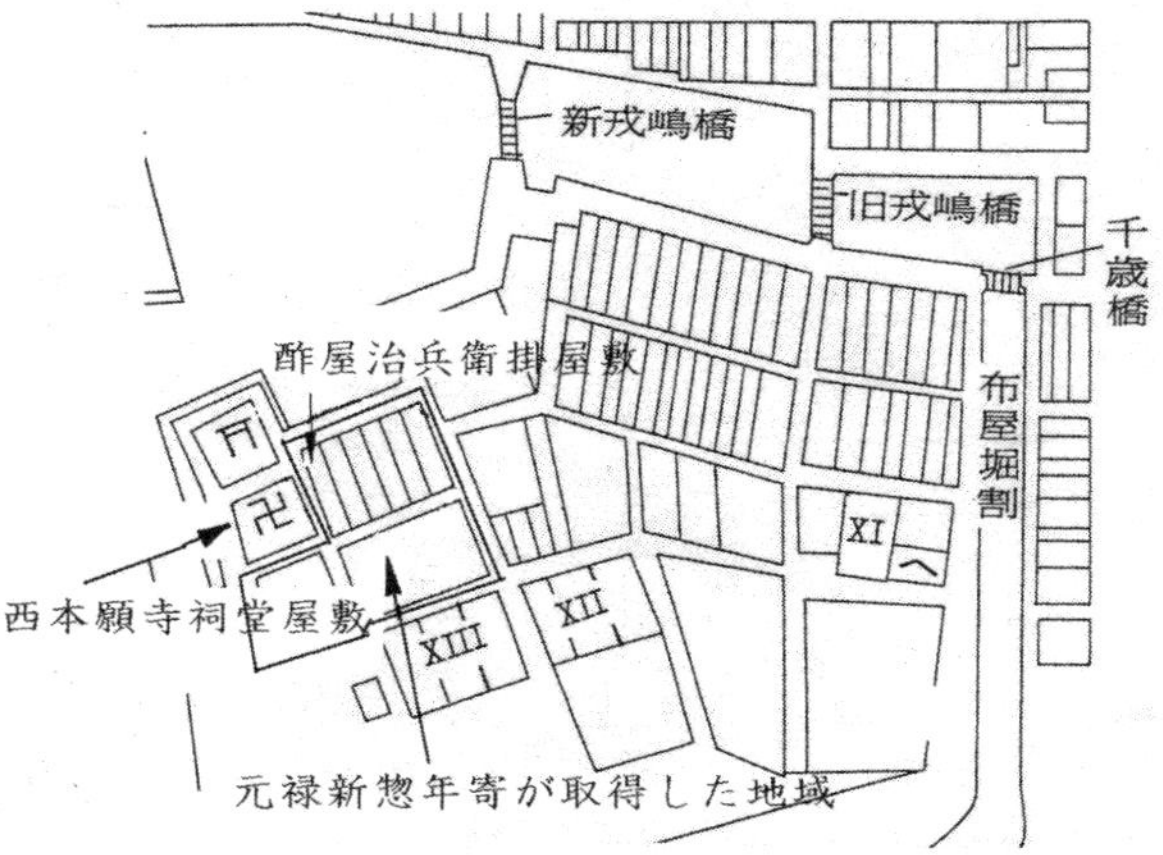

元禄堺大絵図（前田本）に加筆された戎島の町割

名　前	町　名	区画サイズ（間口×奥行き：単位：間）	備　考
酢屋市兵衛	中之下浜	16×6	
〃	中之下浜	9×8	
〃	中之下浜	3×8	
酢屋喜兵衛	大黒町	2×9	
酢屋九兵衛	少林寺町西六間筋	2.5×6	
酢屋久左衛門	材木町大道	9×21	元禄元年割符糸19斤下附される（顕）
〃	不明		天保5年北組総年寄
酢屋五郎右衛門	神明町大道	4×21	
酢屋五郎左衛門	綾山口町	4.5×12.15	
酢屋治兵衛（次兵衛含む）	少林寺町東六間筋	4×9	元禄2年南端郷総年寄
〃	戒島	5×22	
〃	少林寺町大道東	11×21	
〃	不明		
〃	少林寺町東六間筋	6×11	
〃	少林寺町大道東	5×21	
〃	少林寺町大道東	5×21	
〃	大工三丁目	10×10	
〃	大工三丁目	7.5×10	
酢屋庄兵衛	中之町大道西	4×21	
〃	中之町大道東	2×21	
〃	中之下浜	8×18	
酢屋助右衛門	少林寺町大道東	4×10	
酢屋忠兵衛	大小路町	3.5×10	
酢屋長左衛門	材木町大道西	5×21	
酢屋長兵衛	絹屋四丁目	3×10	
酢屋徳兵衛	少林寺町大道西	7×10.21	
〃	少林寺町大道西	2×9	
〃	少林寺町大道西	3.5×9	
〃	少林寺町大道西六間筋	7×16	
酢屋又右衛門	材木町大道西	4.5×21	
酢屋又左衛門	宿屋町大道東	4×21	
酢屋妙意	馬屋町	5×5.5	
酢屋了運	材木町大道	6.5×21	元禄元年割符糸15斤下附される（顕）
〃	本在家町	7×8	
〃	本在家町	8×8	
酢屋六左衛門	材木町大道	3.5×21	

元禄大絵図における酢屋のロケーション

後継者です。

一方南郷の酢屋の特徴は兵衛系です。河内にルーツをもつ一須賀の酢屋二郎兵衛の後裔にあたります。全て応仁の乱後、畠山義就と共に河内に下向し堺を占有した際、物資・資金補給のため入った者です。

堺の酢屋には兵衛系と左衛門系および右衛門系の三系統があり、室町時代からの商権は為替と米、材木と遣明船貿易にあったと考えられます。全て畠山総州家の家臣であり、本願寺に関わった門徒であったのですが、出自とそれぞれの経験に差があり商圏にも特徴があったのです。南郷に助右衛門の名があるように、兵衛系の中に右衛門系が加わっています。この三つの酢屋は堺に入った後、姻戚関係を深め、江戸時代ほぼひとつの屋号を形成してゆきます。

4　酢屋治兵衛家と小西家の縁組

元禄絵図では北郷の宿屋町・材木町の大道を有力商人が占有します。小西行長を生んだ小西家も宿屋町大道を占めます。後に惣年寄となる酢屋治兵衛が、二代目小西宗清の二女・きよと結婚しますが、きよが寛永五（一六二八）年に亡くなり、三女のひさを再室として迎えます。そして子供が生まれ、その子が小西勘太郎として小西家五代目を継ぎ、新規糸割符仲間として宿屋町の一角を占めることになります。

この後小西と南郷の酢屋兵衛家は、この町に作られる薬種仲間として関係を深めることになります。

5　延長寺と南郷の酢屋

江戸時代になるとキリスト教の禁教令から宗門改めが行われ、宗旨人別帳が作られ檀那寺が決められます。北郷の材木町や宿屋町・神明町に属する門徒衆は堺御坊（真宗寺）を檀那寺としますが、南郷に属する、助右ヱ門を含む酢屋兵衛一族の檀那寺はどこであったのでしょうか。

元禄堺大絵図には、新在家町大道西に延長寺の祠堂の表示があります。延長寺はその相続記録によると、

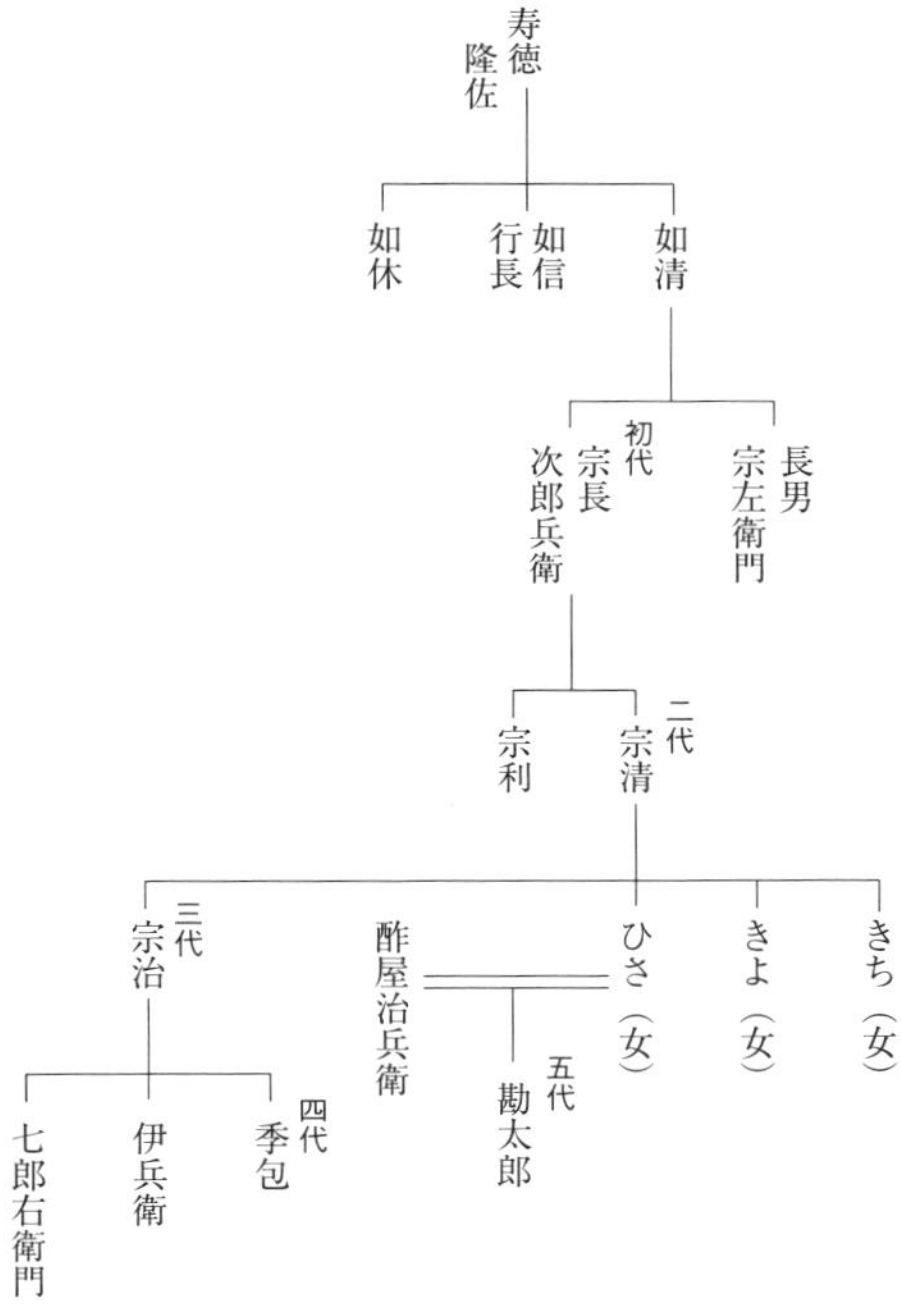

酢屋治兵衛と小西家の関係図

平安時代の第六十代醍醐天皇の在位中の延長年間（九二三〜九三一年）に建立され、真言宗の霊地塩穴の荘、舳松《へのまつ》にあり、建立年間が延長寺の名前の由来であるとされます。それから時代を経て本願寺第八代蓮如上人が堺に来られた際、寺の尭英蓮師《ぎょうえいれんし》が深く帰依し弟子となり、真宗の道場となったとあります。ほぼ堅木屋道場誕生と同じ状況で生まれたのでしょう。

その後元亀三（一五〇三）年、一世教斎《きょうさい》師が顕如上人より御免状を受け、元禄二（一六八九）年、七世善秀師の時、改地申請があったとされます。改地申請承認には、時の奉行佐久間宇右衛門はじめ与力・同心に加え南本郷及び南端郷の惣年寄の名があり、惣年寄である酢屋治兵衛が改地に関わっています。もともと塩穴荘の舳松にあった寺が元名の町割りで北農人町に移り、不便となった南郷の門徒宗のため、南端郷にも祠堂が出来たと考えられます。

延長寺は、元禄時代には南郷の酢屋治兵衛一族にとっての檀那寺であったのです。享保八（一七二三）年、延長寺は九世隆現師の時御開山とあり、現在の西湊（湊村）に移転・建立されました。

その二　薬種商酢屋の江戸進出と人参三臓圓

1　堺薬種商の始まり

応仁の乱以降、日本一の貿易港となった堺では、遣明船を仕立てて数多く中国に渡り、人参や甘草などの

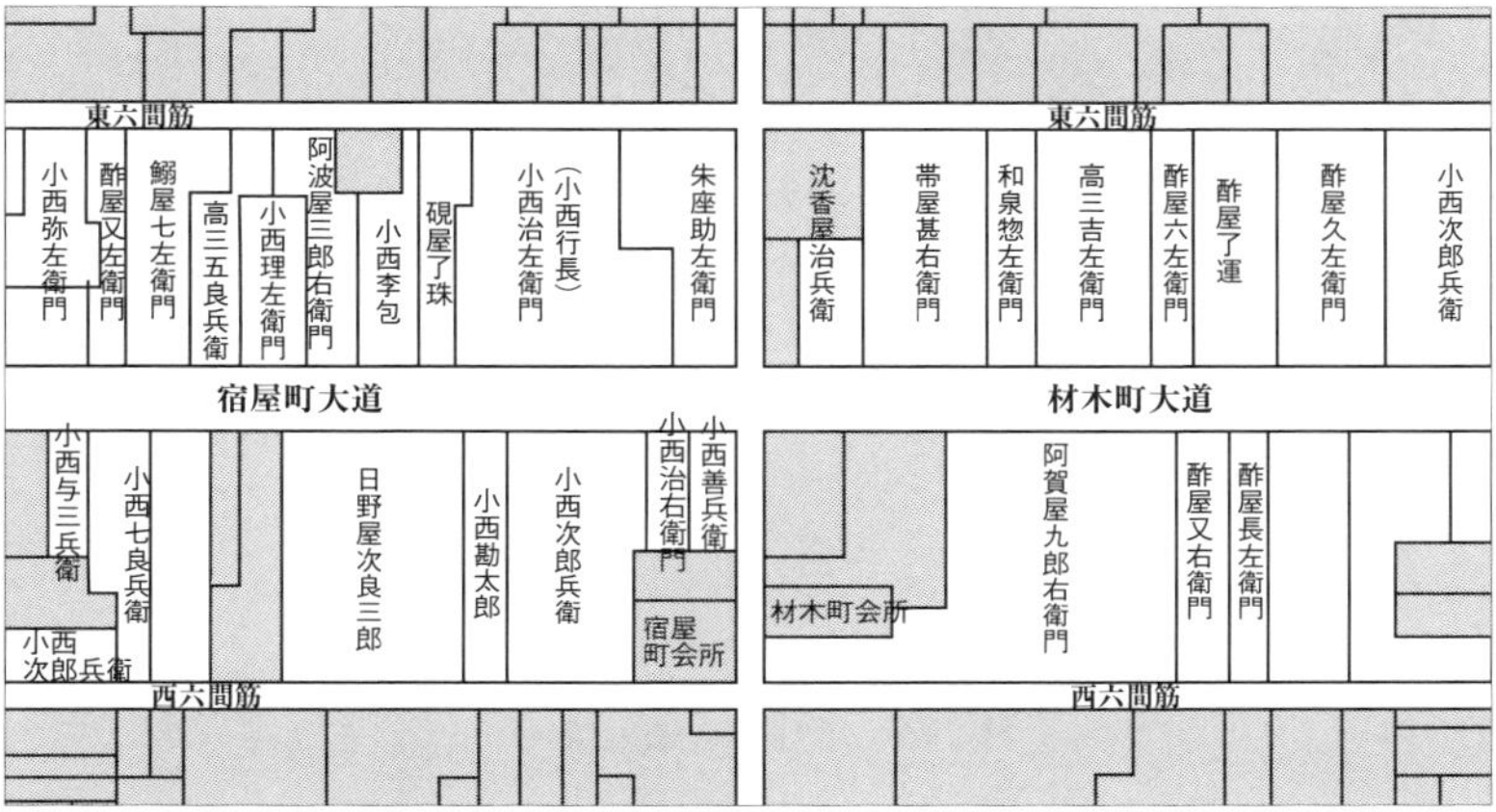

元禄堺大絵図に見る宿屋町・材木町大道筋の家名

薬種や砂糖や金魚までも持ち帰られるようになりました。天文七（一五三八）年には、石山本願寺の資金をバックに堺の商人が渡航する唐船の建造のお礼で、小西宗左衛門が代表して石山本願寺の証如を訪ねています。天文十七（一五四八）年には堺御坊が完成しており、堺の門徒商人はこの船を利用して唐薬種を得たことで、薬種商の基礎が出来たのでしょう。江戸時代の堺と長崎を結ぶ糸割符貿易が次第に生糸から唐物薬種に変化していく中で、酢屋や小西は今までの経験を生かし、薬種業を発展させたのです。

天正九（一五八一）年に小西次郎兵衛が宿屋町に住んだという記録があります。材木町の酢屋を含め、天正年間に薬種商が宿屋町に集まってきて元禄絵図にある宿屋町の原型が出来上がりました。元和の町割によって有力な糸割符商人は南北郷のメイン道路である大道筋に軒を並べていますが、そのうち薬種を扱う唐物問屋は宿屋町や神明町が中心でした。なぜ宿屋町なのかというと、堺御坊の寺内町の機能として旅宿も兼ねていたのでしょう。元禄絵図によると宿屋町大道東には酢屋又左衛門、大道西に小西勘太郎（酢屋治兵衛の子）がおり、その隣が小西次郎兵衛家となっています。神明町には酢屋五郎右衛門、宿屋町の大道筋以外に酢屋喜兵衛・長兵衛が住んでいます。

ちなみに、宿屋町大道東の小西治右衛門家は小西行長の出自地とされます。小西家と大道西の日野屋次郎兵衛家で宿屋町の大部分を占めており、酢屋は小西、日野屋双方と姻戚関係にあり、宿屋町の中心部はこの三者で占有していたことになります。堺の薬種商は宿屋町から始まったのです。

2　江戸本町に進出した堺の薬種商

天正十八(一五九〇)年、豊臣秀吉は天下平定の大義名分を掲げ、後北条氏を征伐します(小田原攻め)。八月、江戸城が開城され、秀吉より後北条氏旧領の関八州を与えられた徳川家康は駿府（静岡）から入城します。

家康のまず取り掛かった仕事は根拠地としての江戸の町づくりでした。その政策の柱は、舟運による経済基盤の整備と家臣や町人たちを住まわせる城下町の整備でした。関ヶ原の戦いが終わり、慶長八（一六〇三）年、征夷大将軍となり、この地に幕府を開くと同時に天下普請を開始します。その主な内容は開いた運河に日本橋、京橋といった橋を架け、日本橋を流通起点とした五街道の整備をします。そして日本橋を中心に江戸城の周囲に武家や町人、寺社などの居所を定めた町割りを行います。

最初に行った日本橋の江戸本町には主に堺の薬種商が集められ、くすりの町として賑わい始めます。江戸《えど》本町《ほんちょう》の本町という町名は、江戸の中で始めに造られた「おおもとの町」という意味です。いわゆるお江戸日本橋は家康が東洋一の貿易港である堺の商人を誘致した、ほぼ堺の薬種商よって造られた町です。現在も大阪の道修町同様、医薬品メーカーの本社の集まっている町です。ちなみに佃煮の語源である佃島の漁師さんも、大坂の佃から引っ越してきた人々です。日本橋に来た薬種商や江戸に誘致された門徒衆のため、当初西本願寺は日本橋浜町に作られましたが、その後大火により消失、浅瀬の海への移転を命じられます。この浅瀬の埋め立てに佃島の漁師さんが協力してできたのが築地であり、今の築地本願寺です。

堺の商人の誘致は本能寺の変後の伊賀越え逃避行に端を発し、糸割符制度で貿易の根幹を堺商人に任せたことに関係あると言えます。具体的には慶長十四（一六〇九）年、堺の鰯屋市左衛門《いわしやいちざえもん》が家伝薬「調痢丸《ちょうりがん》」の販売を始めて賑わったとされるので、この頃堺より江戸本町に進出したのでしょう。大坂冬の陣もまだ起こっていない時期に、堺の商人は江戸で商売を始めたのです。

3　江戸本町・薬種問屋仲間の結成と和薬改会所の設置

江戸本町が始まって百年が経過した正徳五（一七一五）年、この江戸本町三丁目の薬種問屋二四人が「薬種問屋仲間」を結成、公儀公認の問屋となります。出身地と名前を見ると、江戸の堺屋というのは家康が駿府城を築いた際駿河に進出した小西が名乗った屋号であり、大阪の小西・日野屋も元々は堺から発展した家系で、桐山太右衛門《きりやまたえもん》（江戸）と伊勢屋吉兵衛《いせやきちべえ》（三重・松阪）を除いて、すべて堺出身者で占めています。元禄堺絵図にある宿屋町の町割の小西―日野屋―酢屋ラインがそのまま江戸に移ったといえます。ここは堺の唐薬問屋の江戸支店なのです。

十七世紀後半から市場経済は発達していきます。八代将軍徳川吉宗《とくがわよしむね》は享保の改革の一環として和薬政策を実施します。薬として使える薬草を探し新薬を発見する目的で、幕府は本草学の学者を雇い、採薬使として全国を調査させます。すでに唐薬種については薬種真偽の吟味が行われ、世間の信頼を得ていました。しかし和薬種については偽物が出回り信頼性が薄く、流通経路も定まっていませんでした。国産の和薬を認定し

江戸本町三丁目薬種問屋仲間　　正徳５年（1715年）

大坂	小西利左衛門	大坂	小西長左衛門
堺	日野屋長左衛門	大坂	日野屋治兵衛
堺	日野屋七左衛門	江戸	日野屋嘉兵衛
江戸	伊勢屋吉兵衛	大坂	日野屋六兵衛
江戸	大和屋庄兵衛	江戸	堺屋弥兵衛
堺	鰯屋忠兵衛	堺	鰯屋五兵衛
江戸	鰯屋清三郎	堺	酢屋又左衛門
堺	酢屋三右衛門	堺	奈良屋庄左衛門
堺	酢屋久左衛門	江戸	堺屋五郎兵衛
堺	鰯屋市兵衛	堺	鰯屋八三郎

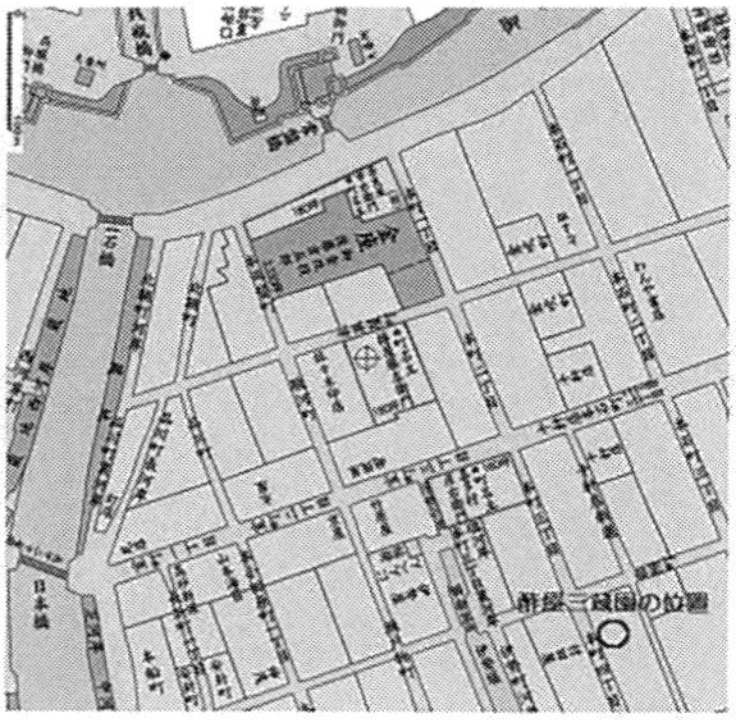

江戸本町酢屋三臓圓の位置と薬種店の賑わい（江戸名所図会江戸切絵図より）

諸国に薬草園を作り、国産の和薬を普及させようと考えたのです。

幕府はまず丹羽正伯《にわせいはく》と江戸の桐山太右衛門に和薬改めの方針に沿って和薬検査の活動を命じます。江戸の場合、関東の山々で採れた和薬を荷主が江戸に持ち込み、いろんな薬屋さんが思い思いに買っていました。これでは検査が徹底できないので和薬改会所という会所を作り、江戸に入ってくる和薬の検査をこの和薬改会所ですべて検査しようと考えます。一か所に集約する為に、まず和薬問屋を作ります。荷主は和薬をこの和薬問屋に持ち込み、検査を受けないと販売が出来ないというルールを取り決めます。

この和薬問屋に、江戸本町三丁目の薬種問屋二四人が検査役として任命されます。本町の問屋さん二四人が毎日三人交代で和薬改めの仕事をします。頭取は桐山太右衛門です。改めの仕事は薬の仕訳です。まず検査が必要な薬と検査しなくてよい薬に分け、次に検査が必要な薬は、新薬といままで名前が間違っていた薬を正しい名前で使うもの、そしてまったく効果がないので禁止にする薬の三つに分けます。そして重量検査まで行い荷物の改めが終わると、札に確認した内容と正味の重量、検査人三名の名前を入れます。そして荷物を店で預かり、薬種仲買人に口銭を取って販売したのです。

和薬種改会所の運営は検査料を荷主から取って運営します。この取り決めを和薬種六ケ条といいます。ただ和薬の価格については市場に任せ、幕府の関与はなかったようです。

吉宗は和薬改めの方法を全国に広めるよう指示します。享保七（一七二二）年六月、江戸・駿府・京・大坂・堺の薬種屋の代表を江戸に集めて講習を受けさせ、和薬種の検査の方法と基準「和薬種六ケ條」を展開させました。全国展開といっても江戸を含め五都市のみです。翌月この五都市に和薬種改会所を設立させます。各地からそれぞれの都市に入る和薬種の検査として「改め」を受けなければ販売できない体制を作りました。幕府の考えは、今後新薬となる和薬種が次々と発見されるわけだから、それを知らしめるために和薬種改会所を置くというものでした。

江戸より召出された大坂の薬種仲買代表の記録が薬種商仲間最初書抜として、乾《けん》の巻、坤《こん》の巻として残されています。これは道修町に残る薬種商始めの記録です。

享保七（一七二二）年五月、和薬（国産品）吟味の御用筋で大坂の伏見屋市左衛門《ふしみやいちざえもん》と福島屋吉兵衛《ふくしまやきちべえ》が仲間代表として江戸へ下向します。乾の巻は福嶋屋吉兵衛の出張報告書である江府（江戸）滞留日記の形で書かれています。それによると、享保七（一七二二）年五月十七日、大坂御番所（奉行所）および三郷年寄中から路銀として各々十両を受け取り十九日朝出発。東海道を十三泊して六月二日品川着。翌三日幕府の御月番へ挨拶ののち、江戸本町《えどほんちょう》（現・日本橋本町）三丁目薬種屋仲間二四軒に引き合わされ、堺、駿河、京、紀州の代表とも落ち合い、和薬種の真偽吟味につき、打ち合わせをすることになりました。場所は本草学者（当時の薬学博士）丹波正伯宅で、十一日から二五日まで吟味すべき和漢薬について協議を行いその指図を受けています。そして二七日に御月番から「大坂表でも和薬種改会所をつくり、諸国より集まる和薬種吟味を滞りなく勤めるよう」仰せつけられ、幕府要人と丹羽正伯に御礼を言上、本町三丁目仲間衆に暇ごいをして七月十日、帰途につきました。

坤の巻は、享保七年六月二一日の頃で、「丹波正伯老へ参り候上、お尋ねにつき大坂表薬種商人の品、書付をもって、申し上げ候事」で始まる文言が箇条書きの「覚」として記されています。

覚

一、大坂道修町薬種屋どものこと。

右薬種屋店の儀は、ご当地本町三丁目のごとく往古より同商売並び居り、諸薬種吟味いたし国々へ積み下し申す商人およそ百壱拾軒余り只今御座候。

一、道修町のほか、町々に薬種小売商人或は他の商売を兼ね候者どももおよそ七百軒余り御座候こと。内百五拾軒ばかりは、長崎諸荷物取りさばき仕る問屋に御座候。又拾軒余り和漢薬種相兼ね候問屋御座候。

一、大坂諸問屋どもへ、国々産の和薬手筋をもって積み上げ取りさばき仕る商人、町中に余多御座候。員数は計り難く候。

一、同裏店或は端々に獨身体にて利商人と申して、薬種取なヤミ申す者数多く御座候。

大坂の薬種商は、秀吉が大坂の城下町を形成した時に堺や京都から移った人々が始めました。ですから堺にも相談に行くことになっていました。七月六日、江戸に五都市の代表が集められ和薬種の検査の方法が決められ、和薬種改会所を設立することに関する覚書をもって江戸から堺に使者が戻ります。相談内容は改めの口銭の相談ですが、小西家に会えず酢屋の番頭に申し渡して京へ向います。この記録は、小西と酢屋のある宿屋町の様子が伺えるものです。

七月六日　伊勢屋吉右衛門殿、日野屋次郎兵衛殿使に而右大坂表会所口銭の事本町仲間より如何様成共了簡致候段、衆中被申此の方より行司衆被申越しは成る程ご尤もに存じ候。大坂表和薬買方多数御座候。仮令宣布ご相談御座候とても堅め登り申儀難仕候。併思入罷登り国許衆中相談可仕りと存じ、各々申談候此の儀何分大坂表において、問屋其外店中相談以っていかに何様と相極め可申候。とかく会所口銭江戸並びと申し儀、出雲守様へ申し上げ置き候ところ、所詮出方無き之候。而は、吟味会所難調候。上は御公儀御意難相達与両人行司衆へ申し帰し候。右の趣此の方より、堺・京・駿河へ可申通旨に候。よって、堺衆　酢屋又右衛門店に旅宿故に両人参り候ところ、（小西）清左衛門他出、（小西）弥左衛門寝被申。酢屋番頭　喜平次殿へ申置き候。京は、途中に而して、逢升屋庄兵衛殿へ（伏見屋）市左衛門被申し通り候。

ちなみに検査手数料（口銭）については、江戸と堺は荷主から口銭を取りますが、大坂は荷主だけでなく仲買が一部負担するシステムを作り、和薬の流通をし易くしています。堺には享保七（一七二二）年寅八月九日、和薬改会所が出来ます。堺奉行浅野《あさの》壱岐守《いきのかみ》長恒《ながつね》（任期正徳元年から享保十四年まで）と南北惣年寄名でお触れが出ます。堺では、和薬については和薬堺両郷諸問屋並びに井関新町湊村問屋者が神明町会所に持ち込み検査を行い、山家問屋（堺以外の和薬荷受問屋）には会所からの出張検査もあったようです。検査は江戸の本店である堺の唐薬問屋が運営したのです。

4　堺の和薬改会所の検討と生糸から和薬取扱いへの転換

堺では和薬改会所を作るにあたり、売り家がないか探しています。享保七（一七二二）年七月二六日に小西弥左衛門と小西清左衛門より、小刀屋庄左衛門《こがたなやしょうざえもん》に改会所の場所として、北材木町・宿屋町・神明町の通り筋に売り家がないか探すよう申し渡しています。売り家がなければ借家でもよいと依頼をし、結果二八日に対象となる売り家が三軒リストアップされ、大坂の会所を見学に行き、どういうものか確認した後、神明町の見通庄次郎屋敷を改会所と決めています。依頼を受けて二日間でリスト化され即決しています。また、新しく作るのでなく借家で済ませています。

堺の場合、江戸と違って従来の流通を守り、和薬検査のみ実施する方法が取られています。堺に会所設立のお触れが出され、同日番所に井関新町湊村問屋者が呼び出され、お触れの徹底もしています。

堺の宿屋町や郷内にとどまらず薬を扱う者が広がり、湊村にも薬種問屋がありました。当然大坂・道修町にも会所が作られ同様の町触れが出されています。会所設立に合わせ、いままで糸割符仲間であった戎島の問屋十軒が薬種取扱の届出をしています。その中に古来糸割符である酢屋喜右衛門が入っています。糸では食えなくなって和薬取扱いへ業種転換をはかったのです。

古来糸割符仲間であった喜右衛門家はすでに郡山城下へ転出しており、万問屋で塩の販売権を持っていました。堺の戎島には倉庫を兼ねた掛屋（営業所・倉庫）があり、郡山には薬園八幡神社《やくおんはちまんじんじゃ》（郡山市材木町）がありました。元は塩町の御旅所にあり春日社に属する薬園荘の鎮守として創祀されましたが、郡山築城に際して現在地に移された神社です。奈良時代から春日社の薬園があり、喜右衛門はその和薬を取り扱った山家問屋になったのです。いまでも郡山市堺町には堺から薬種商が進出した足跡が見られます。

5　道修町年行司への移行と酢屋治左衛門

元文三（一七三八）年五月に和薬改会所は廃止となります。和薬の品質が向上したことが理由ですが、実際は、薬種流通の統制につながる和薬種改会所に対して末端の業者の反感が強かったからと言われています。これで和薬問屋株は廃止となりますが、大坂では唐薬問屋五組に和薬問屋株を持っていた問屋を割り振り、全てが唐薬種・和薬種の兼業問屋となります。問屋二百九人は五組に分かれ、その上に各々組頭一人を決め、誰々組と名付けられ、その上に行司二人、さらに上に惣行司四人体制をとります。組織は変わりますがトップの体制は享保時代と変わりません。

その後、定行司三人の唐物抜荷吟味という不祥事があり、宝暦八（一七五八）年、唐物取締り政策の改変によって定行司廃止を申し渡され、組頭体制は宝暦十二（一七六二）年までに廃止され、年行司五人という体制になります。年行司は表向き奉行所の任命で決め、町奉行所への折衝・対応をする二百軒以上の唐薬問屋を代表する立場にあります。一年交替で行いますが、唐薬問屋の仲間内には年行司顔と呼ばれる二十人がおり、不足が出れば入札で適任者を選んで加え、毎年この二十人から五人を組み合わせて選ぶようになっています。家柄、資力、信望という条件を満足する者が選ばれたようです。

「道修町文書」には、宝暦十二（一七六二）年から寛政三（一七九一）年までの約三十年にわたる年行司名が残されています。酢屋については天明四（一七八四）年に治左衛門が年行司に就いています。安永年間から天明年間にかけて、堺宿屋町の酢屋清兵衛と倅藤七は大坂に移り、平野町二丁目の掛屋を営んでおり、平野町文書には伯父として治左衛門の記録も残っており、道修町で年行事であったとすることが裏付けられます。また天明四年十月十九日には唐薬問屋酢屋治左衛門と薬種仲買年行司伏見屋三郎兵衛が長崎から荷揚げした朝鮮人参について仲買価格が決まったその報告とその上納金を西番所に届けている史料もあります。唐薬年行司は上記の通りですが、薬種仲買の方も年行司体制になっているのです。上納金は唐薬問屋と仲買問屋が折半しています。

ちなみに唐薬種の価格や上納金の額の決め方ですが、長崎では中国船やオランダ船が生糸や唐薬種、荒物、唐紅毛などいろいろな商品を長崎に持ってきます。当初は糸割符五か所商人と言われ、堺・大坂・京都・江戸・長崎の商人の代表が二年交替で長崎に詰め、輸入されるすべての商品の入札を行い、そのお金を幕府に納めます。何が輸入されるのかわかりませんがすべて買い取るのです。

生糸が下火になり唐薬種が主流になると、五か所本商人と呼ばれます。例えば、大坂の本商人が落札した唐薬種は、櫃《びつ》に入れられ大坂に送られます。大坂で受け取った唐薬問屋行司は仲買行司に売り出しをします。仲買問屋仲間は、サンプルの品物を確認し、入札して買出し価格が決まります。価格が決まると荷の重量を計り、正味価格が決まり、それに本商人へのマージンを上乗せし、仲買人の買出し価格が決まります。この代銀に唐物問屋と仲買問屋の口銭（二％）を上乗せし支払い、全国に売り出すわけです。上納金は品物の種類と重さによって金額が決まっていたようです。

6 「江戸買物独案内」に見る薬種商酢屋が使った商標

江戸に最初に造られた町である江戸本町は、どのくらい繁盛していたのでしょうか。

江戸本町の薬種問屋二四人が「薬種問屋仲間」を結成し、その仲間は和薬改会所が廃止後、唐薬問屋と和薬問屋を兼ねる問屋となったはずですが、その後どうなったのかを示す資料があります。文政七（一八二四）年に出版された「江戸買物独案内《えどかいものひとりあんない》」です。「江戸買物独案内」は中川芳山堂によって作られた広告雑誌で、江戸の町における商工業者名鑑の役割を果たしています。現在でも日本橋の老舗と呼ばれる企業及び名店のほとんどが、この資料に掲載されていると言っても過言ではありません。いわゆる江戸のショッピングガイドブックです。

索引は多くの商店が業種毎・いろは順に分類され、下巻の「く」のページに薬屋があり、製薬、煉薬、膏薬、丸散、合薬、菓子の商店が紹介されています。「江戸買物独案内」に掲載のある薬種商酢屋の店舗は酢屋平兵衛（本町四丁目北側）、酢屋清兵衛（本町三丁目）、酢屋長左衛門（薬種問屋・本町三丁目）、酢屋嘉七（和漢・本町二丁目）、酢屋源助（本町三丁目・木橋通り）、酢屋彦兵衛の六軒を数えます。

平兵衛・清兵衛の特徴は十六葉菊のマークを商標に用い、人参三臓圓を販売しています。調合は大坂鰻谷三休橋筋の法橋吉野五運です。清兵衛には大坂鰻谷と江戸本町三丁目の両方が本店と書かれ、酢屋清兵衛が法橋吉野五運店の経営に関わっているように見えます。長左衛門店については同じく十六葉菊のマークを用い、同系列であることを示していますが、販売合薬名は朝鮮人参圓と異なり、調合は本家大坂伏見町の田邊屋作兵衛《たなべやさくべえ》製とあります。このほか酢屋長左衛門や小西九郎兵衛、伊勢屋彌兵衛が享保七年の和薬改会所

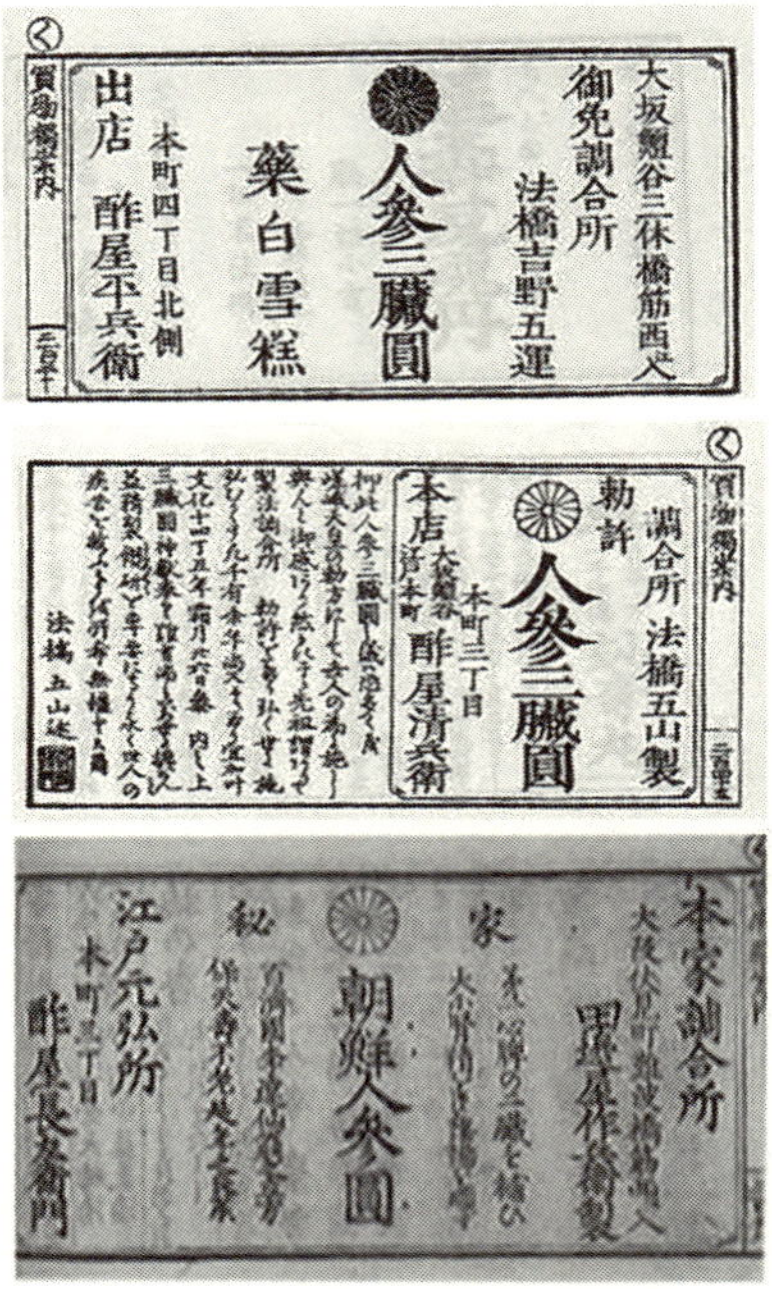

「江戸買物独案内」に見る薬種商酢屋の広告

を建てた時から続く大手の唐薬問屋ですが、和薬問屋株廃止によって生まれた唐薬《とうやく》と和薬を兼ねた唐和薬問屋として続いています。

商標を見ると、酢屋平兵衛や清兵衛が十六葉菊紋を商標として使っています。これは兵衛家の代々使用していた家紋であると考えられます。元々十六葉菊紋は後鳥羽上皇が好んで用いたとされ、承久の乱時には錦の御旗に使われた可能性があります。それが八条院荘園に伝わり酢屋兵衛家が用いていたのでしょう。石川上流の水分氏の水紋と下流の兵衛家の十六葉菊が合わさって楠木氏の菊水紋が生まれたのでしょう。楠木軍団の甲斐庄氏の紋も菊水紋の一種となっています。

十六葉菊紋は皇室紋と考えがちですが、明治時代になり公に使われたものであり、それも十六八重表菊（三二葉）です。元弘の乱での錦の御旗は日月紋であり、十六葉菊紋ではありません。武士の家紋は鎌倉時代に始まりますが、古くからあるその家紋を江戸時代に商標として使った一例であると考えられます。

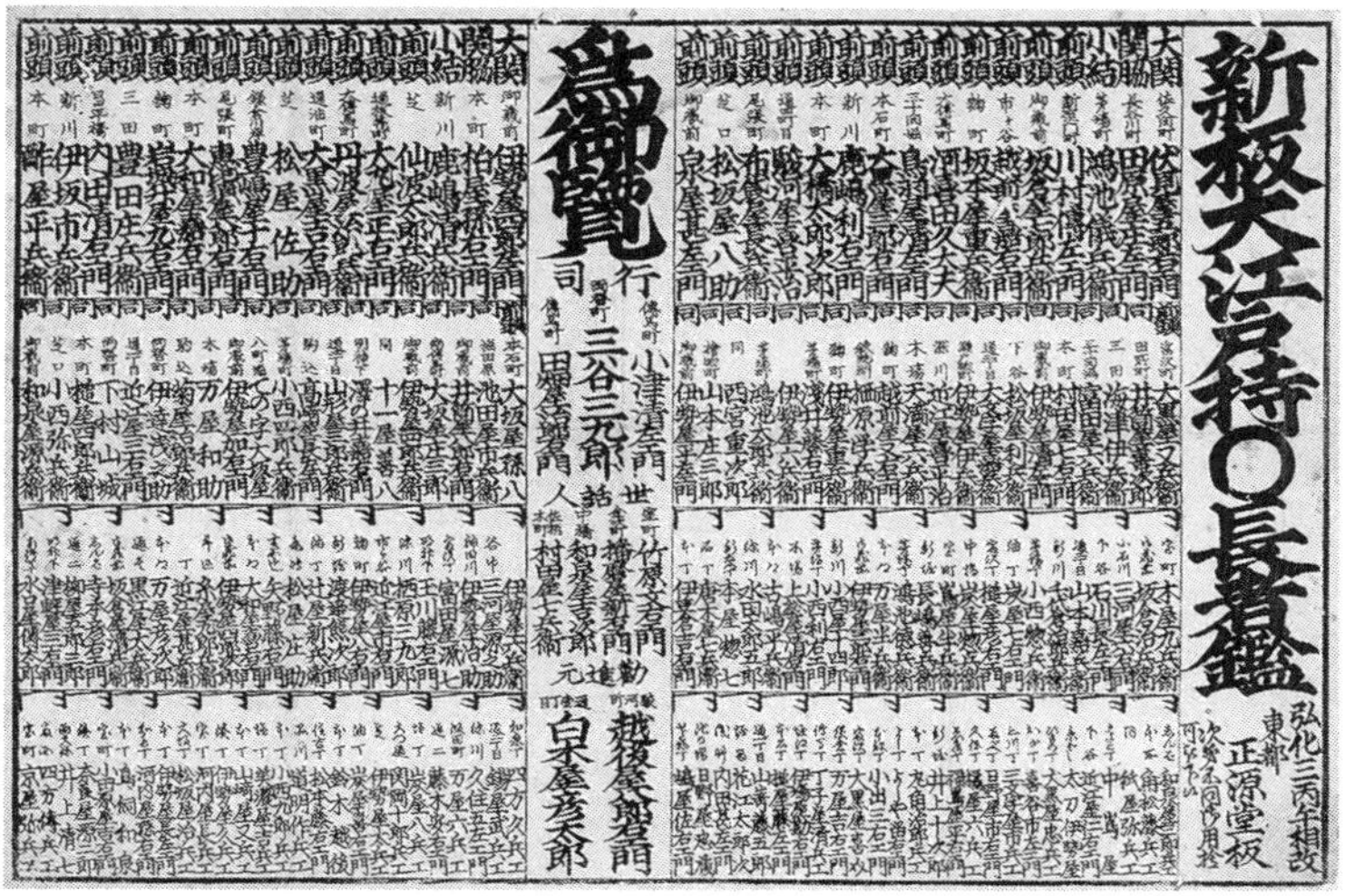

「新板大江戸持〇長者鑑」に入った江戸本町酢屋平兵衛（前頭、上段左）（東京都立図書館所蔵）

7 持〇番付と人参三臓圓

文化二（一八〇五）年頃の江戸日本橋を描いた絵巻に「熙代勝覧《きだいしょうらん》」があります。東京メトロ三越前駅地下コンコース壁面にも複製され鑑賞することができます。この中に江戸本町の薬種商である小西家の店(二丁目)の様子が描かれています。お店の屋根には「解毒《けとく》」の看板があり、右側にはめまいの漢方薬である「順血湯」の建て看板、薬袋の形の薬種小西と書かれた看板が見えます。本町三丁目の他の薬種商の店構えも同様であったと考えます。

文化文政の江戸の町は町人文化が花開き、「東海道中膝栗毛」等の滑稽本や浮世絵・歌舞伎・狂歌などが流行ります。その中で、何でも番付にして楽しむ風潮も生まれます。弘化三（一八四六）年の「新板大江戸持〇長者鑑」もその一つで、持〇とはお金持ちのことで、新版江戸の長者番付ベスト百人と言えるものです。他の番付を見ると、美味いそば屋の番付やら全国のお寺番付、けちの番付や器量の悪い女番付などもあり、町人の好奇心を満たす江戸の週刊誌的なものです。

この「新板大江戸持○長者鑑」に前述の「江戸買物独案内」に掲載がある本町・酢屋平兵衛が最上段の前頭（西左端）に載っています。文化十三（一八一六）年の「大坂売薬番付」には人参三臓圓が売れ行きトップの東の大関になっており、江戸でも人参三臓圓が売れ、平兵衛が番付に載ったのです。ちなみに平兵衛のお店は江戸切絵図（前述）には本町四丁目の「す屋三臓圓」として記載があり、位置が確認できます。

8　吉野五運と人参三臓圓と酢屋の関係

人参三臓圓の調合は法橋五山とあり、場所は大坂鰻谷三休橋筋《うなぎだにさんきゅうばしすじ》にあります。鰻谷三休橋筋は大阪のミナミの心斎橋筋の東に位置し、長堀川の南岸、現在の島之内あたりになります。この場所で宝暦年間（一七五〇年代）、吉野尊徳という人が三臓圓の販売を始めたと言われています。

三臓圓が生まれた説には二つあり、家は代々摂津滴水村《たるみずむら》（大阪府）の庄屋です。父村田正斎が創生したという説と、尊徳が早く長崎に遊び医薬の道を清人の周岐来《しゅうきらい》に問い、三臓圓の調合を授かったという説があります。周岐来は医道の大家で、八代将軍の病床に侍したとされ、周岐来に授かった説が有力と思います。法橋とは中世以後、医師・仏師・絵師・連歌師などに僧位に準じて与えられた称号で、三臓圓が認められ、名を寿斎に改め、法橋に叙せられ五山や五運とも言われたのです。三臓圓は内臓の障害に驚くほどの効能があるとされる漢方薬種の調合で生まれたのです。

初代の吉野五運は天明七（一七八七）年、六六歳で亡くなりますが、明治まで六代五運を名乗り続いています。江戸時代中期に京の絵師で伊藤若冲《いとうじゃくちゅう》（正徳六（一七一六）年〜寛政十二（一八〇〇）年）がいました。

寛政元（一七八九）年、類焼により家屋とともに多くの作品が消失したといわれ、このとき若沖七三歳失意のあまり、脳卒中で病床に臥します。こんな若沖に手を差し伸べたのが、大坂の鰻谷にいた薬種商の二代目吉野五運でした。趣味風流を好んだ五運は文化人で熱烈な若沖のファンの一人でもあり、家伝の秘薬三臓圓や高貴薬を服用させ、絵が描けるまでに回復したといいます。四代目は派手好みで宣伝がうまく、五、六代目は風流を愛する文化人だったといわれますので、代々先進的な風流を愛する文化人血筋なのでしょう。

　この文化人家系を助けたのが酢屋で、この大坂鰻谷を酢屋清兵衛は本店としていました。文化文政期の堺の宿屋町大道には酢屋清兵衛・藤七家があり、材木町大道には酢屋又左衛門家、戎之町大道には酢屋七三郎家がありました。全て一族で薬種商を営んでいます。ほぼ元和の町割から住居地に変更が無く、戎之町にはもともと江戸薬種商株を日野屋久右衛門に譲渡した酢屋三右衛門の家があり、七三郎はその後継者にあたります。

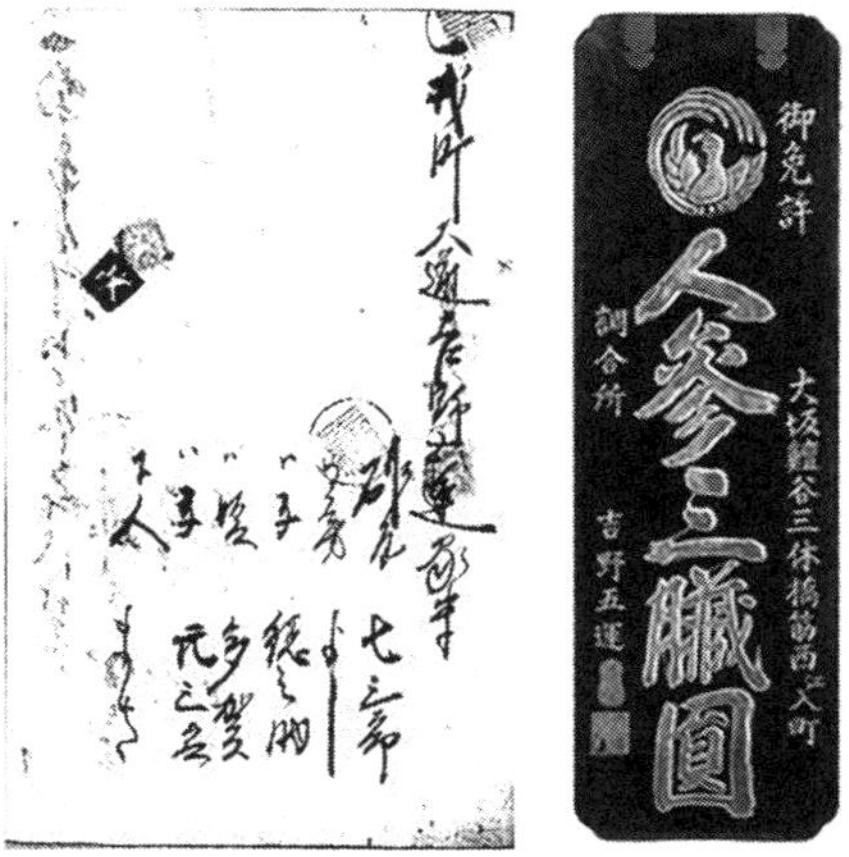

人参三臓圓（吉野五運）の看板（内藤記念くすり博物館所蔵）と堺戎町吉野五運家守の酢屋七三郎家

　この七三郎家は吉野五運家守の号を幕末まで持っています。清兵衛家系の一人がその後引き継いだのです。家《や》守《もり》とは、江戸時代、店子からの家賃収入により生計を立て、単に建物の管理を行うだけでなく適正な家賃をきちんと払ってくれる店子を集めるとともに、店子に対し仕事の斡旋や算盤の弾き方を教えるなど様々な支援を行っていた職業です。つまり吉野五運家守とは、吉野五運に代わり調合した「人参三臓圓」を全国に売り捌くためチェーン展開をして、店を管理し、売り方の指南までしたようで、酢屋七三郎家は風流人の吉野五運家に代わり人参三臓圓の経営管理を行っていたことになります。人参三臓圓に使用する唐薬種は堺の酢屋が長崎で調達し、吉野五運店で調合し、江戸では酢屋平兵衛や清兵衛が販売するという密接な関係があったのです。

その三　米問屋・酢屋利兵衛の出来事

酢屋は江戸時代、糸割符商人になり唐薬種も扱いますが、もともと本願寺の加賀からの志納金である飯米銭の為替を行っていたように米や材木を取り扱う万問屋でした。寛文五（一六六五）年、従来あった米屋仲間他十一の座の停止があり、堺の米問屋にとっても新時代を迎えることになります。宝暦元（一七五一）年、堺の万問屋株所有者四軒が米穀取扱専業問屋となります。そのうちの一軒が酢屋利兵衛です。米問屋の利兵衛名は幕末まで登場し、数代名跡が継がれたようです。その米問屋利兵衛に関わる江戸時代の出来事を紹介します。

1　江戸時代の米問屋のはじまりと本貫地での買付と伯太藩

元禄時代すでに治兵衛を代表に、徳兵衛・九兵衛・長兵衛・庄兵衛・市兵衛と酢屋のすそ野は広がっていました。堺の商人の中には西鶴がいうように利権を手にじっと動かない人もいたのでしょうが、自由競争時代に入っても、元来米問屋であった徳兵衛や庄兵衛・市兵衛は大坂の蔵廻し米の流通に対抗すべく、本貫地であった河内や和泉の在払米の買受けを行っています。払米とは領主層が蔵屋敷に回さず、収納した年貢米をその場で売却して換金することをいいます。

元禄三（一六九〇）年、酢屋徳兵衛が和泉の釜室村《かまむろむら》（後の伯太藩）の米を買い受け、また宝永元（一七〇四）年、三宅村《みやけむら》（中河内郡・現松原市）の在払米を酢屋庄兵衛が買い受けています。享保八（一七二三）年には酢屋八兵衛が大庭寺藩《おばでらはん》（＝伯太藩）和泉の上神谷《にわだに》の在払米の買受けをした記録が残っています。

伯太藩《はかたはん》についてですが、藩主の渡辺吉綱は、尾張藩家老を勤めた渡辺宗家の分家筋にあたり、元は武蔵に所領がありました。江戸幕府第四代将軍徳川家綱の側用人を勤めたのち、寛文元（一六六一）年に大坂定番となり、河内・和泉に一万石の加増を受け、一万三千五百石の譜代大名になります。元禄十一（一六九八）年に武蔵の所領が近江に替った際、和泉の大鳥に陣屋を移し大庭寺藩《おばでらはん》となり、享保十二（一七二七）年、陣屋を和泉国和泉郡伯太村に移し、伯太藩が成立します。表高は大庭寺時代と同じく一万三千五百石で、以後九代にわたり在封し、明治四（一八七一）年の廃藩置県により伯太県となり、堺県編入を経て、明治十四（一八八一）年に大阪府へ編入となった藩です。

和泉の釜室村や伯太藩和泉の上神谷というのは、古くは楠木正成が元弘の乱以前に横領したと言われる若松庄のあった所であり、三宅村は本願寺寺内町である久宝寺の近くにあり、畠山氏領で地縁があった土地です。元禄時代南河内の石川郡大ケ塚《おおがつか》で庄屋をしていた河内屋可正《かわちやかせい》が残した日誌（河内屋可正旧記）の中に、酢屋加兵衛のこととして「春日村より来し者で飛鳥屋与次兵衛の兄なり」とあります。酢屋加兵衛は元禄以前より一時興正寺が移った大坂の天満橋浜で八百屋物問屋を営んでおり、兵衛系の中には本貫地である一須賀の近辺に買受拠点を持っていた者もいたのでしょう。

2　天明の大飢饉時の粥施行と利兵衛による米の安売り

天明三（一七八三）年に浅間山の噴火が起こり、噴火の影響で日本全体が平年よりも気温が低い寒冷期となり凶作が続き、奥羽地方では死者十一万人の被害が出るほどでした。米沢藩を立て直した上杉鷹山が、非常食の普及や藩士・農民へ倹約の奨励など対策に努め始めた時期です。

多くの藩は財政破綻寸前となり、領内の惨状を無視し、借金返済を優先し年貢米を米価が高騰している大坂や江戸に売り、藩によっては幕府から預かっている上納米を扶持米などに流用し、本来送るべき米を調達するため米を買ったことで米価が高騰しました。江戸では商人が米の買占め、売り惜しみなど米を投機対象として米価を人為的に高騰させ莫大な利益を得ようとします。いわゆる囲い米と呼ばれる現象が起きます。

天明七（一七八七）年、江戸市中で米価高騰による打ちこわしが起き、これを契機に米を求める暴動が大坂・京都・駿府など諸国三二都市に拡大します。天明の大飢饉と言われるものです。江戸時代、大飢饉と呼ばれる飢饉は寛永の大飢饉（寛永十九（一六四二）〜寛永二十（一六四三）年）、享保の大飢饉（享保十七（一七三二）年）、天明の大飢饉（天明二（一七八二）〜天明七（一七八七）年）、天保の大飢饉（天保四（一八三三）〜天保十（一八三九）年）と四回も起こっていますが、最大規模の飢饉は天明の大飢饉でした。

堺でも天明七（一七八七）年正月より米が段々高値となり、四月末の頃より厳しくなり、六月中旬まで高値が続きます。五月十二日夜、いよいよ高値で借家人が困窮し、町内の米屋に押し寄せ、「こほち立ち（騒ぎ立てること）」があったといいます。さっそく奉行所贄《にえ》安芸守《あきのかみ》が触れを出します。「心厚き米屋共は高値で売買しないように、こほち立ちする不埒な者は召し捕らえ吟味するため、与力同心は、昼夜問わず見回りをし、また米騒動が収まるよう米の値段を下げるものがあれば、申し出るように」と厳戒態勢を敷きます。

このお触れに堺の町民はすぐに対応します。困窮者に対し、粥の施行を実施するのです。発起世話人が三一名、粥施行所手伝世話人が三二名で、集まった寄付金は金一九六両二分二朱、銀九貫四一八匁二分七厘、銭一二二五貫百文、米二六九石六斗六合、白米十石二斗八升、大豆一石八斗、小豆五斗八升、薪四六五荷に上ります。寄付の人数は多く南組三三六人、北組二七五人、寺借家並びに湊九人計六二〇人に上ります。これを南北各惣に米高にして五百石あまりを分配し、炊き出しは五月十三日より八月六日まで毎日九ヶ所にて、一日分約一万二千人分の粥を施行しました。粥施行寄付人数は町ごとに名前と寄付額が記されており、往古より続くほとんどの商人家が関わっており、富裕商人が多い堺ならではの対策が実施されたのです。

米問屋酢屋利兵衛もこの奉行所のお触れに対し、一人前二合、一合あたり十文にての安売り提供の申し出をしており、売り渡し米高百石で施主、甲斐町濱の酢屋利兵衛米蔵に各町内の人数高を、南北の町代が印鑑持参の上請け負っています。南北の買請け人数は南組五五四五人、北組五九二八人の計一万四七三人となっています。売り出しは五月十六日より始め、北組が毎日九時より南組が早朝より始め、五月二五日には売り切っています。

六月中旬より米価は徐々に下がり始め、八月に至り次第に価格が落ち着いたといいます。寄付と炊き出しと米の供出により、江戸時代最大の飢饉も堺では暴動にはならなかったのです。自治独立の伝統なのか堺の町人の結束力は見事というしかありません。

3　納屋米と富山藩への融資

江戸中期になると、蔵屋敷を経由して売買される蔵米と異なり、民間商人を通じて江戸・大坂などで集散、売買される納屋米という米が出回ってきます。地方で払出した蔵米を買い取った商人が中央市場に送った米も、同じく納屋米と呼びます。十九世紀の文化文政期には幕府の納屋米流通政策によって、大坂は蔵米を扱い、堺・兵庫は納屋米を扱うように分けられていました。蔵米の価格安定のためだと考えられますが、大坂と同じく堺も米の一大消費地だったのです。

地元の米だけでは不足し、酢屋利兵衛は日本海沿いの大名から、この納屋米を買い受け始めることになります。富山藩は、寛永十六（一六三九）年、加賀藩第二代藩主前田利常が隠居するとき、次男の利次に富山十万石、三男の利治に大聖寺七万石の分封を幕府に願い出て藩が成立します。幕府にとって普請依頼ができる藩が増えるのはありがたいことです。富山藩の当初の領地は越中国婦負《ねいぐん》郡のうち六万石、新川郡黒部川西岸のうち一万六千八百石、富山町周辺三一七〇石、加賀国能美郡手取川南岸のうち二万石の計十万石でした。

寛永十七（一六四〇）年、利次は加賀藩領内にあった富山城を借りて越中入りし、婦負郡百塚に新たに城を築く予定でしたが資金が足りず、加賀藩領であった富山城周辺の新川郡舟橋・水橋と自領の新川郡浦山辺及び飛び地であった加賀国能美郡とを交換して、借りていた富山城を中心に藩領をまとめ改築を行います。利次は藩法である小松御条目を制定し、さらに新田開発、治水工事、家臣団の整理、城下町の建設、国境紛争の解決などを積極的に行なって富山藩政の基礎を固めますが、負債を抱えてのスタートとなります。

二代目正甫の時、加賀藩から借金し余計に負債が増え、三代目利興《としおき》は財政再建を主とした藩政改革に着手し、六十名の藩士のリストラ、年貢連帯責任制の強化、奢侈禁止令の実施、タバコ・醤油などの流通統制などを行ないます。しかし、増上寺の手伝い普請、富山城本丸の焼失による石垣普請などの出費で一万七千石の借財ができ、四代目の利隆は対策として銀札を発行したりしますが効果なく、五代目の利幸は何もできませんでした。六代目利與《としとも》の時には日光東照宮の普請手伝い十一万両が必要になり、七代目の利久の時には飛騨騒動に出兵し商人から訴訟を受け三千二百両が焦げ付きます。このように富山藩は表向き十万石と言われますが、百五十年赤字続きだったのです。

加賀粟が崎《あわさき》の木屋藤右衛門《きやとうえもん》家は元来西国の武士であり、兵乱のため粟が崎に移り住み、寛文年中より村の肝煎役を務め、材木商として廻船に従事し豪商となります。木屋藤右衛門家は御蔵米を担保に富山藩へ融資し、七代目の利久時代の終わりとなる天明六（一七八六）年には、未回収分で既に銀八百貫までに達していました。

木屋藤右衛門は八代目の利謙に対し、寛政九（一七九七）年、「私ども手元に行き届かず」と理由をつけ単独融資を止め、木屋と同じ船方商売をする大坂の淡路屋太郎兵衛《あわじやたろべえ》と堺の酢屋利兵衛に働きかけ、十二月に明年秋に納入される年貢米四九五〇石を引き当てに、共同で三千五百両を融資することを締結します。その後三人と富山藩との関係は一時中断しますが、寛政十一（一七九九）年の融資残高は銀三五六貫四五六匁に達し、翌十二年から五年間毎年千石ずつ引き当て、その年の米相場で差し引きすることとしました。これ以降三人は、毎年年貢米二万石の先売り消化方を引き受ける約束（寛政十三年四月覚）をします。

この先売りの消化は、その年の年貢米を売ったという藩主の裏書手形を三人が買い取りその代金を支払い、米はその年の十二月に受け取り、富山表の相場で清算するというものです。二万石というのは富山藩の大坂廻し米の総量にあたります。

享和元（一八〇一）年六月に利謙が死去し、九代目を利幹《としつよ》が相続します。その葬式や襲名披露は予想以上に勝手方を圧迫し、富山藩は享和二（一八〇二）年、三人に改めて一万石の先売り米の消化を申し入れます。新藩主の申し入れであるので三人は特別なことと融資を引き受けますが、享和三（一八〇三）年に三千石、文化元（一八〇四）年に二千石と先売り米の依頼が続きます。

八月、富山藩は三人に対し、江戸表での借用金返済で出費が嵩んだのを理由に、秋になっても米二万石を渡さなかったため、三人は代理人を立て交渉にあたらせましたが埒が明かず、これらの借財は一五七〇貫七七五匁に達していました。

文化五（一八〇八）年十月、木屋を除く酢屋利兵衛と淡路屋太郎兵衛は江戸幕府寺社奉行に対し、富山藩を相手取り提訴します。文化七（一八一〇）年に至りようやく二人の主張がほぼ通り、富山藩は返済方を承知しました。木屋は藩下の商人であることを理由に訴訟にも加われず、富山藩から会釈金百俵と二十人扶持の永久下付を得ることで債権を放棄しました。

ちなみに「金沢市史」によると、寛政十一（一七九九）年、富山藩の年貢米二万石を買い入れた酢屋利兵衛と淡路屋太郎は、その大坂への輸送に加賀国粟ヶ崎の孫兵衛の一〇八〇石積み、清左衛門の七五〇石積み、伝左衛門の八百石積み、庄九郎の一一五〇石積みの船を雇い入れて大坂へ積み出していたとされます。

4　堺の紀州藩と銀預役

堺に戎島が出来ると、西本願寺祠堂屋敷と帯屋太郎左衛門・酢屋冶兵衛・阿賀屋九郎右衛門・新屋四郎《しんやしろう》左衛門《ざえもん》の四名の惣年寄と、井筒屋清兵衛・大和屋新左衛門他計七名が掛屋敷を確保していました。この他戎島は、定芝居と呼ばれる常時歌舞伎公演が見られる場所が設けられた歓楽地でもありました。文政六（一八二三）年、この芝居跡地に堺の紀州屋敷が建てられます。この屋敷は南紀戎島御屋敷とか南紀濱御屋敷と呼ばれていました。

この年の秋、酢屋利兵衛をはじめとする五名の商人が、紀州御役人の上條作三右衛門《かみじょうさくざえもん》より「この度南紀御仕入方御用に付き入館致すように」と要請を受けます。五人は「御用捨て下さるよう」引き延ばしていましたが、何度も要請があり引き延ばし出来なくなります。そこに笠屋幾兵衛《かさやいくべえ》が仕入方に加わりたいと言い出し、それを断る根拠もなく、やむを得ず加入を認めることになりました。これに際し、釣り合いが取れるよう一統再度相談し、仕入方を受けるにあたって以下の条件を南紀濱御屋敷に出すことになりました。

一点書ケ条之次第

一、御仕入方御願いの儀承知致したく候事。
一、年頭八朔暑寒ご機嫌窺いの義は時々聊《いささ》かの献物等を一統より差し上げ申したくの事
一、御目見えの儀を何分明春に遊ばされ下されたく事。
一、御貸付銀御定日ごとに一統の者申し合い両三人ツ（二、三人ずつ）当地御屋敷へ出勤仕致します事。
但し大坂へ出向くことはご容赦ください。
一、今般御仕入方がおっしゃられている御用の筋の儀、どれ程のことか相勤め承知いたします。
一、御屋敷様方お振る舞いの儀一統の者お断り申上げます。
一、酢屋利兵衛・小山屋三郎兵衛両人の儀、当時の寒気お伺い並びに年頭ご挨拶の儀は、一統相済むま

で、お引き延ばしくださるよう御願いいたします。
一、御国産物御売り捌きの儀並びに御入用の品等相調べ差し上げる筋の儀は、一統納得するまでお断り申上げます。
一、出銀の儀は最初からお断り申上げていますが、手元融通が必要な場合、出銀すべき筋もありますが、何分一統納得するまでお断りいたします。
一、一統勤めぶりの儀ご理解いただいたうえお書き下さい。

文政六未年十二月

堺	鑓屋町	河内屋利兵衛	印
同	宿院町浜	大和屋得兵衛	印
同	紺屋町	目古地善右衛門	印
同	魚之店東半町	笠屋幾兵衛	印
同	甲斐町	小山屋三郎兵衛	印
同	甲斐丁浜	酢屋利兵衛	印

以上の箇条書きを御役人の浅田丈右衛門が見て、上役の伊藤吉右衛門に添え書きを書き、大坂幸橋御屋敷へ呼び出しがありました。紀州殿屋敷の口入（窓口）をしている小間物屋嘉兵衛・桜井甚兵衛・土庵清右衛門がまかり出て、釣り合いが済んだ旨をいい、いろんな断りを入れながら何事も来春までと引き延ばしをし

ますが、結局酢屋利兵衛はじめこの六名が紀州浜屋敷の仕入担当になったのです。利兵衛は紀州藩の金融に関する銀預役という銀行業務を担うことになったとされます。

紀州藩は第五代藩主の吉宗が将軍家を相続して第八代将軍となると、紀州藩第六代藩主の宗直は享保飢饉による財政難を二万両の公金拝借で切り抜けます。将軍家に近いことから財政的に幕府への依存を深め、第十一代藩主の斉順《なりゆき》（十一代将軍家斉の七男）は天明年間の拝借金が棄損となり、幕府の大坂蔵詰米より新たに二万俵を借用します。拝借金残金は四万五千両に達していたとされます。

富山藩だけでなくどの藩も赤字体質に染まっており、紀州藩の仕入役となった堺の商人たちは、担当役人が大坂幸橋御屋敷へ御入れ（いわば転勤）になるといえば一席設け、大坂の御屋敷に伺う際には御献物を差出すなど当初危惧していた事態になっていきます。

天保三（一八三二）年十二月には金百五十両の上納之金を申し渡され、酢屋利兵衛・目古地善右衛門・具足屋孫兵衛・土庵治右衛門・笠屋幾兵衛の五名は上納金を納めています。上納とは永納であり帰って来ないお金です。天保十二（一八四一）年十二月には戎島御役所の御役人湯川啓十郎より、正銀十枚ずつ八軒に上納せよという命令が下ります。しかしこの時は上納を断り、以下の通り金利上納というとんち問答のような貸付提案を行なっています。

口上　覚え

一、今般当御屋敷年々造作普請入用の為、御手当銀新御講、企画し、私ども一人前金弐十両ずつ出金し、計百六十両の金高、七朱の利息に付き、利倍元利高、十五年後辰十二月には、凡そ三十〆匁となり、この三十〆匁を上納いたします。

天保十二年丑十二月
茶屋七兵衛・笠屋喜兵衛・桜井甚兵衛
具足屋孫兵衛・小山屋弓兵衛・上庵清右衛門
目古地善右衛門・酢屋利兵衛

藩の財政が厳しく武士は扶持米だけでは成り立たなかったのか、商人からの贈り物が重要な生活の一部になっていたのでしょう。賄賂政治といわれた田沼意次《たぬまおきつぐ》の重商主義政治が終わっても、上納・贈り物が当たり前であったようです。堺に紀州屋敷を作った理由は藩の台所に堺の商人を巻き込むためだったとも考えられます。堺の商人もある程度のお付き合いはしますが決して言いなりではなかったのです。

天保四～六年にかけての大飢饉によって、各地で打ちこわしが起き、大坂では大塩平八郎の乱が起こっています。紀州屋敷普請費用の上納金でもめた天保十二（一八四一）年、老中水野忠邦は重農主義を基本とした天保の改革を行い、華美な祭礼や贅沢・奢侈はことごとく禁止とします。問屋仲間の解散や店頭・小売価格の統制や公定賃金を定め、没落旗本や御家人向けに低利貸付や累積貸付金の棄捐（返済免除）、貨幣改鋳を実施しますが、これら一連の政策は逆に流通経済の混乱を招いて不況が蔓延することとなり改革は失敗に終わります。いつの世も、市場を顧みない経済政策はこのような結果となるのでしょう。

天保十三（一八四二）年には堺で二回目の御用金の指令も出てきます。食糧難と不況と資金不足、天保年間より江戸時代は幕末に向かっていきます。

5　自前船での東北諸藩との米買受

天保の改革以降、堺でも米不足による高騰を招かないように、幾度か他国売り禁止令と米国内優先の方針が出されています。幕末期の大坂は資金難のため入津米《にゅうしんまい》が減少し、堺や兵庫・泉州などが大坂より少し高く買うため入津米が増加します。奉行所は農家が飢饉で米不足になった場合に備えて、夫食手当米《ふじきてあてまい》の備蓄のため奉行所が入津米を扱う米問屋に対し米の供出を命じていました。しかし年貢納入の後不足した米を堺から購入したことや河内では農地の半分近くが綿花栽培に充てられ、逆に米を堺や泉州などから購入したこと、さらに酒造や万問屋の買受先の増加もあり、堺の米の消費量は増え備蓄米は不足していました。

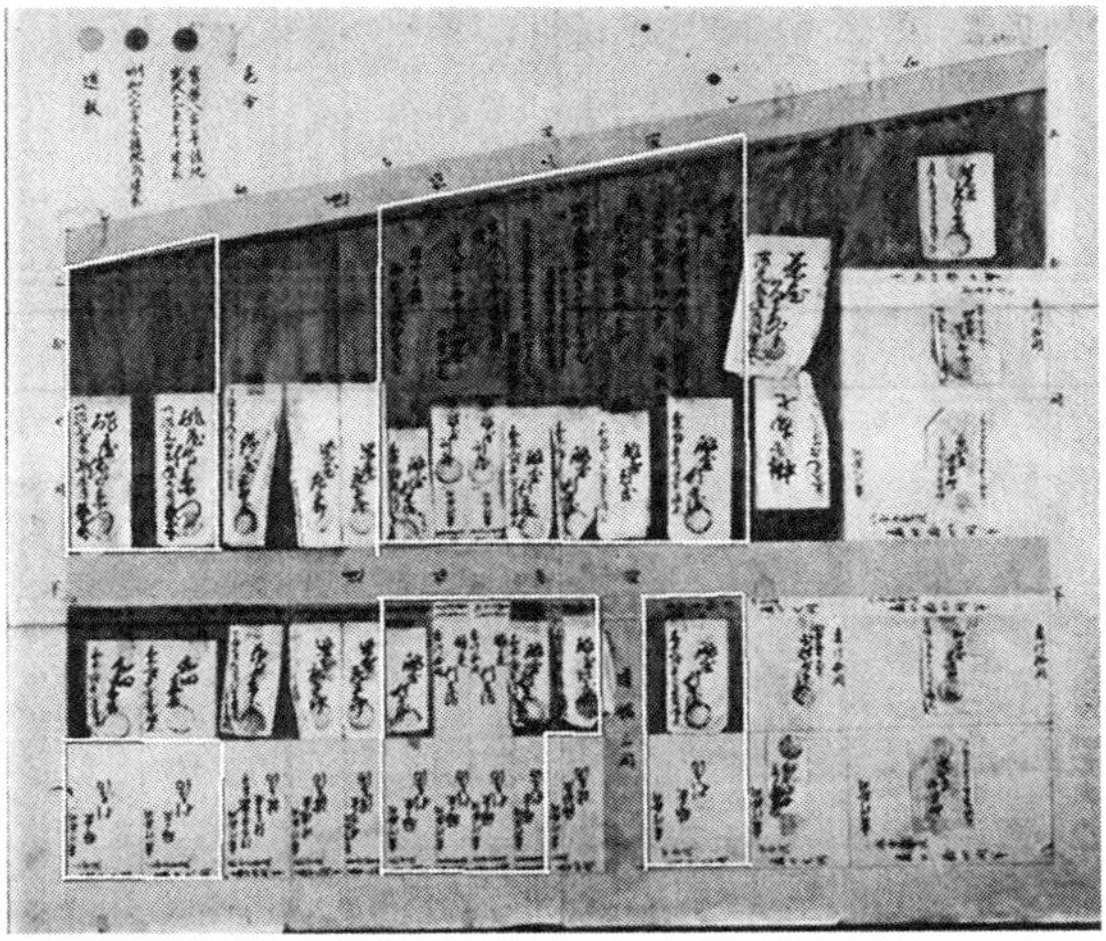

嘉永年間、酢屋利兵衛は入津米の備蓄のため甲斐町浜の約半分を使用するに至った（堺甲斐町浜請絵図、堺市中央図書館所蔵）

　万延元（一八六〇）年、酢屋利兵衛は東北諸藩の結びつきを強め、庄内米や越後米を買い付けています。さらに文久元（一八六一）年十二月十五日、秋田御屋敷米売捌方取組届けを提出しています。大坂秋田御屋敷に館入、仕入手続きに済ませ、在払米と従来の入津米に加え、堺に新たに七千石の米を入津出来ることになります。さらに利兵衛は「私手船積み登り米だけ自分売り仕り、他所より入船商い米一俵も取り扱いいたさず儀は、外問屋中も承知の通りでございます」と自らの船での商いであり、他の入津米は取り扱っていないと夫食手当米除き願いを提出しています。酢屋利兵衛は嘉永年間入津米の備蓄のため、甲斐町浜の約半分を掛屋に使用するに至り、この秋田藩の米の入津を幕末まで続けていました。

ちなみに甲斐町浜の名前は、南朝楠木党で畠山義就とともに堺に入った際の代官であった甲斐庄に由来するのではないかと考えています。

その四　河内木綿と酢屋善次郎

1　河内の綿花栽培の始まり

出身地の河内で在払米の買受けを行っていた酢屋は、河内の綿花栽培が始まると農家に米を販売し、河内原綿の買受けを行い、木綿生産地である越中高岡への物流にも関わっていました。

天文十八（一五四九）年、江口の戦いで三好長教が晴元の側近で同族の三好政長を討ち取り、長慶を恐れた晴元は十三代将軍足利義輝と大御所足利義晴を連れて近江坂本へ逃れます。天文十九（一五五〇）年、遊佐長教の仲介で細川側の伊丹城を開城させ摂津を平定し、細川政権から三好政権に移り、日明貿易が終わって南蛮貿易に移行していった頃、河内で綿花栽培が始まっています。慶長十（一六〇五）年、大鳥郡上神谷の庄屋の小谷家で実綿一六六斤を収穫したのが初見といわれます。

大和川付け替え以後、旧川床を利用した畑は砂地で水はけがよく綿栽培に最適だったため、河内地方で綿花は広く栽培されました。河内での田畑での綿作率は四十%台を超え、木綿生産は稲作より肥料が二倍強とコストがかかるにもかかわらず、高く売れるので農民にとっては米を作るより経済的には有利な作物だったのです。綿から手紡ぎし、手織りされた綿布は河内木綿といい、山根木綿《やまねもめん》（高安山麓）、久宝寺木綿、三宅木綿などの名で知られていました。

万治年間（一六五八〜一六六〇年）には大坂に綿買次積問屋仲間が誕生し、北陸へ供給を始めています。元禄頃、河内の三宅村や和泉上神谷から米を買い入れている酢屋は上神谷の小谷から在払い米の買い付けをしていますが、予定量に達せず、その周りからも集めたといわれます。それほど綿花栽培が盛んだったのです。おそらく米と一緒に河内綿花も買い受けたのでしょう。河内の綿農家は米を年貢に取られるので、米を必要とする綿農家に、酢屋は日本海の藩から買い付けた納屋米を販売したのです。

2　大和川の付替えと文久三年泉州堺絵図

大和川は奈良盆地の水を集めて大阪に流れ、柏原で河内長野方面からくる石川と合流し、この地点から北方向へ流れて大阪城の北で淀川に合流していました。しかし、大雨のたびに河内平野（今の大阪市・東大阪市・八尾市）では水があふれて田や家が流されるなど、大きな洪水の被害が出ていました。このような事情から、今米村《いまごめむら》の中甚兵衛ら農民を中心に大和川の付替えを求める運動がはじまり、その運動が少しずつ広がっていきました。

一方、新大和川の開削で川床となる地域の農民だけでなく、大坂・京・伏見の商人が付替えに反対していました。「新田より流れ込む砂波にて、大坂河口へ打ち寄せ、余程河口高く砂にまかりなり、諸国の船出入りなり申しまじくと存じ奉り候、しかるは、大坂・京・伏見町人の儀は申し上げるに及ばず、五畿内の惣百姓までも迷惑仕様にまかりなるべしと恐れながら存じ奉り候」といった反対の嘆願書もありました。

しかし、江戸での中甚兵衛の付替え訴訟が成功し、元禄十六（一七〇三）年十月に大和川の付替えが決定され、宝永元（一七〇四）年に新川が開墾されます。大坂城東に起こる大和川の常習的な氾濫を避けるため決行された新川の開墾は河内亀瀬から一直線に堺の町の北岸を出口としたのです。

堺の港は、日本中の大小の船がたくさん出入りする賑やかな港でした。しかし付替え後の大和川は多量の土砂を運び、港は浅くなって大きな船の出入りができなくなり、海岸もだんだんと土砂で埋まり、河口には新しい土地（南島新田や松屋新田等）ができました。港や海岸が埋まったことから土居川の水が海へ流れなくなったため、昔の海岸線沿いに濠を掘っていきました。これが現在の内川です。こうして土居川と内川はつながり、堺の四方を囲む形の環濠《かんごう》となりました。

このように大和川の付替えによって堺は、港の機能低下という根本的な被害を蒙りました。堺の港を表す絵図として元和の町割で完成した堺元禄大絵図があるのですが、大和川の付替えによって全く役に立たなくなりました。その後の堺の絵図として享保（一七二〇年頃）及び寛政（一八〇〇年前後）年間に作られたものがありますが、堺の人々の土砂との戦いは続き、港を何度も作りなおし、内川や土居川も毎年のように浚渫をする必要がありました。

このような中、享保年間から約百四十年も経って、大和川の土砂及び内川・土居川の浚渫で出た土砂による埋め立てで堺の港の形状が大きく変わっているので、全国から入ってくる船舶にもう一度堺の港を再度宣

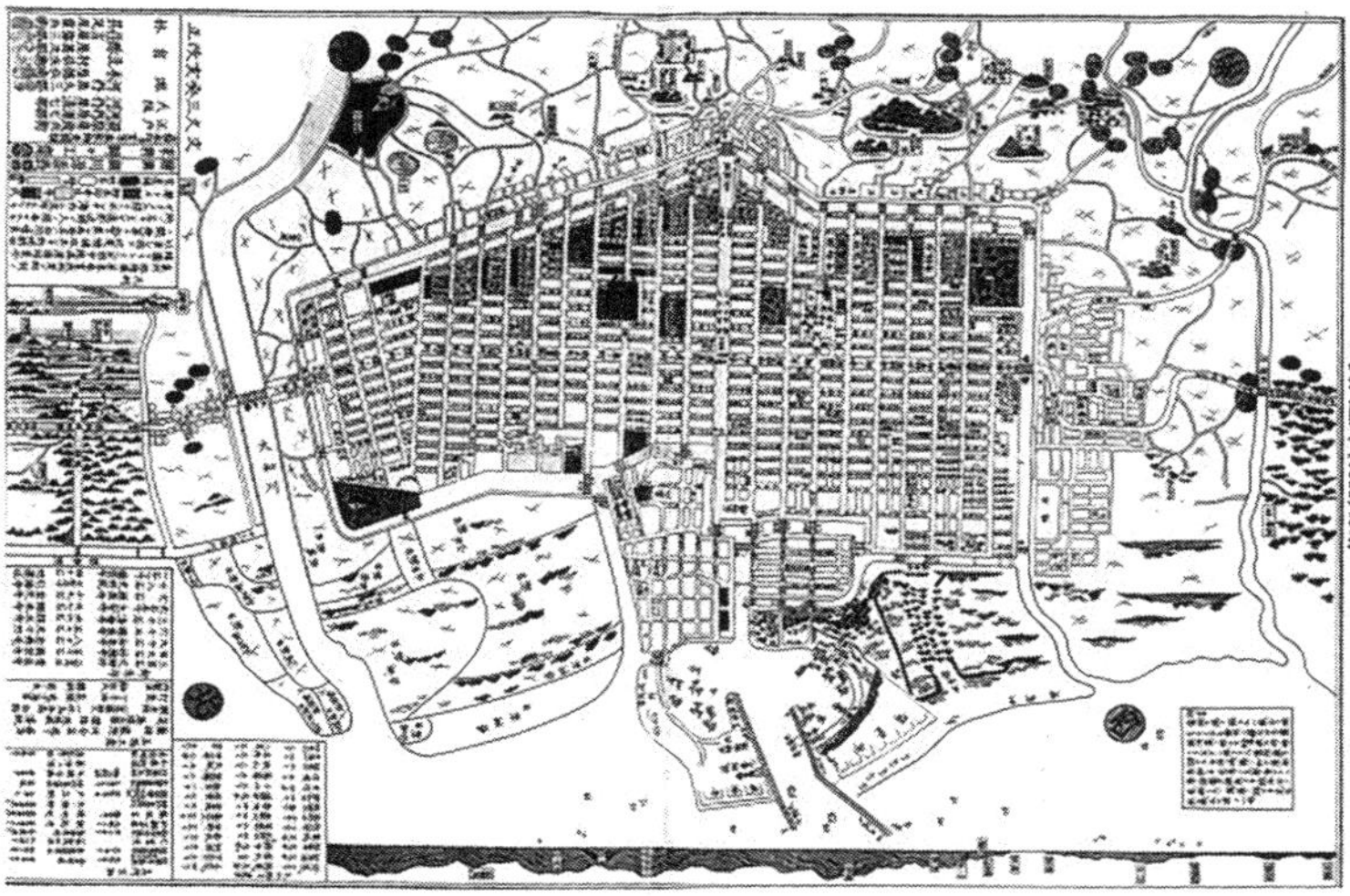

文久三年堺絵図（堺市中央図書館所蔵）

文久三年絵図の発行元として、堺惣年寄六名の名前があり、酢屋善次郎の名前も見える

伝しようと、嘉永四（一八五一）年、当時の堺の惣年寄が中心となり絵図の改正を決定します。その地図が文政三（一八六三）年、癸亥改正の泉州堺絵図として出来上がります。

発行元は堺の河内屋久三郎、本屋徳兵衛、北村佐兵衛、酢屋善次郎、住吉屋弥三郎、具足屋重兵衛の六人となっています。この六人は海運業に関わる惣年寄であると考えられます。

この地図を元禄の堺大絵図と比較してみると、次のような変化が見られます。

①土居川の南橋の外の湊村が含まれています。

②戎島までだった海岸線が大きく変化し、新田が出来、港の位置がせり出しています。

③大和川の北に住吉大社が描かれています。住吉大社は元来堺北庄の神社でしたが、大和川によって分断されたことをこの絵図では示しています。

④堺湊の対岸の淡路島・須本（洲本）・明石・兵庫の湊、摩耶山や六甲山・甲山が描かれています。これは船立（船の進路）に役立てるためだけでなく、兵庫各地も商流の相手であったことを示しています。

3　酢屋善次郎と越中締綿廻船中

この泉州堺絵図に名前が載る酢屋善次郎は米問屋利兵衛系の人物です。利兵衛が河内・和泉の綿農家に米を供給した一方で、善次郎は河内原綿を担ったのです。善次郎は越中締綿廻船中という仲間に入り、河内綿花を買い受け、堺より北前船による取引をした足跡があります。

北陸加賀藩の安永・天明の産業政策によって、新川《にいかわ》木綿と言われる名産品が生み出されます。当初、女や童の賃仕事として普及し自家用に木綿を編んでいましたが、文政初めに信州松本地方に直売され、文政十一

越中締綿廻船中の奉納した住吉灯篭にも酢屋善次郎の名前がある

（一八二九）年からは諸産物と江戸市場に登場したことにより生産が急速に拡大します。

　この新川木綿の原綿は高岡綿場より供給されました。高岡綿場の始まりは寛文十二（一六七二）年と言われ、木綿は泉州堺から買い入れています。大坂と堺及び高岡の綿問屋と船問屋が越中締綿廻船中という仲間を結成し、それを高岡綿場に供給していたのです。

　越中締綿廻船中は航海の安全と繁栄を願い、嘉永四（一八五一）年、伏木湊《ふしきみなと》近くの六渡寺日枝神社《ろくどじひえじんじゃ》に玉垣を奉納、安政三（一八五六）年には大坂住吉神社に住吉灯篭を奉納し、さらに十年後の慶応二（一八六六）年にも高岡関野神社《たかおかせきのじんじゃ》に同様の灯篭を奉納しています。この仲間の中に、泉州堺綿問屋として酢屋善次郎の名前があります。

　高岡綿問屋の仕入れ高は、安政年間一万駄だったものが、慶応三（一八六七）年には一万四千駄に上ったようです。一駄は四二貫であり、六十万貫近くが堺から高岡伏木の港に入ったことになります。新川木綿の生産は明治初期まで続きました。改正した泉州堺絵図は綿花の出荷に役立てられたのです。

第15章　酢屋の全国ネットワーク

江戸時代の初め、政治の中心が京・大坂から江戸に移っても、消費・物流の中心は人口の多い畿内にありました。長崎で五大商人が買い付けた生糸をはじめとする唐物、薬種、砂糖などの諸物産は、博多や府内など瀬戸内海に面した町に運ばれ、瀬戸内を経由し大坂や堺に集められました。この長崎から大坂・堺までの道程において、酢屋は九州各地に拠点を持ちます。

北陸はもともと畠山氏が進出したこともあり、本願寺の加賀米の物流経験を考慮すると、酢屋は北陸からの内陸ルートとして古くから敦賀に拠点を持っていました。北前船のルートが開発されると、その航路の港町に拠点を設けます。

それらの経験が大坂での国問屋船宿となり、ネットワークを確立させたのでしょう。ここでは酢屋が関わった土地を、できるだけ多くリストアップしたみたいと思います。

その一　北前船ルートに残る酢屋の拠点

1　船方商売と北前船の始まり

寛永十二（一六三五）年に始まる参勤交代制度により各藩は江戸屋敷を構える必要が生じ、江戸の人口が増加し、消費物資の需要も増加します。加えて藩の地元蔵米を、納税のため江戸に送らなければならなかったのです。

従来、大坂から江戸までは街道筋を馬や大八車で物資が運ばれていました。鎖国政策の関連で複数の帆を持つ大型船の建造は禁止されていたので江戸には海上輸送は行われておらず、輸送問題が顕在化します。陸上輸送手段では大量に送ることができないばかりか、途中の事故のリスクや輸送時間がかかるため、荷の品質にも影響したのです。

江戸への舟運が開発されていない一方で、蝦夷地や陸奥の物産は、北国船やはがせ船と呼ばれる船で日本海での海上輸送が行われていました。これらの荷物は日本海側の多くの港を経て越前敦賀や小浜で陸揚げされ、琵琶湖水運を経て大津・京・大坂へ運ばれました。

はがせ船は羽ヶ瀬船と書かれ、鳥の羽交《はがい》に似ているのでそのように呼ばれました。中国のジャンクに似た八百石積みの船は幅広で丈夫なうえ、積み荷のわりに喫水が浅いので川湊での使用も容易でしたが、荒海に弱いという難点もありました。走行は帆（莚《むしろ》）と櫓《ろ》で行うため水夫（乗員）を多く必要としました。

北国船は千石以上積める大型船です。幅は狭く丸みのあるV型船型で、船首が波に突っ込まないように工夫された、岩礁の多い北陸独自の船です。しかしはがせ船同様、櫓をこぐ乗組員を多く必要とするなど、経済性に劣っていました。

そこに登場するのが弁財船《べざいせん》と呼ばれる船です。もともと瀬戸内海を航行していた船であり、積載量や堅牢さははがせ船や北国船に劣りますが、横風や逆風時には搬送性能が上回り航海の短縮が図れます。

加賀藩二代藩主前田利常は年貢米を当初大津で販売する努力を続け、その先の上方との結びつきを考えていました。寛永十四（一六三七）年十月の島原の乱に出陣するため、大坂町人の木屋、升屋に命じ西国通り船を雇ったことから西国海運への認識が深くなり、寛永十六（一六三九）年、藩米を西回りで百石の米を大坂へ送ることに成功し、最初に西回り航路を開拓します。

当初加賀藩は地元船を使うことによるリスクを回避し、上方船を藩米の大坂への輸送に採用します。上方の商人としては、瀬戸内海から九州まで行っていた西回りの船の航路が日本海側に延長されたわけです。北前船の語源については諸説ありますが、北前とは古くから日本海側を指す言葉であり、北前船とは上方と瀬戸内海と敦賀・加賀、蝦夷（北海道）との間を往来した日本海側の船を言ったものになります。種類は弁財船で、北前船は北国船に較べて大きく帆柱の構造もいちだんと進化して、より遠くへの航海が可能になったのです。

これによって、東北・北陸諸藩の敦賀・琵琶湖経由の藩米回送が相対的に減少しました。加賀藩は上方の北風、高田屋などの北前船に水夫を送り込み技術を蓄積させ、後に加賀の北前船豪商を産んでいます。

寛文十一（一六七一）年、河村瑞賢によって江戸を起点にした東回り航路が開発され、江戸・大坂間の西回り航路もでき、江戸も発展する基盤ができます。北前船は春秋の二回運行され、上り荷は主に米や昆布、ニシンなどの海産物で、下り荷は木綿や古着、塩などが一般的で、途中の寄港地で様々な商品を売買していました。堺の名産品のひとつであるおぼろ昆布は、富山で集積されたこの北前船の登り荷のひとつです。

堺からは長崎貿易で入ってきた生糸や木綿、塩・砂糖・唐物や薬種などを出荷し、日本海から米や海産物・材木・干魚などが入ってきたのでしょう。北前船の積荷の利益は「千石船一航海の利益は千両」といって、下り荷三百両、上り荷七百両といわれています。

この西回り・東回りの航路には多くの港町が出来、船問屋・船宿が誕生します。富山藩に融資した木屋藤右衛門や酢屋利兵衛は、米問屋や材木商の他、船方商売であると言われます。船方商売とは荷主・船宿と問屋の間に介在して荷物の世話を行い、船宿口銭を徴収するもので、荷物の世話をする他、船舶に必要となる樫木（錨・綱などの船具）の販売まで広がっていきました。いわば総合船会社といったかたちを取るようになります。

2　越前・敦賀の四十物買問屋

天正元（一五七三）年三月に越前の朝倉義景が西福寺の領分を認めた目録があります。二月、足利義昭が信長に反目し、浅井・朝倉・武田と結び近江で一揆を起こしますが、柴田・明智勢に平定されます。その翌月に朝倉義景が自国の領分の調停をした記録です。この中に敦賀西福寺に対し、酢屋次郎左衛門尉が在所山泉郷孫大夫分及び在所櫛川惣田ノ内を寄進、酢屋道秀が在所長屋口松本田及び在所木崎コホシノ木を寄進したとあります。この半年後の九月に浅井・朝倉勢は信長に敗れますが、その後に越前一向一揆が起こり、朝倉景鏡を攻めて滅亡させ、越前は「一向一揆のもちたる国」となったのです。

酢屋次郎左衛門尉や酢屋道秀というのは楠木党畠山の家臣で、基国が越前守護の時代に進出した門徒であったと考えられます。天文年間、石山本願寺が堺の酢屋を使って加賀の米で為替を組んでいますが、敦賀の酢屋が経由地であったのでしょう。つまり堺以外では最も古い拠点であると考えます。この拠点は江戸時代になっても続いており、敦賀の元禄二（一六八九）年の長者番付には前頭に酢屋六郎兵衛と酢屋六左衛門の名前が載っています。酢屋のほか茶屋・京屋・具足屋・能登屋など堺の大絵図や糸乱記に登場する屋号も多く、元禄時代は堺との流通支店が多かったのではないかと思います。

寛文十二（一六七二）年の西回り航路開発によって、琵琶湖・大津経由で大坂へ送られていた敦賀の貨物取扱量が減少したとされますが、それまでは北国日本海の物産は敦賀や小浜から琵琶湖・大津経由で、京・大坂にもたらされていました。幕末の文久二（一八六二）年の長者番付にも酢屋藤兵衛の名が残っており、敦賀の拠点は北前船の経由地になった後も続いていたと考えられます。

敦賀元禄長者番付にある酢屋六左衛門は、堺の元禄大絵図の材木町大道に住居があり、酢屋の左衛門系一族の一人です。当時の敦賀町の様子を簡潔に記録した天和二（一六八二）年に成立した「遠目鏡」という史料があり、その中に六左衛門の職種は四十物《あいもの》買問屋となっています。

諸国から敦賀に入津する荷物には、米・大豆などの穀物類、灯油の原料である油草の類、加賀・越前の絹・四十物・鉛、秋田・津軽など奥羽からの材木、松前の昆布をはじめとする種々の海産物、山陰の鉄、さらに越前の奉書紙、最上の紅花・青苧などがあります。一部を除きほとんどが京・大坂で消費される食料や原料などの未加工品です。

四十物は「あいもの」と読み、遠隔地まで輸送可能なように魚を干したものや塩を施したものをいいます。越前・能登・越中・越後の他、松前からの干鮭・塩引・煎海鼠《いりこ》・鰊・数子・オットセイ、田名部からの串貝・

煎海鼠などが挙げられます。

酢屋はこれらの品々を商い買い受ける問屋を敦賀で営んでいたのです。北前船の船頭や船主、廻船問屋が「四十物屋」の屋号を名乗り、「四十」のついた姓が北前船の寄港地に多いことから、四十物が北前船の発展に寄与したと考えられます。

3　北海道への進出

北海道にも酢屋が進出している記録が残されています。

江戸幕府は慶長年間に北海道に松前藩を置きます。秋田県の出身の林長左衛門は文化元（一八〇四）年にはじめて松前に渡り、屋号を竹屋と称して枝ケ崎町に商店を開き財力を蓄え、ついに場所請負人となり、文政元（一八一八）年から厚岸《あっけし》場所を請け負い、さらにそれを返上して余市場所を請負います。長左衛門はそれまで余市場所を取り仕切っていた柏屋藤野喜兵衛が建てた運上家を改築し、余市アイヌを使役してもっぱら漁業を営み、その後四代の間余市の請負を継続して明治二年まで続いたとされます。

この営みを記録した文書が林文書として残され、その明治二年の記録に「江差酢屋よりの品請取、良運丸入船」とあり、江戸末期、江差に酢屋が進出していたことが伺えます。

また、堺の酢屋が北前船を持ち、蝦夷地まで北前船を運航していた記録があります。

北前船航路にあたる青森県深浦は津軽藩の交易港で、航路の寄港地として栄えていました。この深浦に円覚寺という寺があり、澗口観音《まぐちかんのん》が祀られ、航海安全・商売繁盛を守護する観音様ということで北前船の船頭・水主たちに人気があり、航海の無事を祈って多くの船絵馬や髷額《まげがく》が奉納されています。

泉州堺の酢屋長助が運航する北前船栄運丸が深浦円覚寺で航海の安全を祈った髷額（青森県・深浦円覚寺所蔵）

この時代は航海中に嵐に遭うと、まずは帆を下ろしたり積み荷を捨ててしまい、それでも助からないとなると船乗りたちは自分の髷を切り落として神仏に祈願したそうです。荒れた沖合から見ると、円覚寺の老杉の梢に光が灯り、船乗りたちを静かな港に導いたといいます。そうして助かった船乗りはその切り落とした髷を奉納していきました。

嘉永四（一八五一）年九月九日に、泉州堺・酢屋長助ら栄運丸八人乗りの酢屋所属の船の髷額が奉納されています。四月初めに大坂・堺を出帆し、瀬戸内海、日本海の寄港地で商いをしながら蝦夷地に到着。六月頃に買付けを終えて七月～八月頃に出帆、大坂へは冬の初めまでに戻るのが通常の航程であり、蝦夷からの帰りに時化《しけ》に遭って深浦港に寄航し祈願したものです。栄運丸の鬢額には六人の名前しかなく、二人は嵐で命を無くしたのでしょう。北海道から堺までの北前船の運航は、儲けもあったでしょうが厳しく命がけの商売だったのです。

4　八郎潟干拓の渡部斧松との取引

秋田県の八郎潟干拓を最初に計画した渡部斧松は、農業開拓者として同時代の二宮尊徳と並び称せられる人物です。

秋田市と能代市の間に男鹿半島があり、半島の根元に寒風山という山があります。そこに鳥居長根《とりいながね》という原野が広がっていました。斧松は伯父から、寒風山山麓の滝の頭の湧水から水路を造れば原野の開拓は出来ると教えられ、掘削技術を学び、文政五（一八二二）年滝の頭から水路開削を開始します。途中崩落という苦労もありながら翌年開通させ、文政九（一八二七）年、長根谷地へ通水を果たし、渡部村入村者を募り渡部新村の経営を始めます。これが認められ文政十二（一八二九）年、久保田藩に登用され藩全般の土木事業に関与し、水利・開拓・河川事業にとどまらず、蚕業・漁業・植林・産馬などの殖産事業、新村建設や農村の復興救済事業に至るまで広範多岐にわたる活躍を見せ、晩年ぎりぎりまで藩開発方の先鋒となり、安政三（一八五六）年、六四歳でその生涯を閉じます。

この渡部斧松が残した文書の中に、漁業取引として酢屋彦兵衛が鰰《はたはた》・干鰕《ほしえび》を二万二千貫目にて買付した覚書があり、酢屋利左衛門が小羽干鰕等の買取りをした品代勘定書が残されています。斧松が多角経営をしたのは晩年であり、能代には酢屋の拠点がありました。これらの物産は北前船で敦賀経由大坂まで運ばれたのです。同時期の深浦円覚寺にある酢屋長助鬚額との関わりも考えられます。

5　世界遺産・石見銀山と温泉津・沖泊の酢屋

石見銀山については、大永六（一五二六）年、博多商人神屋寿禎《かみやじゅてい》が出雲鷺浦《いずもさぎうら》へ銅の商いに向う途中、沖合から南山に観音の霊光を見て銀山を発見し、本格的に開発したと記されています（「銀山日記」）。周防山口の大名大内氏の支配のもと、灰吹き法の導入など寿禎らによる開発経営が進み、大内氏滅亡後は尼子氏・毛利氏の石見争奪戦を経て、毛利氏支配の下、銀の生産量を飛躍的に増大させることになります。これは十六世紀末から十七世紀初頭の世界の銀生産量の三分の一にあたり日本銀生産のさきがけでした。

銀山の年表によると毛利氏が支配するのは永禄年間（一五六〇年頃）であり、天正十三（一五八五）年には秀吉との共同管理となり、関が原の戦いの後は徳川氏が支配し、大久保長安が初代奉行となります。この銀を求めてポルトガルが通商に来て糸割符制度が出来、中国産生糸と銀が交換されることになります。寛永年間には分国の現糸配分によって石見にも配分されていますが、これは銀生産地への見返りでした。

石見銀山の銀鉱石や精錬銀の搬出には二つの港を利用しています。十六世紀前半の大内氏支配時代は鞆ケ浦道を使い鞆の浦から出船し、十六世紀後半の毛利氏支配時代は温泉津沖泊道を使い沖泊から船で博多まで運んでいます。この銀山と鉱山町、搬出街道、港を含め、平成十九（二〇〇七）年、石見銀山遺跡とその文化的景観が世界遺産となりました。

十六世紀後半、銀を搬出した温泉津町の沖泊は、湖のように穏やかな風待ち湾です。入り江は北の櫛山城跡（尼子氏山城）、南の鵜丸城跡（毛利氏山城）にはさまれ、流通の拠点である沖泊の支配がいかに重要であったかを示しています。沖泊海岸には鼻くぐり岩と呼ばれる船をもやう穴が百ヶ所以上残っており、その穴におびただしい数の船が綱をもやい、最盛期には千石船が一日数十艘も停泊していたといいます。

この沖泊の湾に向かって集落があります。集落は船を上架できるスロープと二本の街路によって区分された三列の屋敷地からなっています。沖泊の集落は慶長十（一六〇五）年にはすでに二十筆の宅地記録があり、元禄五（一六九二）年には二六筆の宅地が記録されています。この間の六筆の増加は分筆によるものであり、基本的な地割りは慶長期に完成しています。慶長期に崖を切り出して地割りを整え、石列や石積みによって建物の敷地を区画し、屋敷地には主屋に土蔵を併設するものと主屋のみのものとがみられ、農家型の特徴を備えながらも町屋の特徴を併せ持っているとされます。

この沖泊集落を代表する建物として酢谷家住宅が石見銀山の温泉津沖泊道の文化的景観として取り上げられています。主屋と土蔵が一体となった明治中期の建物はまるで、天然のマリーナを管理するクラブハウスのような印象があります。ここで江戸時代、温泉津に来る千石船の受け入れをしたのだと考えます。

沖泊港と沖泊集落

地割から考えると、酢屋は関ヶ原の戦いの後、石見銀山が天領となった頃糸割符に関わる銀の手当のため石見に進出したのでしょう。ただ、銀の輸送ルートは慶長中期に海上輸送から陸上輸送に切り替え、尾道まで陸路を運搬しそこから船で大坂に輸送する方法になったとあるので、それ以降は北前船の蝦夷への中継港の廻船問屋としてここを拠点としたと考えます。

沖泊は最盛期には人口七万人を超えるほど賑わったそうです。温泉津は時化を避け、風が北東に吹き始めるのを待つ北前船の船頭たちが英気を養うに十分な名前の通りの温泉町であり、江戸時代には一夜妻の風習もあり、入港すると出て行きたくなくなるくらい情のある町であったようです。この温泉町で、酢屋は長く船宿を営んでいたとされます。

その二　大坂の国問屋船宿と結ばれた拠点

1　天下の台所・大坂にあった酢屋の船問屋

近世後期の儒者の広瀬《ひろせ》旭荘《ぎょくそう》は「天下の貨、七分は浪華にあり、七分は船中にあり」と言い、大坂が天下の台所として全国各地の貨物の七割が集まり、さらにその七割が海上輸送の積荷であるとしています。そのくらい海上輸送が主力になっていたのです。

大坂は十七世紀を通じて整備された海上交通や河川交通及び陸上交通によって、全国各地と結びついていました。大坂に集中する貨物のうち最も重要なものは、貨幣基準である米です。淀川の末流堂島川と土佐堀川に囲まれる中之島周辺には諸大名の蔵屋敷が集中し、元禄期に九五あった蔵屋敷は天保年間には一二五に達します。正徳四（一七一四）年には蔵米百十二万三千石、雑穀七万石、納屋米が二八万石で、合計百四十万石を超える米が大坂に集まっていました。この米は堂島の米市場で米仲買を通じて買い取られ、大坂や堺など周辺の都市さらには全国各地に転売されます。堂島の米相場が全国の米価の基準となっていました。

大坂には北国・西国・東国から多くの廻船が入港し、舶載された諸荷物は伝法口、木津川口、安治川口で上荷船、茶船に積み替えられ、市中の堀川を通じて各所に荷揚げされます。大坂市中には曽根崎川、堂島川、土佐堀川、江戸堀、京町堀、海部堀、阿波堀、立売堀《いたちぼり》、長堀、堀江川、道頓堀が東西に、西横堀、東横堀が南北に流れて運河網を形成しており、諸国から廻船で運ばれた諸商品は、市中に散在する国問屋・船宿にいったん荷揚げされました。ちなみにこの川堀に囲まれた地区を島之内といい、船場とは、その船着き場が語源ではないかと考えます。

国問屋は、商品を預かって保管し、各商品別の専門業者に売りさばいて代金を国元の荷主に送金し、売り方・買い方から口銭や蔵敷料をとる荷受問屋でした。安永六（一七七七）年版「難波丸綱目」には、国問屋兼船宿千百十二軒、船宿のみの者三二一軒が収録されています。国別では北陸・山陰・山陽・南海・西海を中心に全国四七か国に及んでいます。こうした国問屋兼船宿は、十七世紀後半に出された難波雀・難波雀跡追・難波丸・難波鶴・難波鶴跡追・古今芦分鶴大全や、十八世紀中頃から十九世紀中頃まで出された難波丸綱目などの江戸時代の大坂案内記に掲載されています。

これらの大坂案内記に多くの酢屋が掲載されています。まず平野町の薬種問屋の酢屋孫四郎は肥前国問屋をしており、淡路町には道修町向けの掛屋もありました。江戸堀二丁目には豊後国杵築への国問屋があり、天満橋には河内と大坂を結んだ八百屋物問屋が、立売堀四丁目や四ツ橋には京都の薪や土佐木材を扱う材木問屋があって、同じく立売堀四丁目には筑前船問屋があり、金田町には大和紙を扱う問屋も見えます。新天

番号	商売	場所	詳細・向け先	酢屋の表示名	掲載文献名称
①	唐薬種問屋	淡路町		清兵衛	（道修町・平野町文書）
②	薬種問屋	淡路町		源兵衛	難波丸網目
	薬種問屋	平野町	肥前国	孫四郎	難波丸網目
③	万船問屋	江戸堀２丁目	豊後国　船問屋 杵築	吉左衛門	難波丸網目
④	八百屋物問屋	天満橋浜		加兵衛	難波雀・難波雀跡追・鶴・鶴跡追・古
⑤	八百屋物問屋	天満天神橋より天満橋までの間	干物屋衆	新兵衛	古今芦分鶴大全
⑥	土佐材木問屋	立売堀４丁目		九兵衛	難波丸
	京薪買問屋	四ツ橋		九兵衛	難波丸
	薪問屋	立売堀		九兵衛	難波雀・難波雀跡追・鶴・鶴跡追・古
⑦	土佐国船問屋船宿	新天満町		吉左衛門	難波丸網目
⑧	和泉船問屋船宿	新天満町			難波丸網目
⑨	船問屋	立売堀４丁目	筑前船問屋	長兵衛	古今芦分鶴大全
⑩	大和紙問屋	金田町		長兵衛	難波丸網目

難波鶴＝鶴、難波鶴跡追＝鶴跡追、古今芦分鶴大全＝古

大坂にあった酢屋に関する国問屋・船宿リスト

大坂・酢屋の国問屋位置（古来大坂案内記他）

満町には和泉船問屋と土佐国向け船問屋があったのです。

このように酢屋は堺に本拠を構え、大坂に国問屋兼船宿を構えていたのです。特に酢屋は長崎貿易の関係か、九州と太いパイプがあったことも伺わせます。

2　豊後・杵築　酢屋の坂

国東半島の付け根にある杵築は別府湾を挟んで大分府内と向き合っている位置にあり、水上の要塞とも言うべき杵築城は、東に守江湾を望む台地にあります。明徳四（一三九三）年、大友一族の木村頼直《きむらよりなお》が築城したのに始まり、豊臣秀吉によって大友義統《おおともよしむね》が改易されると木村氏も杵築城から追い出され、その後前田玄以《まえだげんい》、杉原長房《すぎはらながふさ》、早川長敏《はやかわながとし》と代わります。慶長四（一五九九）年、細川忠興が豊前小倉を領有すると杵築城に重臣の松井康之《まついやすゆき》・有吉立行《ありよしたつゆき》を送り込み、寛永九（一六三二）年、細川氏が熊本へ転封となると城代の松井氏は八代城へ移り、杵築城へは小笠原忠知《おがさわらただとも》六万石、次いで松平英親《ひでちか》三万二千石が入城し、明治維新まで存続したとされます。

杵築の城下町はアップダウンが険しい台地に杵築城を中心に据え、それぞれの坂の上の南北の高台に武家屋敷があり、南の高台から塩屋の坂があり、北の高台から酢屋の坂があります。二つの坂は谷町通りを挟み向かいあうように一直線に結ばれており、港はその海側にありました。

前述の通り豊後・杵築は大坂と結ばれており、酢屋の坂は杵築に酢屋の国問屋があったことを示しています。城下の町屋は元禄・宝永期にはすでにほぼ完成していたとされ、府内と同時期ではないかと考えます。

3　キリシタンロードと玉名市高瀬の酢屋橋

江戸時代になってからも唐薬種の五か所商人として長崎に出向いていた酢屋は、長崎から島原を経て高瀬に入り、豊後ロードを通り杵築《きつき》や府内《ふない》（大分）から瀬戸内海を通り堺や大坂まで運んだと考えられます。

我が国への鉄砲（種子島）の伝来は、天文十二（一五四三）年八月二五日、種子島に漂着した中国船に乗っていたポルトガル人が伝えたといわれています。鉄砲の伝来と共にイエズス会の布教が始まり、ポルトガル貿易も始まることになります。

天文十八（一五四九）年八月、ザビエルは鹿児島に上陸し、自らの意志で鹿児島から山口へと布教活動を続けます。平戸には天文十九（一五五〇）年にポルトガル船一隻が入港し、ザビエルもイエズス会の手紙を求めて平戸に立ち寄り通商が始まります。

ポルトガル船によって平戸藩は潤いますが、藩主松浦道可《まつうらどうか》の信教の態度がはっきりしないため、ポルトガル船は一度平戸を引き上げています。松浦氏が詫びを入れ、永禄二（一五五九）年に通商が再開されます。しかし平戸藩と競争関係にあった肥前の大名大村純忠《おおむらすみただ》は、豊後にいたコスメ・デ・トレースに使者を送り受入を表明。永禄六（一五六三）年、横瀬浦にポルトガル船が入港し、この年横瀬浦で大村純忠と長崎甚左衛《ながさきじんざえ》門《もん》たちが洗礼を受けます。長崎甚左衛門は長崎の町の創設者です。

ポルトガルは平戸から寄航先を横瀬浦に移し、横瀬浦は開港場として栄えますが、大村純忠の義弟後藤貴明を中心とする反純忠派によって多くのキリスト教施設が焼き払われました。

いっぽう、永禄六（一五六三）年にポルトガル人のアルメイダ修道士が口之津で布教活動を始めてからキ

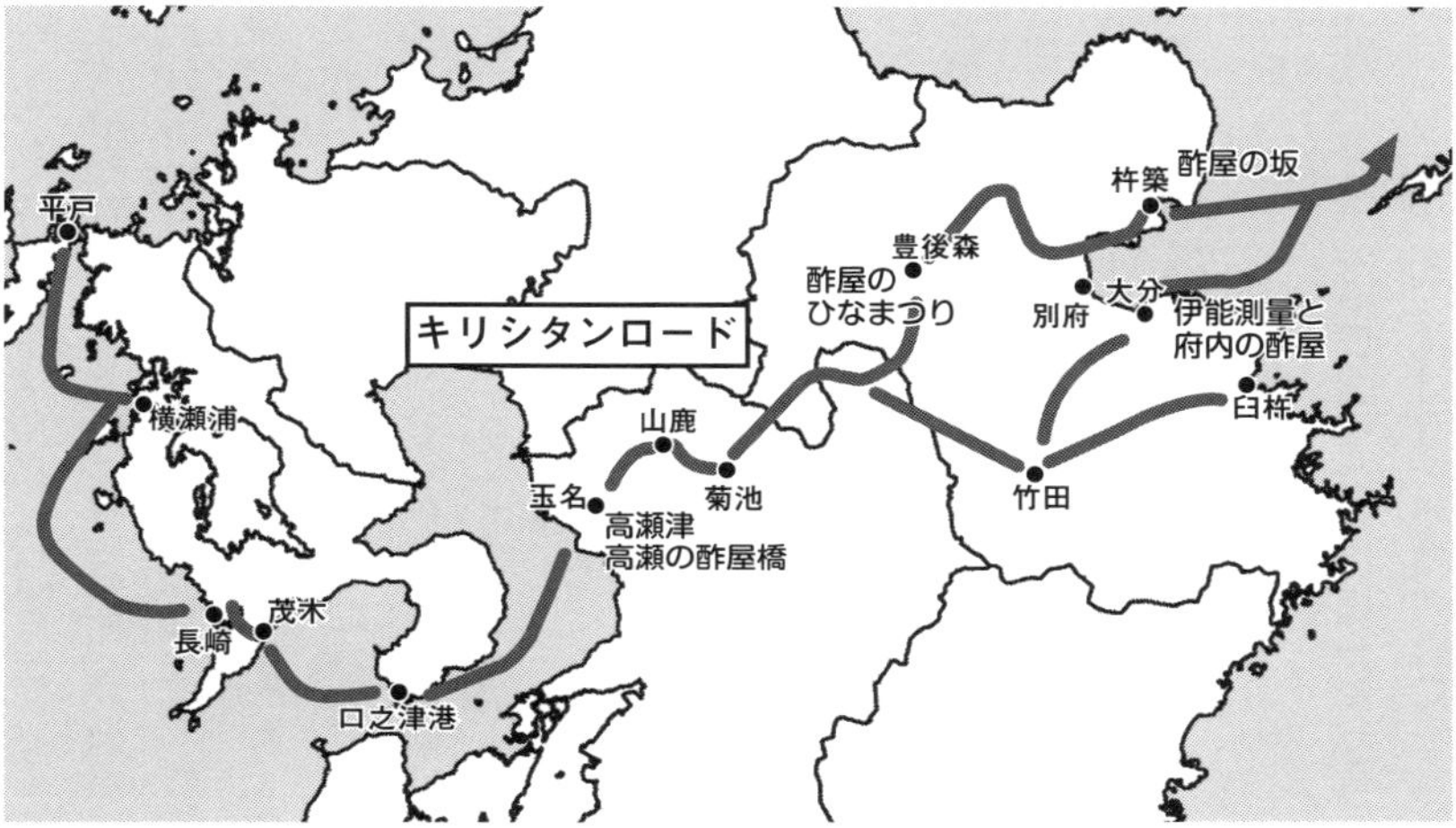

長崎・平戸からの荷物はキリシタンロードを通り、堺・大坂に運ばれた

リスト教は島原半島全体に広がり、領主の有馬義直がキリシタンに改宗すると、領民も皆これに倣い布教が広がります。前年の永禄十（一五六二）年には口之津を貿易港として開港し、翌年にはポルトガル船も入港します。

大村純忠のポルトガル船の受け入れに対し、佐賀の竜造寺氏を中心に深堀純賢《ふかぼりすみかた》、諫早の西郷氏が反大村勢力となっていました。天正六（一五七八）年と天正八（一五八〇）年に深堀・西郷連合軍の攻撃を受けた大村純忠は長崎をいったん大村氏の直轄地としてから、長崎と茂木をイエズス会に寄進します。輸入物品税という利益は手放さず領地を守ったのです。長崎と茂木を手に入れたイエズス会は、平戸ではなく長崎を基点に茂木港から積み出し、島原半島の口之津港にも寄港しました。

ザビエルの鹿児島上陸や各地で意欲的に布教を行う南蛮人の噂は、海外貿易に興味を持つ大名の間にも広まっており、ぜひ豊後の国へと招聘した戦国武将が大友宗麟です。天正四（一五七六）年、大友宗麟がポルトガル人から輸入した国崩しの大砲と言われる武器も、口之津～高瀬津経由で自領の臼杵城に運ばれたものです。

現在の熊本県玉名市には、丹倍津《にべつ》と高瀬津の二つの貿易港がありました。丹倍津は九州で勢力を誇った宇佐八幡宮の宇佐氏と地頭伊倉氏、高瀬津は県内最大の豪族菊池氏と地頭大野氏のもとで開発されたものと考えられます。貿易の相手国としては、当初は南宋（中国）、室町時代には明（中国）、朝鮮、朱印船貿易では東南アジアなど幅広い交易が行なわれていました。戦国期の肥後は肥前を本拠とする竜造寺氏、豊後を本拠とした大友氏、薩摩・大隅・日向を本拠とした島津氏の激しい争いに巻き込まれます。このため肥後の守護であった菊池氏は滅び、阿蘇の大宮司であった阿蘇氏も衰え、地頭から力をつけた相良氏も勢力を伸ばすことができませんでした。このような中でも丹倍津と高瀬津は、これら戦国大名の庇護を受けながら存続します。

キリシタン大名である大友氏の支配下にあった時代、高瀬にはルイス・フロイスなど多くの宣教師が立ち寄りました。宣教師は布教活動と共に貿易にも深く関与していましたので、玉名における二大貿易港であった高瀬・伊倉は彼らにとっては重要な地域だったのです。このように長崎や茂木、そして口之津港からの交易品は大友氏が支配する高瀬津に運ばれ、肥後の国から山鹿・日田を通り、豊後の臼杵や府内に運ばれました。これで大友氏にとっては、反対勢力の佐賀の龍造氏を避けてイエズス会と交易できるルートが生まれ、この豊後ロードはキリシタンロードと呼ばれています。

江戸時代菊池川の水運を利用して玉名・菊池・山鹿郡と山本郡の一部の蔵米が集まり、高瀬は熊本藩最大の蔵米積出港でした。海岸線から菊池川を七～八キロメートル遡った港は有明海の大きな干満の差を利用し、川舟と海舟の中継地として繁栄しました。その名残は今も高瀬裏川に架かる橋と街並みに見られます。

高瀬裏川には七つの石橋が残っています。高瀬眼鏡橋や秋丸眼鏡橋が有名ですが、酢屋橋もその一つです。酢屋橋は橋の表面の中央を凹まして、荷を天秤にかけて渡るとき足を踏ん張り、川に落ちないような工夫がしてあります。平野町の薬種問屋である酢屋孫四郎は肥前国問屋をしており、江戸時代高瀬にあった酢屋は薬種商であったとされます。

後述しますが、西南戦争の時、高瀬にある酢屋の離れに有栖川宮が宿泊されたといいます。ここにも幕末の謎を解く鍵があるかもしれません。

4　伊能忠敬と府内の酢屋平右衛門

豊後国の府内城は安土桃山時代の後期、府内に十二万石で入封した福原直高が築城を始めますが改易になり、関ヶ原の戦いの後に三万五千石で入封した竹中重利が城を完成させました。江戸時代の万治元（一六五八）年、松平忠昭が入城し、十代にわたり大給松平《おぎゅうまつだいら》氏の府内藩が治めた城なのです。

「糸乱記」によると元禄の頃、酢屋治兵衛の後を継いで堺南組の惣年寄を務めた酢屋平右衛門は、武士でないのに無断で帯刀したことで御咎めを受け改易となります。堺に居られなくなった平右衛門は転勤のごとく瀬戸内海を渡り、府内に移ります。

伊能忠敬《いのうただたか》は上総国山辺郡小関村（現・千葉県山武郡九十九里町小関）に生まれ、十八歳の時、下総国香取郡佐原村（現・香取市佐原）の伊能家に婿養子に入り、商人として活動します。寛政六（一七九四）年、五十歳の時に隠居し家督を譲ったのち、江戸に出て江戸幕府の天文方・高橋至時に師事し、測量・天文観測などを修めます。寛政十二（一八〇〇）年、日本地図を作るため、五六歳で第一次測量を開始します。忠敬が私財を投じた測量事業を幕府が有益だと判断し、幕府のお墨付きを得て測量を進めます。蝦夷・奥州・北陸・中山道・東海道・畿内・四国と進み、文化六（一八〇九）年に忠敬は第七次測量として九州の第一次をスタートさせます。

文化七（一八一〇）年二月、測量班は大分府内に入ります。測量日記によると、調査班を堀川町の脇亭主である酢屋平右衛門が出迎えています。その後、測量の打ち合わせにも酢屋平右衛門が参画しています。伊能忠敬は府内藩の本陣に宿泊するのですが、脇陣とは本陣に対する二番手宿舎で、助手の人たちの宿泊場所です。つまり平右衛門は、府内堀川町で廻船問屋兼船宿をしていたと考えられ、御付の人々の宿泊所を提供したのです。

堀川町は府内城の積出港にあたる場所で他国の商人が住み着いた町とされます。伊能忠敬の測量に立ち会った平右衛門は、堺からの後裔にあたると考えられます。「大分市史」には堺と同様大分藩が米不足の折、酢屋平右衛門から借米した記録や飢饉に対し支援金を納めた記録もあり、堺の米問屋と同じく万米問屋も営んでいたのでしょう。酢屋平右衛門が改易で進出拠点化した大分の府内は、長崎からキリシタンロードを経由し、瀬戸内海経由で大坂や堺に生糸や唐物薬種を運ぶルートにあり重要な拠点だったのです。

5　豊後森　酢屋のひなまつり

長崎と府内を結ぶ中継点として日田街道の豊後森にも、酢屋の拠点があったと考えます。ここには、高瀬の酢屋同様、江戸時代からのひなまつりの風習が残されており、森町のひなまつりは現在も観光でにぎわっているのです。

大分県玖珠郡玖珠町の森町は、江戸時代、村上水軍の末裔久留島《くるしま》氏が陣屋を構えた小さな町です。この町が歴史上果たした役割は把握できていませんが、ひな祭りが江戸時代の物流拠点として賑わったことを教えてくれます。

ひな祭りの歴史は室町時代に始まりますが、戦国時代はひな人形を飾って遊ぶ今のひな祭りではなく、お祓いの行事でした。寛永六（一六二九）年、京都御所で盛大なひな祭りが催され、この頃から幕府の大奥でもひな祭りを行うようになり、やがてこの習慣は上流から町民へ、大都市から地方へと大きく広がっていきます。江戸中期には女性たちばかりでなく、女の赤ちゃん誕生を祝う初節句の風習も生まれてひな祭りはますます盛んとなりました。江戸市中には雛市《ひないち》が日本橋十軒店などに立って大変にぎわったといいます。

私は、江戸本町で薬種商を営む酢屋でも節句を行う習慣が出来、薬種と一緒に江戸から地方に広がって行ったものが、豊後森と高瀬に残っているのではないかと考えています。

6　京都高瀬川の舟入三条五之舟入の木材商・酢屋嘉兵衛

角倉了以《すみのくらりょうい》とその子素庵《そあん》の協力により、大坂冬の陣のあった慶長十九（一六一四）年、京都に高瀬川と言われる運河が開かれます。角倉了以は文禄元（一五九二）年、豊臣秀吉の許可を受け、安南国《ベトナム》に貿易船を派遣するなど朱印船の貿易商として活躍します。国内の河川開発に従事し、大堰川《おおいがわ》や富士川などの舟運を開いた人物でもあります。

方広寺大仏殿再建のための資材輸送を命じられた了以は、淀川の上流で調達した木材を筏に組み、使用許可を取っていた鴨川を遡って京の三条まで運び込みますが、鴨川を遡るのは難しいことを知り、京と伏見の間に運河を造ることを考え、高瀬川の開削計画を立てたと言われています。高瀬川という名前は岡山の吉井川、旭川、高梁川で使われていた船底の平らな木造船を了以が見て開削した運河に用いたため付けられた名で、別名角倉川とも言われました。

高瀬川は二条大橋西畔から鴨川の水が引き入れられ、鴨川西岸を南流し四条橋の下流で鴨川と合流、五条大橋の南で分岐し九条まで流れ、東九条で鴨川と交叉し伏見に至り、宇治川へ注ぐ延長約十キロメートルの運河です。最盛期には百数十艘が上下し、大坂などの物資を運び入れたといいます。

初期の高瀬舟発着の基地は現在の七条通北、河原町通西（材木町）の内浜にあり、鴨川の材木集積地までが初期に造られたと考えます。十七世紀末には鴨川とは別に伏見までつながり、京と伏見間の物流に役立つことになります。

了以は、高瀬川を運行する高瀬舟の荷物の上げ下ろしや旋回のために、舟入という船溜りを設けます。初期には二条から四条までの間に七か所作られましたが、十七世紀末には九か所に増えたとされます。鴨川の水を引き入れた二条大橋南西には、高瀬川最上流の物資積みおろし場となる一之舟入があり、高瀬川の支配権と諸物資の輸送権を独占した角倉家はここに邸宅を構え、高瀬舟の運航を管理し、運送業者から手数料を徴収します。

寛永十三（一八〇一）年の舟入図によると、角倉屋敷（東生洲町《いけすちょう》）と長州屋敷（上樵木町《かみこりきちょう》）の間に一之舟入があり、南の加州屋敷と対馬屋敷（上大坂町）の間に二之舟入があります。対馬屋敷の南と三条通りまでに三之舟入が確認できます。当初は長州屋敷と加州屋敷の間にももう一つ舟入があり、二条、三条間に四つの舟入があったとされますが、寛永十三（一八〇一）年図では一つ省かれているように見えます。三条通りの南彦根屋敷の北大国町に五之舟入があり、彦根藩邸の南に六之舟入があります。三条大橋から車之町までの高瀬川東側を材木町といい、材木商の倉庫が立ち並んでいました。彦根藩邸と土州屋敷の間にも舟入があり、その南土州屋敷（下樵木町）の南に八之舟入があり、四条通りの手前に九之舟入があったとされます。三条から四条の間には五か所の舟入があり合計九つの舟入があったことになります。

二条から五条までの高瀬川筋は木材業者が多く住み、高瀬川に沿った通りは文字通り木屋町通りといい、木材、薪炭、しょう油などを扱う倉庫街でした。江戸中期には人が住み始め、商品を扱う商人や職人が同業者町を形成し、石屋町、塩屋町、材木町、樵木町などそれぞれの町名が付きます。鴨川と高瀬川の狭い路地に広がる先斗町《ぽんとちょう》は、船頭たちの遊び場として発展し、そこに出入りする車之町と言われる乗り場もありました。

舟入は長州や土佐藩など、藩邸に出入りするにも都合よくできています。その藩邸に近い三条通を下った五之舟入は、寛永年間に作られた舟入として江戸中期から大正末期まで存在しました。

酢屋嘉兵衛は享保六（一七二一）年に材木商を創業したといいます。五之舟入完成前に材木商を始め、寛

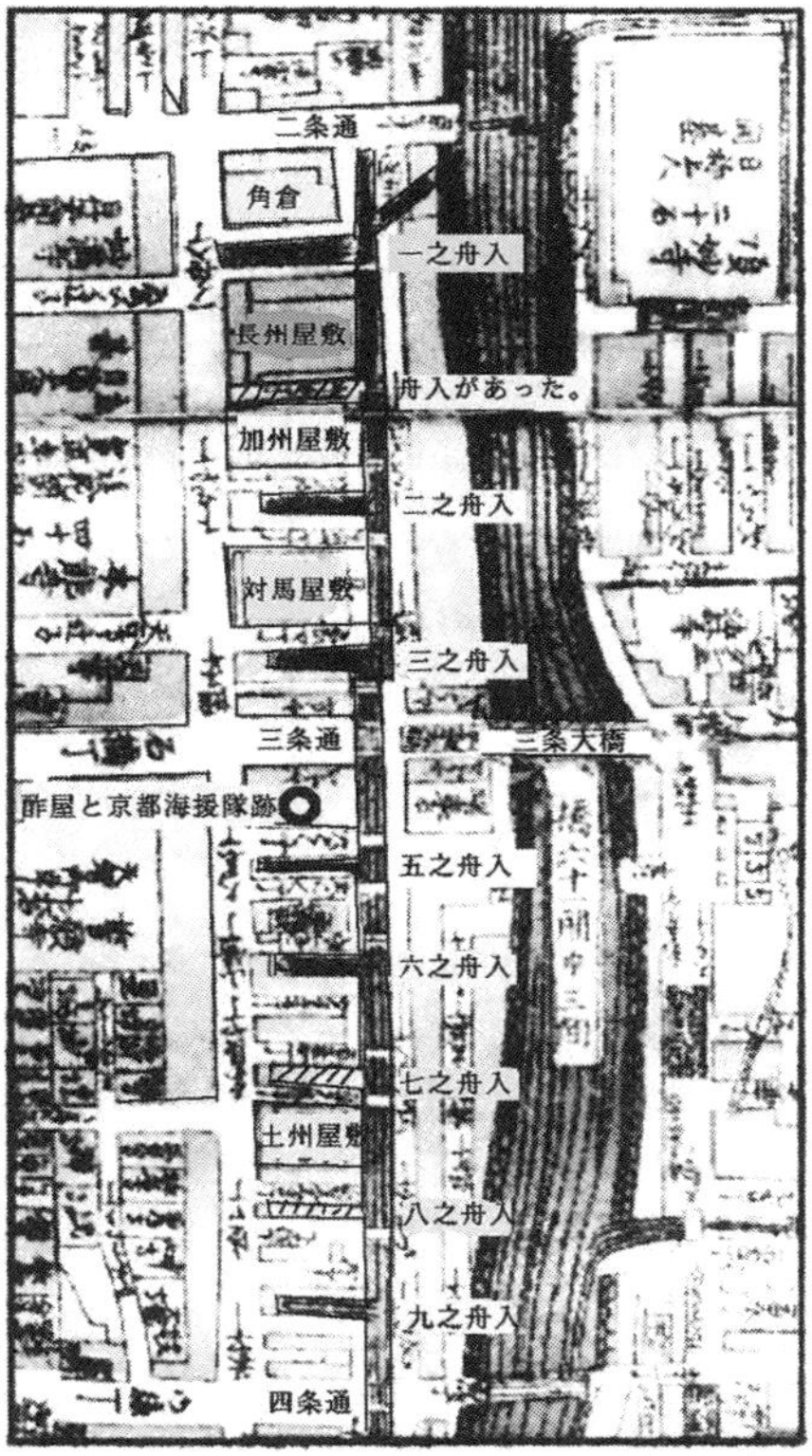

京都　高瀬川舟入配置図（京都歴史資料館作成資料より転載・加筆）

政年間五之舟入の増設に関わり、角倉家より通行権を得ました。文禄二（一五九三）年、秀吉の寄進によって本願寺は京都に寺基を移しますが、本願寺に属した酢屋は七条堀川に進出しています。京都に高瀬川が開発される前の材木町は七条鴨川沿いにあり、江戸時代初期の京都の酢屋はこの七条に材木を集め本願寺に木材を供給していたと考えます。そこから高瀬川の開発に合わせ、三条近くに進出したものと考えます。

これより八十年ほど後の享和三（一八〇三）年、堺で長崎から入荷する唐物薬種のひとつで線香を取り扱う沈香屋仲間が結成され、堺北郷の酢屋がこの仲間に加盟するのですが、その家を継いだ「きょう」という女性がいます。跡取りとなる息子が居ないため、仲間の結成には縁者であろう何代目かの嘉兵衛が保証人として代判を押しています。

このように酢屋は舟運の発展によって全国ネットワークを築き上げていきました。しかしこの全国ネットワークが崩壊する出来事が待ち受けていたのです。

第V部

幕末から明治維新への激動と「すや」の悲劇

第16章　禁門の変後に起きた堺の謎の事件

1　幕末の始まり・大塩平八郎の乱

幕末とはいつから始まったのでしょうか。

天保三（一八三三）～天保六（一八三七）年にかけて大飢饉が起きます。天保四年には江戸市中の米が不足し、幕府は暴動を避けるため江戸への廻し米を奨励、大坂でも同様の米流通施策を取ります。ただ、米貨幣市場の動向を記した三貨図彙《さんかずい》によると、文政年間より大坂は不景気で納屋米が安く、大坂の商人による代銀受け渡しが難義になっていたとされ、大坂の納屋米市場の地位は低下していました。各地の藩の納屋米は大坂に回されず、兵庫や堺の商人が買い受けていたといいます。

天保の風水害の影響は米だけでなく綿の不作にも及び、河内でも不穏な動きが出ています。堺の米問屋酢屋利兵衛は、各地の納屋米が減少したため、対応策として米だけでなく麦や大豆、雑穀などを買い受けていました。どこも米が不足し大坂で餓死者が出るほどで、幕府の廻し米政策も実行が困難な状況だったのです。

こんな状況下で大阪町奉行の跡部良弼《あとべよしすけ》（老中水野忠邦の実弟）は、元与力の大塩平八郎の提案した救民計画を無視し、兵庫北風家から入った納屋米の江戸への廻送を命じたため大坂の米価はますます高騰します。これがきっかけで天保八（一八三七）年、大塩平八郎の乱が起きます。平八郎の乱は抑え込まれますが、幕内からの反乱が起きたことで幕政への信頼が大きく低下します。乱は各地に波及し、打ちこわしを発生させる原因となったのです。

乱後、大坂の米が他国に大量に流出しないようにする他国売り禁止の措置は取られますが後の祭りです。天保十二（一八四一）年、老中水野忠邦は米の不足を補うため、重農主義を基本とした天保の改革を行います。問屋仲間の解散や店頭・小売価格の統制、公定賃金を定め没落旗本や御家人向けに低利貸付や累積貸付金の棄捐（返済免除）や貨幣改鋳を行いますが、逆に一連の政策は流通経済の混乱を招いて不況が蔓延することになります。結局水野忠邦は失脚し町民の幕府に対する政治不信が顕在化していきます。

この不況と政治不信から世の中が変わろうとしていたのです。そう考えると、大塩平八郎の乱は、幕末の始まりと言えるのではないでしょうか。

2　外国船による開港・通商要求と堺の非常之節具足拝借並帯刀願

幕末が始まったとされるもう一つの要因は、外国船の接触と寄港要求、いわゆる外圧です。

一般的には黒船来航から幕末が始まったとされますが、それ以前から外国船の対応に幕府は苦慮していました。長崎以外は鎖国という基本の考えがあるため、文政八（一八二五）年、漁民と外国船の接触防止のため、幕府は異国船打ち払い令を出します。この令を受け、天保八（一八三七）年には、日本人漂流漁民を浦賀に送り届けに来たアメリカ合衆国商船モリソン号をイギリスの軍艦と誤認して砲撃するモリソン号事件が起き、世相は混乱します。

外国船が各地に現われる中、大陸ではアヘン戦争が起こり清国が敗れます。幕府も外国船の強さを認識し、従来の砲撃政策に代わって燃料不足・食糧不足で困っている外国船には便宜を与えてお引き取り願うという方針に転換します。

オランダは幕府に開国を勧める親書を送りますが、開国までには及ばないという基本方針を変えない幕府はこれを無視します。嘉永六（一八五三）年、突然浦賀に黒船がやってきて大砲を放ち幕府に会見を要求しました。上陸したペリーはフィルモア米大統領の親書を幕府に渡して開国・通商を求めます。アメリカは本国に帰る捕鯨船の補給基地として日本の港を利用したかったのです。

ペリーは幕府側に一年の猶予を求められたため一時退去しますが、異国の蒸気船が来て大砲を放ったという事態に、「泰平の眠りを覚ます上喜撰たった四杯で夜も眠れず」と狂歌に歌われたように、日本中がひっくり返ります。

堺でもその衝撃が伝わり嘉永七（一八五四）年三月、糸年寄から奉行所に「非常之節具足拝借並帯刀願」という願いが惣年寄十名のうち五名の糸年寄から出されています。

この十名の中に北本町郷（北材木町）の酢屋久左衛門が含まれています。ただ、酢屋久左衛門と海部屋市左衛門は長崎の五か所商人として長崎在任中であり、緊急事項のため不在の中提出されています。

乍恐口上

一長崎表の外、相州浦賀松前邊江近来異国船渡来仕候ニ付、当地之儀（堺）も海岸之場所故防御御手当

被仰渡惣年寄之内糸年寄掛切ニ被仰付承知奉畏候
然ニ去ル文化五辰年長崎表に異船渡来之砌在勤糸年寄共御用中　帯刀可仕旨御奉行松平園書頭様御用人
中ヲ以被仰渡翌巳年異船渡来之節御備向御ヶ条ヲ以仰渡候節　糸割符年寄儀者先前御由緒茂御座候訳ヲ
以　向々場所ニ詰方仕候内帯刀御免被仰付被下候様　御奉行曲渕甲斐守様江五ヶ所宿老共奉願候処願通
御聞済被為成下候御儀も御座候間非常之節出役仕候期ニ至り候ハバ糸年寄一統帯刀御免被為仰付被下候
様仕度奉存候依之去ル文化六巳年於長崎宿老共奉願書付写別紙入御覧此段奉願候以上

文化五（一八〇八）年、長崎表に異国船が来た際、長崎在勤中の糸年寄は昔から由緒ある家柄であるため具足を借り帯刀を許された経緯があり、堺でも帯刀を認めてほしいという嘆願書です。関東で起こった異国船の影響が堺にまで伝わり、堺の防衛を検討し、不安から惣年寄が武士同様帯刀を求めたのです。

3　日米修好通商条約と国論の混乱

嘉永七（一八五四）年にペリーは再び来日して江戸湾（東京湾）へ入港し、約一ヶ月にわたる協議の末、全十二箇条からなる日米和親条約を締結しました。この条約の締結によって日本は下田と箱館（現在の函館）を開港し、寛永十（一六三三）年に始まった鎖国体制は崩壊しました。

日米和親条約により日本初の総領事として赴任したハリスは、当初から通商条約の締結を計画していましたが、日本側は消極的態度に終始します。しかしハリスの強硬な主張により交渉担当者の間で通商条約やむを得ずという雰囲気が醸成されると、老中堀田正睦《ほったまさよし》は孝明天皇の勅許を獲得して世論を納得させた上で、安政五（一八五八）年、日米修好通商条約を結びます。

幕府は外国からの開国・通商要求だけでなく、将軍の継承問題でも混乱していました。安政五（一八五八）年から安政六（一八五九）年にかけて、幕府の大老井伊直弼《いいなおすけ》は、徳川家茂《とくがわいえもち》の将軍職継承の反対派を大弾圧します。安政の大獄です。万延元（一八六〇）年、弾圧された反対派の水戸藩の浪士が大老井伊直弼の行列を江戸城桜田門（東京都千代田区）で襲い、暗殺します（桜田門外の変）。

このような混乱の中、外国船が来航して開国を求められると、国論はもとより各藩でも尊王攘夷や公武合体論の思想が活発化します。

尊王とは天皇を中心とした権力の統一国家のことで、攘夷とは外国人排斥思想のことです。元来相反する思想ですが、天皇を利用し外国に負けない幕府体制を作ることを目指し尊王と攘夷が結びついたのです。しかし地方の藩の下級武士によって、尊王攘夷は外国との不平等条約を結んだ幕府を倒そうという動きに傾いていきます。

一方で幕府と朝廷が合体し、さらに開国し外国へ進出しようという公武合体論も起こります。朝廷の伝統的権威と幕府を結びつけて幕府権力の再構築をはかろうとしたものです。

長州藩でも公武合体による開国論が大勢を占めており、文久元（一八六一）年、公武合体論である航海遠略説（長井雅楽《ながいうた》）が藩論として認められました。文久二（一八六二）年、公武合体を進める薩摩藩主島津久光の大名行列が江戸から京都に向かう際、生麦付近で騎乗した四名のイギリス人が行列を横切ったため、それを殺傷した生麦事件が起きます。この生麦事件をきっかけに攘夷論が台頭し、その年の十二月、孝明天皇は攘夷派の圧力を受け攘夷の勅書を将軍徳川家茂に授けます。これに対して家茂は翌年三月に攘夷を決行する旨を奉答します。

さらに文久三（一八六三）年七月、イギリス軍が薩摩に生麦事件の補償を求め攻撃します（薩英戦争）。この攻撃で薩摩藩も、外国の脅威を肌に感じることになります。

4　攘夷の決行と八月十八日の政変

家茂の攘夷決行答申に、諸国の攘夷派は歓喜します。長州でも攘夷派の桂小五郎、久坂玄瑞《くさかげんずい》、高杉晋作《たかすぎしんさく》らが公武合体論に反対し、文久三（一八六三）年には幕府内の公武合体派が失脚、長州藩でも攘夷論が占めることになります。三月、将軍家茂が上洛。孝明天皇は攘夷祈願のため、上賀茂社・下賀茂社と石清水八幡宮へ行幸しますが、幕府は一向に攘夷を決行しようとはしません。長州藩をはじめとする攘夷派は憤慨し、朝廷は幕府に執拗に攘夷の決行を迫り、やむなく幕府は五月十日をもって攘夷を決行すると答えます。

攘夷実行という大義のもと、五月、長州藩が馬関海峡（現・関門海峡）を封鎖、航行中の米仏商船に対して砲撃を加えた下関事件が起きます。そして八月十三日、孝明天皇の神武天皇陵参拝、攘夷親征の詔勅が発せられます。この大和行幸を推進したのが、長州藩に気脈を通じる三条実美《さんじょうさねとみ》ら攘夷派公卿です。

吉村寅太郎は松本奎堂《まつもとけいどう》、藤本鉄石《ふじもとてっせき》、池内蔵太《いけうちくらた》ら攘夷派浪士と語らい、大和行幸の先鋒となるべく大和国へ赴くことを決議し、十四日、吉村らは中山邸を訪ねて中山忠光を方広寺へ誘い出します。忠光を大将とする同志三八人（うち土佐脱藩十八人、久留米脱藩八人）は方広寺を出発して大和国へ向かいます。一行は長州下関へ下る勅使と偽って大坂から船を出して堺へ向かい、船中で忠光ら同志一行は髪を切って決意を示します。堺に一泊し河内を経由し、大和で天誅組が決起します。

大和で天誅組が意気を揚げていたとき、京では政局が一変します。八月十八日、公武合体派が長州藩を主とする尊王攘夷派を、京都における政治の中枢から追放するクーデターが起きたのです。会津藩、薩摩藩と気脈を通じた中川宮が巻き返しを図り、参内して孝明天皇を動かし大和行幸の延期と三条実美ら攘夷派公卿の参朝禁止、長州藩の御門警護解任を決めてしまいます。驚愕した長州藩兵が宮門に駆けつけ、会津・薩摩藩兵と対峙して一触即発の事態になったのですが、結局長州藩は武力衝突を避けて撤退、朝廷を追放された攘夷派の三条実美・沢宣嘉《さわのぶよし》ら公家七人は都落ちして失脚。朝廷の実権は公武合体派が握ることになりました。

八月十八日の政変と呼ばれるこのクーデターにより天誅組は討伐され、大和行幸計画は失敗に終わり、京都では新撰組が誕生しました。

5　池田屋事件と禁門の変での長州の敗北

京では尊王攘夷や勤皇などの思想を持つ諸藩の浪士が潜伏して勢力挽回を試み、活動していました。これに対し京都守護職は、新選組を用いて市内の警備や尊王攘夷派の探索を行わせます。

五月下旬頃、諸士調役《しょししらべやく》の山崎烝、島田魁らによって四条小橋上ル真町で炭薪商を経営する枡屋（古高俊《ふるたかしゅん》太郎《たろう》）の存在を突き止め、会津藩に報告。武器や長州藩との書簡などが発見されます。

古高を捕らえた新選組は、土方歳三《ひじかたとしぞう》の拷問により勢力挽回の襲撃計画を自白させます。その計画は、祇園祭の前の風の強い日を狙って京都御所に火を放ち、その混乱に乗じて中川宮朝彦《なかがわのみやあさひこ》親王（後の久邇宮《くにのみや》朝彦親王）を幽閉し、徳川慶喜《とくがわよしのぶ》、会津の松平容保《まつだいらかたもり》らを暗殺し、孝明天皇を長州へ連れ去るというものでした。さらなる探索によって、長州藩、土佐藩、肥後藩などの尊王派が古高逮捕をうけて襲撃計画の実行について協議する会合が、池田屋か四国屋において行われることを突き止めます。そして新選組が池田屋で謀議中の尊攘過激派を発見し、踏み込んだのです。

六月五日、長州は七名の戦死者を出し、翌朝の市中掃討で二十余名が捕縛され大打撃を受けます。桂小五郎は池田屋に到着していましたが、その場から離れていたため難を逃れたと言われています。

この事件がきっかけで長州藩の怒りは爆発し、天皇を取り込んで長州が国是を握ろうと積極策が論じられます。慎重派の周布政之助《すふまさのすけ》、桂小五郎や高杉晋作が沈静化に努めますが、藩論は京都進発に決し藩主の世子毛利定広《もうりさだむひろ》、福原越後《ふくはらえちご》、国司信濃《くにししなの》、益田右衛門介《ますだうえもんのすけ》の三家老が兵を率いて進発します。こうした八月十八日以前への回復を願った行動が、禁門の変へと発展するのです。

長州藩兵と浪士隊は三方向から京都へ迫ります。六月二四日には福原越前隊が伏見の長州藩邸へ入り、同日、益田右衛門介隊、国司信濃隊、遊撃隊、浪士隊は淀川をさかのぼり山崎に到着。天王山を中心に陣を張ります。ここから国司隊、遊撃隊がわかれて、二七日、天龍寺に入ったのです。

福原隊は伏見から京都へいたる伏見街道、益田・浪士隊は京都と西国を結ぶ西国街道、国司隊は三条通という京都の中心へ通じる街道を押さえるというように、戦略的な位置に陣を据えます。おまけに三隊の配置は相互の連絡が取りやすい場所にあり、山崎から淀川を渡り宇治川北堤を経て伏見へ至る経路は西国大名の江戸参府に使われた東海道の脇街道であり、山崎から天龍寺へも桂川沿いに行けば防備陣を刺激することなく行き来出来ます。

京都府八幡市で桂川と宇治川と木津川の三川が合流し、淀川へとつながる御幸橋という橋があります。この橋から見渡すと、背後に男山、左手に山崎・天王山があり、宇治川沿いに行けば伏見があり、桂川沿いに北に行けば京の町を右手に見ながら天竜寺や御所も目指すことが出来ます。京を目指すには絶好のロケーションであり、南北朝時代に河内と京を結ぶ起点となっていたこの地がまたもや合戦の起点となります。

在陣中に福原越後や真木和泉《まきいずみ》らは、幕府や朝廷に長州藩主の赦免など嘆願を続けています。しかし禁裏御守衛総督・一橋慶喜はまず長州藩が撤兵することを主張したため、結局嘆願は拒絶され、戦闘は避けがたいものとなりました。七月十八日夜、長州藩兵が京都へ進軍を始めます。福原隊は伏見街道を北上し、十九日明け方、藤森あたりで大垣藩兵と衝突しますが大敗し、いったん退いた後、竹田街道経由で再度軍を進めます。しかし伏見丹波橋付近で彦根、会津藩兵と戦い敗走します。敗れた長州兵は自軍の根拠地である山崎へ退却し、京都市中での戦闘には参加していません。

天龍寺の兵は天龍寺を発し、途中で隊を分けて来島又兵衛の遊撃隊は下立売通を進み、蛤御門を目指し、国司信濃の一隊は中立売御門《なかだちうりごもん》へ向かいます。この部隊が戦闘の中心となり、各門の守備兵は長州藩兵に攻め立てられ劣勢となります。とくに中立売御門では、筑前藩兵が防御しきれず長州軍は禁裏へ迫ります。防御側を救ったのが乾御門から駆けつけた薩摩兵です。これに加えて天龍寺に向かおうとした薩摩兵も引き返し、長州軍を砲撃。蛤御門・中立売御門一帯は大砲も交えた激戦地となり、隊長である来島又兵衛が戦死し長州軍は退却します。

山崎の一隊は桂川を渡って京都へ入り堺町御門を目指しますが、蛤御門付近での戦闘が終わりかけた頃ようやく堺町御門へ到着し、守っていた福井藩兵と一戦を交えます。長州兵は堺町御門のすぐ北側にある関白鷹司《たかつかさ》邸に立てこもって応戦しますが、ここで大砲が使用され鷹司邸が破壊されてしまったのです。

この戦闘で久坂玄瑞は戦死。長州は敗北し逃亡します。堺町御門の戦闘で破れて逃亡した浪士組の真木和泉ら十七人は翌二十日、山崎の本営近くの天王山に登り一同自刃します。

京都守護職であった会津藩主・松平容保は、薩摩藩と連携して長州の尊攘急進派を弾圧する体制を整えていたため、長州の戦いは二日にして敗れたのです。

6 禁門の変後の厳しい残党狩り

もともと、八月十八日の政変で京を追われた攘夷派の浪士たちは、大坂に集まり京都に入る機会をうかがっていたので、大坂の治安は悪化していました。幕府の大坂奉行所だけでは手に負えず、紀州藩や福井藩など各藩に警備を担当させています。

敗戦直後、長州藩兵の多くは西国街道を敗走し、西宮、打出《うちで》、兵庫へと逃れ海路を長州へと引き揚げていきました。この際、街道筋を警備していた各藩の員数は少数であったので、多勢の長州藩兵を素通りさせてしまいます。大坂の川筋では大砲の音と共に京方面に煙が舞い上がり、町民はこの戦争が大坂に及ぶのではないかと避難に走り火事場さながらの騒ぎになります。天満の八軒屋や東長堀には船待ちする長い行列ができ、親戚を頼って堺まで疎開する者もいたとされます。

堺でも禁門の変が起きたその日にお触れとお達しが出されます。長州藩士が敗北し京都から南へ逃げてくるのを堺に入る前に拿捕しようと検問します。それに対し町民に動揺するな、騒ぎ立てるなという内容です。

口達

長州藩多人数上京ニ付当表為御警衛御組並岡部筑前守其外五家之家来等大和橋濱手相国臨時見回りも可有之右を非常御手当迄の儀ニ付其段相心得恐怖動揺等不致様町々末々迄不洩様所役人ヨリ早々可申触候。其虚ニ乗じ妄言等申触騒立却而過を引出し候類も間々有之儀ニ付右様之儀無之様精々申諭候様可致事

元治元年子　七月十九日　惣年寄

禁門の変で敗れた長州兵は大坂の長州屋敷へ逃げ込んだとも言われていますが、七月二三日、幕府は江戸や大坂の長州屋敷を没収し、大坂の長州屋敷は藩兵が逃げ込まないよう取り壊し、長州藩一族の府中藩、岩国藩、徳山藩も立ち退きとなります。当初大勢の長州藩士を見逃した大坂では、落ち武者がいないか厳重な警備を行い、厳しい残党狩りを行い、長州藩士や彼らを泊めたり食事を出したりした町民や農民まで厳しく罰したといいます。

十九日当日から京都と大坂を結ぶ船便や大阪市内の舟運も停止され、堺でも大和橋で非常警戒の検問を行っているので、長州兵が陸路大和橋を渡って堺に入るのは困難だったであろうと考えます。しかし、大坂の舟運を含め四日ほどで大坂の町の規制も解けたといいます。舟運が回復すると、禁門の変による火災で焼け出された京の住民の多くが、堺の親戚・知人を頼って逃げてきます。堺では元治元（一八六四）年子八月には以下のお触れも出されます。もともと応仁の乱の頃から堺と京の結びつきは強く、人数が急に増加して米が足りなくなり飢饉が起きるのを案じ、米問屋に他国への積み出しを禁止したのです。

此程京地異変後追々当地人数相増候ニ付第一有米乏しく相成り万一飢餓にも為及候事ニ到り候而奉行職掌も難立故他国積出方心得相違置候処利欲ニ迷い心得違内々他国売出し候者も有之或を相聞以之外之事ニ候追而致沙汰候迄成丈潤沢相備置其の上自然余分も有之候ハ、其の段御役所へ申出明白に他国へ積出候様可致候上背触候者有之候ハ、厳重可令沙汰候。右之趣　米問屋米仲次仲買之者共へ相達候間両郷町中へ為心得可申達候事。

元治元年子　八月　惣年寄

7　堺の沿岸警備交代と廻船商人たちの謎の集団拿捕

堺への陸路は大和橋を渡らなければならず、検問もあり難しいですが、船による移動は解除されれば可能であったと考えられます。従来舟運で堺と大坂はどのように結ばれていたのでしょうか。

寛永十二（一八〇〇）年頃の堺の廻船記録によると、堺には堺諸廻船が九二艘あり、二百石から五百石積みの大船が四八艘、五十石から八十石の小船が四四艘ありました。この他渡海船が六十艘、茶船が七八艘、小渡海船が二四艘、漁船が五八八艘の登録があり、戎島に石銭勘定場が設けられ、昔からの慣わしによって廻船を運航させている商人たちは石銭附《こくせんづけ》と言われる積荷に対する入港料を支払い、湊の浚渫費や石堤・石垣の入用などに充てられました。入港料は積荷百石につき一ケ年十匁、その他田舎船は入津毎に六十文ずつ、渡海船は動くごとに五文ずつでした。正徳元（一七一一）年七月の堺戎島よりの廻船・渡海船運賃が残っており表の通りです。

大阪難波橋まで	銀 12 匁
道頓堀樋ノ口まで	銀 13 匁
道頓堀堀詰まで	銀 14 匁
下　博労まで	銀 13 匁
上　博労まで	銀 14 匁
長堀まで	銀 14 匁
百間町まで	銀 14 匁
西横堀まで	銀 14 匁
土佐堀まで	銀 15 匁
北浜まで	銀 16 匁
東堀まで	銀 15 匁
天満まで	銀 16 匁
新川まで	銀 16 匁
尼崎まで	銀 20 匁
西宮まで	銀 20 匁
兵庫まで	銀 28 匁

堺戎島よりの廻船・渡海船運賃（正徳元年７月）

この仕組みは幕末も相違ないものと考えます。難波から天満まで多くの下船場所が設定されており、西横堀と東横堀を通るルートが設定されています。さらに大坂だけでなく兵庫まで運行されており、この運航ルートは幕末まで保たれていました。

この表でわかるように、旅客は渡海船だけでなく積荷を積んだ廻船にも乗船することが出来ました。嘉永三（一八五〇）

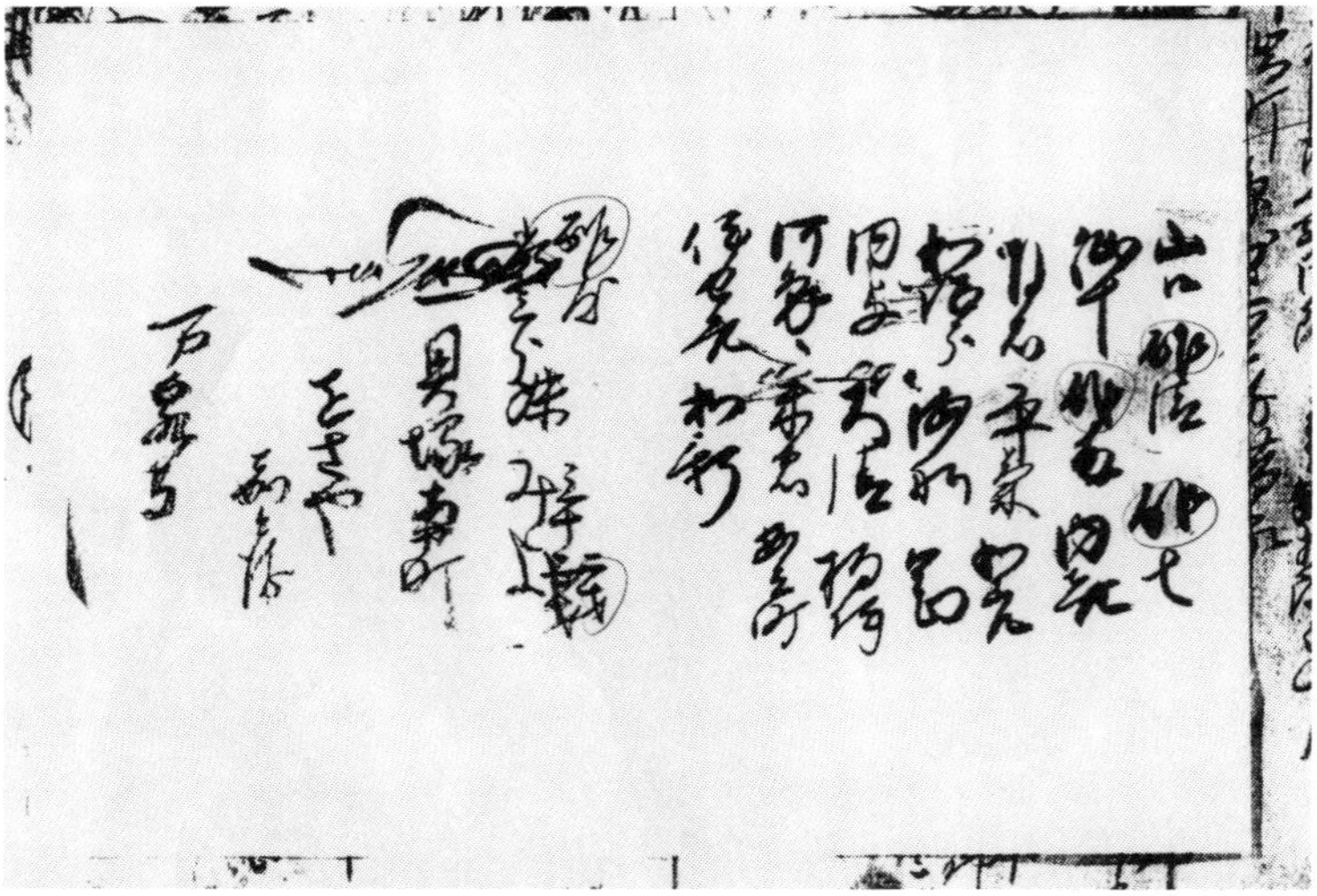

元治元年の宗旨人別帳に付箋された弔い記録
（堺市中央図書館所蔵真宗寺文書より）

年に酢屋利兵衛をはじめとする米問屋は、米を積んだ他国船が入津した時に米問屋同士が争わぬよう、また入津米の価格が高騰しないよう客船規定という対応表を作り、港での石高管理を行なっていました。

酢屋清兵衛ら唐物薬種商は長崎からの荷受けを行なっているほか、幕末まで大坂にある船問屋との荷物のやり取りで廻船を利用していました。堺と大坂は物流も頻繁に行われ、船で簡単に行き来出来たのです。

嘉永六（一八五三）年の黒船騒動以来、堺の沿岸警備は彦根藩が担っていましたが、禁門の変後の八月、堺の沿岸警備を強化する目的なのでしょうか、急きょ岸和田藩に交替します。このタイミングで薬種商酢屋清兵衛・藤七はじめ堺の商人や対岸の明石や住吉の人十数人が拿捕され、その後謎の集団死を遂げています。おそらくこの人たちは港を利用している商人であり、沿岸警備の交代と廻船商人たちの集団死は関わりがあると考えられます。

8　集団死の調査を試みた佐野安兵衛聞書

昭和の初め、この十数人の弔い記録について調べた節があります。堺市は大正四（一九二四）年、市史編纂部を設置、監修に法制史の権威である三浦周行《みうらひろゆき》を迎え、編纂長に中村喜代三（一九二八年以後は牧野信之助）を迎えた他、小葉田淳《こばたあつし》・岩橋小弥太《いわはしこやた》・藤直幹《ふじなおもと》・山根徳太郎《やまねとくたろう》ら新進気鋭の歴史学者が編纂者として名を連ねました。これは堺が中世における日本経済の中心地の一つであり、歴史学者の間でもこの事業への関心が高かったことによります。史料収集は日本全国に及びました。

堺市史は昭和四（一九二九）年三月より昭和六（一九三一）年三月にかけて刊行されました。堺市史にはこの謎の死は触れられていませんが、その調査検討資料の中に「佐野安兵衛聞書」という聞き取り資料が残っています。昭和二（一九二七）年十一月に市史編纂部が佐野安兵衛氏を訪問し史料としてまとめたものとなっています。

安兵衛氏は天保十一（一八四〇）年、堺市宿屋町大道に生まれこの時八八歳。父は河内屋伊兵衛、姓は包《かね》清《きよ》といい、家は薬種・包丁を商い商標は○に吉。安兵衛氏は名を伊三郎と称し、十三歳で木津に来て佐野家の養子となったとあります。聞書では堺の宿屋町の江戸末期の様子が興味深く語られており、小西行長や亡くなった酢屋清兵衛や藤七の様子が語られています。

一、包清の家は宿屋町田畑和兵衛控家の南隣なり。

一、小西行長の住居跡は、自分の家の北隣、田端の家の南隣にあった。その所を田端が隠居所に買うたが為、小西行長の家は、田端の家だということになった。今建っておる家跡の碑石は、田端の母屋に建てておるのはこんな考えからでたもので、実際は南隣の隠居所である。
一、宿屋町山の口北角に更紗屋があった。木毛織の無地を支那から酢屋が輸入し、それを受けて紅で更紗を作った。
一、田端の北隣が酢屋清兵衛で、輸入物をやっておった。
一、住吉の御祓祭には、宿屋町に限って、提灯が他の町の御祓い筋とは違っておった。その北の口には、輸入の薬袋に模した提灯を上げた。又材木町北の口には薬袋を入れた荷箱に模したものを出した。
一、輸入物の入札場は、酢屋から包清までの間の軒先であった。荷物の入った箱（櫃と言った）を持って、軒先に筵を敷いて客を待った。客が来ると箱の蓋を取って売った。客は大阪の道修町の人が多かった。
一、輸入物の問屋は二軒で、その分家も合して四軒あった。問屋は酢屋清兵衛と材木町の田中屋庄兵衛とがあった。清兵衛の分家は、同町内に酢屋藤七があり、庄兵衛の分家には、同町内に庄助があった。
（内容は一部省略）

佐野聞書を裏付ける資料として、酢屋清兵衛と田中屋庄助が一緒に唐物を長崎と取引をしている記録が何度かあります。ほぼ共同で道修町の荷受商人をしています。その一つとして、長崎の五ヶ所本商人中行司より堺の田中屋庄助及び酢屋清兵衛宛てに大急用で出した手紙があります。酢屋清兵衛と田中屋庄助が長崎より唐物である鼈甲《べっこう》爪を買い付けましたが、江戸表の取り締まりにより買ったものが没収されます。長崎仕入れ元が代金を建て替えた上、再度手配すべきところを、さらに二人が出銀して買付けしたことに対する礼状です。

一筆啓上仕候秋暑難退御座候所各様弥御覧栄被成御座珍重奉存候随而当方無異罷在。此の段御安意可被下候。

一、当三番割札鼈甲爪差登候所江戸表より取締相回り大造之損失相成銀納難約一統及迷惑全此の節之儀非常同事之訳ニ付惣代として升屋組幸吉大阪屋組次右衛門永見屋組半兵衛罷り登り約方に付き御借用銀之儀御頼談申し上候所被仰合格別之配慮を以って御出銀被成下候段別かたじけなく而忝仕合奉存候。此の段御厚禮申上候（以下略）

八月四日　五ヶ所本商人中

行司　入来屋　善之助　印

杢野屋《まつのや》　太助　印

竹野屋　長兵衛　印

大坂屋　六左衛門　印

今村屋　友次郎　印

田中　屋庄助　様

酢屋　清兵衛　様

佐野聞書での酢屋と田中屋の位置を確認するため、再度元禄大絵図を登場させます。

幕末の宿屋町の酢屋清兵衛の店は元禄大絵図の酢屋又左衛門のところに当たり、材木町酢屋六左衛門のところに又左衛門が移り、家の持主は清兵衛になっています。田中屋庄兵衛・庄助は、材木町酢屋久左衛門の

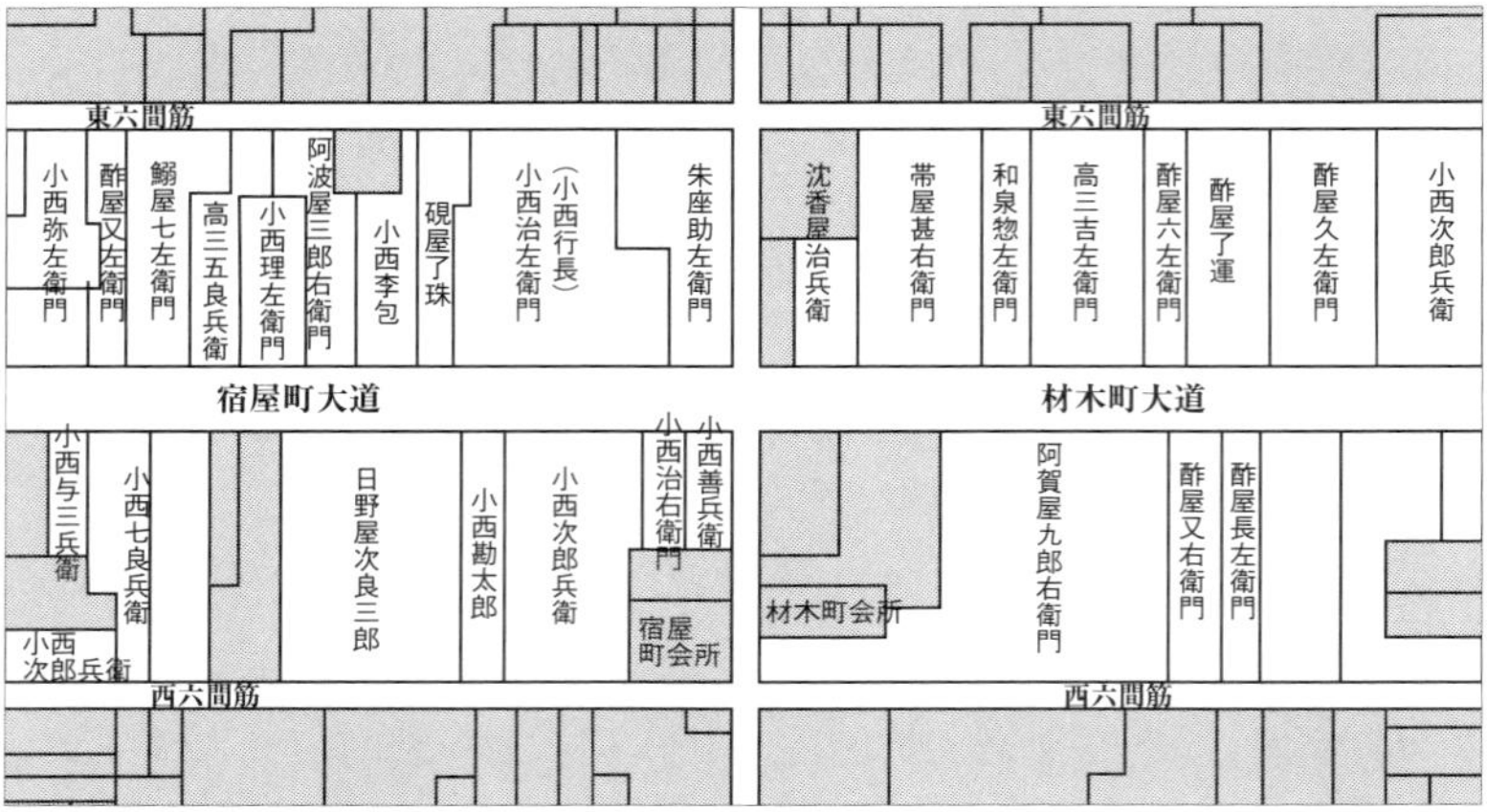

元禄堺大絵図に見る宿屋町・材木町大道筋の家名

場所に当たると考えられます。酢屋や小西、日野屋等の宿屋町の薬種商は元和の町割から幕末までは続いていたのです。ちなみに弔い記録にある山口とは東六間筋の東にある山之口筋のことです。

清兵衛と藤七の関係を見ておきます。安永七（一七七八）年の大坂平野町に住んでいた記録が、平野町文書に残っています。そこには大坂淡路町の店を息子藤七に譲るとあります。源兵衛は清三郎の叔父という記載もあり、この店は難波丸綱目に載った源兵衛の店のことと考えられます。その後、初代清兵衛は文政七（一八二四）年の江戸買物独案内にあるように人参三臓圓を製造販売していました。この清兵衛の子藤七には堺の宿屋町の本家に姉がおり、養子縁組し二代目清兵衛を継ぎます。佐野聞書に登場する清兵衛はこの二代目清兵衛に当たります。同じ佐野聞書に登場する藤七も二代目になります。

初代清兵衛の子、初代藤七は結婚し三人の娘に恵まれますが、妻が若死にし、文化十三（一八三〇）年、子を連れ堺に戻り、天保三（一八三二）年、酢屋小兵衛の娘ときと再婚し翌年二代目藤七が誕生します。二代目藤七は二十歳まで堺に住み、七年間大坂の店に出ていますが、安政二（一八五五）年、久次郎が誕生し、万延元（一八六〇）年堺に戻り、佐野聞書にあるように宿屋町で薬種商を営んでいました。

田中屋は文政十（一八二七）年、庄助が大坂より来て宿屋町薬種商六番組に加わったとされ、酢屋久左衛門家と姻戚関係となり、酢屋清兵衛家とも親戚として幕末まで長年一緒に仕事をしています。その後田中屋庄助は青木秀平《あおきしゅうへい》と名を変え、薬種売価暴騰、寒天の輸出で巨利を得て、慶応四年には薩摩藩御用達となり明治になり堺紡績所建設に尽力したとされます。

残念ながら堺市史の調査は、禁門の変後の謎の集団死の要因を見つけられずに終了しています。

9　桂小五郎の逃げの真相に迫る

堺の酢屋藤七の後継者家には、昔、桂小五郎を助けたという本当のような話がありました。桂小五郎は出石に逃げたので誰も堺に来たとは思っていませんでした。謎の集団死の一人である藤七家に伝わる黙示録が本当なら、朝敵となった長州藩のリーダー・桂小五郎（のちの木戸孝允）が堺に来たことになります。

桂小五郎の逃走手段について考えてみます。堺町御門の戦闘で鷹司邸は砲火に焼かれ、近隣の民家に長州兵が隠れたのでその周りに薩摩兵が火を放ったともいいます。この火と河原町二条の長州藩邸に放たれた火は京都全域に広がり、三万世帯が避難する大火となります。当時京都では日照りが四、五日続いていたうえに、北東の強い風が吹き、火は西南方向へ広がりました。

火災は二一日朝になりやっと鎮まります。のちにこの火災をどんどん焼けとか鉄砲焼けと言うようになります。火災が六角牢獄に迫り入牢者が脱獄逃亡することを恐れた幕吏は、有罪か無罪かの判決を待たないままに平野国臣ら三七名の志士達を全員斬首したとされます。

このような状態の中で桂小五郎はどのように行動していたのでしょうか。衝突のあった日も因州藩に協力を願おうと行動していましたが、どうすることも出来ず藩邸に戻っていました。そして七月十八日、乃美織江らと河原町の長州藩邸で決別の宴を張ります。桂小五郎は敗れたその日にも、近くの対馬藩に出入りしていたのか、事前に打ち合せがあったのか、儀達の臣である対馬藩の多田荘蔵《ただしょうぞう》に相談しています。多田荘蔵は小五郎の相談を受け、対馬藩邸に出入りしていた出石の出身の広戸甚助《ひろとじんすけ》と直蔵《なおぞう》の兄弟に小五郎の逃亡の手助けを依頼します。

二十日、長州藩邸は火を放たれ、小五郎は行方をくらまします。彼はおよそ五昼夜の間京都に潜伏し、傘下の情報を得ようと苦心していましたが、その身辺が危うくなり九死に一生を得て、次策を練ろうと京を出発します。

10　通説・小五郎の出石潜伏は別人

通説では桂小五郎の身は甚助が快く引き受け、七月二三日の夜、直ちに変装して船頭姿となり甚助と共にひそかに京の都を出発し出石に向かったことになっています。元治元年七月末、桂小五郎は甚助に伴われて出石へ向かう途中、久畑の関で役人に疑われますが、甚助の機転によって無事通過します。

その後、出石室埴村寺坂茶屋松屋に泊まり、同夜甚助は直茂と相談して田結庄町《たいのしょうまち》の角屋喜作宅に入ります。元治元年九月上旬、京都から会津桑名藩士が到着、捜査を恐れて城崎温泉松本屋（現つたや）に隠れたとされます。元治元年九月下旬、城崎温泉より出石に帰り田結庄町畳屋茂七方の部屋に潜伏します。元治元年十月上旬、京都から会津桑名藩士が来ると、広戸兄弟は相談して小五郎と養父《やぶ》市場へ行き、親戚大塚屋の案内で西念寺の寺男として住み込むことになります。元治元年十月下旬、小五郎は再び出石に戻し畳屋の部屋に隠れます。

元治元年十二月上旬、甚助兄弟は桂を隠し保護していることを両親に初めて話し、説得して広戸喜七の家へ隠すこととなったといいます。元治元年十二月三一日、広戸家親戚畳屋重兵衛の尽力で初めて公に住むことが許され、宵田町に広戸家の別家と称して荒物商を開業することとなったといいます。発覚を恐れて他人を雇わず、直蔵の妹桂女（当時十三歳）に世話をさせたとされます。

これらは明治時代徳富蘇峰《とくとみそほう》が取り上げたことで通説となったものですが、桂小五郎は、本当に通説のように出石に潜伏したのでしょうか。

大正七（一九一八）年六月十六日、妻木忠太《つまきちゅうた》氏が広戸直蔵の嗣子である正蔵氏と面談し、談話としてまとめた「史実参照木戸松菊公逸話」によると、正蔵氏は桂小五郎を見たことは無く、「伝聞したるままの話」であるとし、妻木氏は「木戸公の出石潜伏中に書かれたものは私の宅に伝わっているが、ここに何も存在していないのは非常に遺憾である」と言っています。そして桂小五郎が西念寺に潜伏したというのは伝説であり、いまだ証拠がないと断定し、城崎の松本屋にあたる旅館を訪問した際、小部屋の雨戸に桂小五郎が書いたとされる「あさぎりのはれ間はさらに富士の山」を見たが、明らかに他人であると断定しています。

さらに「木戸孝允文書」（日本史籍協会双書）の解説には、長州人のもつ特性としてよく言われるのが書き魔、手紙魔であること。吉田松陰《よしだしょういん》も高杉晋作もたくさんの手紙を残しており、「木戸孝允文書」「木戸孝允遺文集」計九冊に収められた木戸が書いた手紙は、なんと二千二百余通にも上るとされます。木戸の手紙の宛て先は吉田松陰、髙杉晋作、周布政之助、来島又兵衛《きじままたべえ》、久坂義助（玄瑞）、坂本龍馬《さかもとりょうま》、勝海舟、広沢兵助、前原一誠、伊藤博文《いとうひろふみ》、井上馨《いのうえかおる》、大村益次郎《おおむらますじろう》、山田顕義《やまだあきよし》、岩倉具視《いわくらともみ》、大久保利通《おおくぼとしみち》、三条実美、黒田清隆《くろだきよたか》など幕末維新の主役たちの名がずらりと並んでいます。

木戸孝允の手紙は全体的に見ればやはり武士の書いた文章で、質実剛健で漢文調（漢字が主体）です。広戸家に残る幸助名（桂小五郎とされる）の手紙も「木戸孝允文書」に入っていますが、広戸家宛に送られた手紙はひらがな混じりの文体という特徴があり、多くの木戸の手紙と格調が異なり、幸助名で出された手紙は別人である可能性が高いと考えられます。

妻木氏の言う通り、桂小五郎は京都から出石には逃亡していないのではないかと疑われても仕方がないようです。では、逃げの小五郎は何処に向かったのでしょうか。

11　桂小五郎の逃走方面の推理

対馬藩の多田荘蔵は、小五郎の逃亡のため小五郎の影武者を仕立てたのです。甚助には小五郎の影武者と共に出石に向かわせます。途中、畑の関にて役人に疑われますが連れの男を知り合いの船頭だと言い、甚助の機転を利かせ無事通過したとされます。本物の小五郎ではないためびくつく必要はないのです。

桂小五郎は禁門の変後身をやつして、二条大橋の下に潜む桂のもとに幾松《いくまつ》がにぎり飯を運ばせたという有名なエピソードがあるように、しばらく京都に潜伏していました。少し沈静化してから船頭姿となり、ひそかに京の都を出たとされます。なぜ影武者が船頭姿なのか、それは本物の小五郎も船頭姿で逃走したからに他なりません。

京都から出石までは百五十キロメートル以上ありしかも山道です。一日四十キロ歩いたとしても、少なく見ても三泊四日の行程になり、途中には関所もあり何が起こるかわかりません。穴山梅雪が山城で殺され、明智光秀は坂本を目指して落ち延びる途中に殺されたように、本物ならすぐに捕まっているはずです。

高速道路がない江戸時代、何が一番便利であったか。それは船の利用です。船が一番の交通手段なのです。幸い、禁門の変時の鴨川や高瀬川沿いの地区は火災を免れていました。長州藩邸近くの高瀬川沿いの舟入から船で伏見へ、そして淀川を下れば大坂へ容易に移動できます。

これらを勘案すると、京都守護の会津藩には小五郎は出石に逃げたと宣伝する一方、本物の小五郎は大坂方面に逃げたものと考えられます。なにより出石には、朝敵となった桂をほう助したダメージが見られないのです。

慶応元（一八六五）年四月二六日、下関に戻る直前、大坂で京都からの逃亡を助けた広戸兄弟が発見される事件が起きます。大坂の淀屋橋の一つ東、梅檀木橋《せんだんのきばし》で幕府の捕吏に広戸兄弟が出くわし、兄甚助が囮になりながら目配せし、弟直蔵に小五郎の宿へ急報させたと言われています。

まとめると、禁門の変で朝敵となった小五郎はしばらく京都の橋の下に潜伏し、大坂への舟運が回復するのを待ち、影武者を先に出石に向かわせ、直蔵とともに高瀬舟で下り、暗闇の中伏見から枚方経由で八軒屋から大坂に潜伏したのでしょう。大坂には土佐堀に長州藩邸もあったので、比較的地理に詳しかったと考えます。やはり大坂が潜伏場所であったと考えられます。

12　元治元年の堺の酢屋の状況と集団死事件の推理

酢屋清兵衛を本家とする一族は元治元年当時、堺でどのように暮らしていたのでしょうか。

堺の戎町に酢屋忠助（年齢不詳）が妻しんと二人で暮らしていました。忠助は酢屋七三郎に始まる人参三臓圓を販売する前述の吉野五運家守を継いでいます。

宿屋町大道には薬種商である酢屋藤七（三二歳）が利助家族三人と伯父の藤八、酢屋久次郎とその母の合計七人で住んでいました。同じく宿屋町大道に酢屋清兵衛が母と妻、そして一歳になった清三郎と四人で住んでいました。清兵衛と藤七に関しては、佐野安兵衛聞書の通りです。

九間町には和菓子屋を営む酢屋常次郎と兄弟の万助、元三郎姉みよとその子栄吉の五人が住んでいました。この常次郎の兄弟は酢屋七三郎に始まる家系にあたると考えられます。

北材木町には酢屋又左衛門が住んでいますが、戎島万屋町、善教町、南中の町下濱など全て酢屋清兵衛の持ち家となっています。

この他、戎町大道借家に唐物商の酢屋伊兵衛、東天神前町に蒔絵職人の酢屋伊三郎がいました。謎の死を遂げた十数人は、貝塚の浄土真宗のお寺でお菓子屋の酢屋常次郎の妹のみよの手で弔われています。

明治以降、酢屋藤七を継いだ家系には小五郎を助けたという黙示録のような伝承が残っていたことを述べましたが、誰が最初に小五郎に出会ったのでしょうか。不確実な伝承ですが、清兵衛や分家にあたる藤七の弟分が助けたといいます。

幕末の宿屋町の宗旨人別帳が残されており、慶応三（一八六七）年の清兵衛家は清三郎（五歳）、分家の藤七家は同家人利助、戎町吉野五運家守家では七三郎（十一歳）が一度に世帯主となり、元治元年分と異なり、主人の清兵衛、藤七、忠助の三人が亡くなっているのが確認できます。この他九間町の家では万助の消息が消えていました。

この戸籍情報と言い伝えを合わせ、次のように推理できます。

桂小五郎は騒ぎが収まった八月のある日、大坂から一人で渡船に乗り堺に来て、夕刻大坂に戻ろうとして堺の沿岸警備をしている岸和田藩の警備が厳重であることに気づきます。戎島に戻り渡船に乗ることも、大和橋を渡ることも出来ず、大坂に戻れない小五郎は途方に暮れ、河内方面に行こうとしていました。

ここで偶然、町はずれで戎町の酢屋忠助に出合い助けを求めます。吉野五運家守である忠助は、酢屋が使用する廻船なら隠れて大坂に戻れるであろうと考え、長崎から道修町に引き渡す荷受け業をしている兄貴分の酢屋藤七と清兵衛に相談をします。それがうまくいき、その後小五郎は何度か大坂と堺を行き来していたのでしょう。

酢屋の中では秘密事項であったのですが、慣れてくると小五郎も一般の乗合程度の感覚になり、特に隠れて行動している風でもなく、自由に堺の町を見て回りました。小五郎は堺に来て、酢屋が全国展開をしている船問屋であることや堺の商人の実力を知ったのです。

やがて小五郎の存在が知れたのか、噂になったのか、商売仲間の誰かに密告されたのか不明ですが、岸和田藩に伝わり、八月中頃、戎島で朝敵の逃亡をほう助した罪で酢屋の人たちが捕縛されたのです。幸い小五郎はいなかったのでしょう。

徳川時代の堺の牢屋敷は車之町寺町の西側の袋町にあり、袋町牢屋敷と呼ばれました。御仕置場は南北二箇所にあり、南は東湊町紀州街道の傍ら一里塚のある所、北は北之橋北方街道の西側にあって、それぞれ南仕置場、北仕置場と呼ばれていました。堺の町の外には堺廻り三ケ村のひとつである北庄村という村があり、そこに死体の捨て場所がありました。現在、その村域の東側部分を大阪刑務所関連の施設が占めています。

幕末文久元（一八六一）年頃の記録では、堺の牢屋は満杯で、北庄村では御仕置もの・牢死人の墓所を作るにも死体が多すぎて処理できないと庄屋が困っていたと伝えられています。いかに幕末の堺は荒れていたかを見る思いです。

岸和田藩に捕えられた人々は満杯の堺の牢屋に入ることなく岸和田城二の曲輪にある牢屋に移送され、九月、第一次長州征討に合わせ京都の牢屋にいた勤王の志士同様、問答無用で津田川河原の死罪場で処刑され晒し者にされたのです。その亡骸は常次郎の妹みよの手によって貝塚のお寺で供養されます。おそらく捕縛された人の中に、みよに関係する人物も含まれていたのでしょう。

忠助は偶然助けを求められ誰とは知らず人道上助けたのであり、決して徳川幕府に逆らったつもりはなかったのです。しかし長州征討が始まる時期であり、関わった人たちが朝敵とされたと考えます。

13　第一次長州征討と薩長同盟

元治元（一八六四）年八月、徳川家茂が自ら征討軍を率いて長州へ赴くと宣言しますが、その前に連合艦隊が長州に向け出発します。朝敵の汚名を被った長州はイギリスをはじめとする四カ国連合艦隊に報復砲撃を受け、敗北し弱体化します。和議を申し入れ賠償金を請求されますが、資金に乏しい長州は幕府に立て替えさせることで一旦しのぎます。

十月十五日、結局幕府は前尾張藩主徳川慶勝《とくがわよしかつ》を総督とし大坂に入ります。大坂市中には長州の敗北を「残念さん」として捉えるなど、長州戦争に対し批判的な見方を持つものが少なくなかったといいます。十月二十五日、大坂を出発し、十一月十一日、広島へ三六藩十五万の兵を集結させます。第一次長州征討です。薩摩藩の西郷吉之助は、禁門の変での戦いが認められ総督参謀として加わっていました。

十八日から総攻撃の予定でしたが、長州は攻撃を受ける前に、禁門の変の責任者である三家老（国司信濃・益田右衛門介・福原越後）の切腹、三条実美ら五卿の他藩への移転、山口城の破却を条件に全面降伏します。

元来西郷は長州滅亡を望んでいましたが、九月十一日の幕府軍艦奉行の勝海舟との会談でその考えを変え、長州の恭順姿勢を認めて、幕府軍を退くべきと進言し、徳川慶勝に同調させ戦わず諸藩に撤兵令を出します。

長州藩内部は、禁門の変で敗れ、連合艦隊に敗れることで討幕派の勢いが無くなり、俗論派と呼ばれた保守グループが台頭、三家老の首を差し出したのです。

三家老の死を知った高杉晋作は逃亡先の九州から戻り、民兵を募って決起隊を作り、俗論派と戦いこれを一掃し、慶応元年二月二日、長州藩の実権を握ります。

慶応元（一八六五）年二月二日、村田蔵六は下関その他の藩の戦況を桂小五郎に連絡しており、この事例からも桂小五郎は連絡を受けることができる場所にいたと推測されます。幕府軍の撤兵や戦況を把握し、戻ることが出来ると判断した桂小五郎は、慶応元（一八六五）年四月二八日、下関に到着します。下関に戻った桂小五郎のところへ四月末日、土佐藩士中岡慎太郎《なかおかしんたろう》が赴き面談しています。閏五月二日には坂本龍馬が下関に着き桂小五郎と面談し、薩摩藩の事情を説明しています。

坂本龍馬は土佐藩の脱藩を繰り返した後、勝海舟の元神戸海軍操練所や神戸海軍塾に所属し、慶応元年三月、勝海舟の進めていた神戸海軍操練所や神戸海軍塾の閉鎖に伴い、勝海舟より薩摩藩の小松帯刀《こまつたてわき》の紹介を受け、次第に薩摩藩の庇護を受けるようになっていました。

慶応元（一八六五）年閏五月四日、中岡慎太郎は鹿児島に赴き西郷隆盛らを訪ね、下関で桂小五郎と会見し将来の大策を議定せんことを説きます。中岡慎太郎は薩長和解工作を推進したのです。この時西郷隆盛が動いたなら、この時点で薩長同盟は成立したと言われています。桂小五郎も四月に長州に戻りますが、藩内の業務に忙殺されており、長州からお願いするタイミングではありませんでした。

薩摩藩の小松帯刀に採用された形の坂本龍馬も西郷隆盛の長州に対する態度に変化・活路を見出し、中岡慎太郎らが推進してきた薩長和解工作に興味を示し、積極的に長州に働きかけをします。

九月九日、長州藩は薩摩藩の船を迎え、小松帯刀、大久保一蔵《おおくぼいちぞう》（利通）らに贈り物をし、銃や艦艇購入の契約を行い、長薩両藩の同盟の議題にまで話が進みます。この日、藩主毛利敬親は桂小五郎の氏名を木戸貫治と改め、これより小五郎は木戸姓となります。

慶応二（一八六六）年正月二日、京都二本松薩摩藩邸において小松帯刀、西郷隆盛と木戸孝允とが坂本龍馬を仲介役に入れ、会談の結果、全六箇条からなる盟約が成立しました。内容は来るべき幕長戦争に備えた攻守同盟で、幕府の出方により薩摩藩の京都での軍事行動も盛り込んだものでした。のちに木戸は同盟の保証を得るため、書き写した六箇条の書面を竜馬に送り裏書を得ています。

坂本竜馬は木戸がいつまでも薩摩藩との同盟を言いださないので心情を聞き、西郷の薩摩藩から申し入れをすることで薩長同盟をまとめたのです。

14　坂本龍馬、三条酢屋に移る

慶応二（一八六六）年一月二三日、薩長同盟の会談を斡旋した坂本龍馬は、薩摩藩の紹介で伏見の寺田屋に宿泊していました。その坂本龍馬を伏見奉行所が捕縛しようとした事件が起きます（寺田屋事件）。龍馬が脱出に使ったピストルは護身用として高杉晋作より贈られた銃で、二月六日付桂小五郎宛て龍馬書簡に「彼高杉より被送候ピストールを以て打払、一人を打たをし候」とあり、長州が第二次長州征討に対応するため薩摩藩名義でグラバー商会から洋式銃を購入した時期に高杉から送られたものです。

龍馬は寺田屋事件を木戸に報告した後、三条通り下の高瀬川、五の舟入近くの木材商である酢屋嘉兵衛宅に滞在先を替えるよう木戸から紹介を受けます。木戸が禁門の変後の潜伏中に大坂・堺・京都で万船問屋を営む酢屋の存在を知り、龍馬に紹介したのです。

高瀬川の川沿いには各藩の藩邸が立ち並び、各藩との折衝や、伏見そして大坂との連携にも格好の地であり、万が一の場合逃げやすい場所であった為、龍馬は紹介された三条酢屋に身を寄せました。

龍馬は家の者から才谷さんと呼ばれ、二階の表西側の部屋に住まいしていました。当時の面影を残す部屋の品格子より、龍馬は向かいの舟入りに向けてピストルの試し撃ちをしたといいます。

15　第二次長州征討の影響

幕府は長州再征を決め、慶応元（一八六五）年閏五月、十四代将軍家茂は上洛し大阪城に入って準備をしていました。

高杉晋作の台頭によって藩論が一変したことを察知し、慶応二（一八六六）年正月二二日になって、幕府は長州処分を奏上し翌日勅許を賜ります。すでに薩摩は薩長同盟を締結した直後であり、当然第二次征長への出兵拒否の藩論を決定します。

先の征長軍撤兵から一年半後の慶応二（一八六六）年六月七日、幕府軍が大島郡沿岸を襲撃し、四境戦争といわれる第二次長州征討が勃発します。十三日には芸州口、小瀬川口、十六日には石州口、十七日には小倉口でそれぞれ戦闘が開始されます。七月二十日、将軍家茂が突然病死し一橋慶喜が後を継ぎますが、家茂死去の報を受けた総督小笠原長行《おがさわらながみち》は戦線を離脱。孤立した小倉藩は八月一日、城に火を放ち香春に退却。事実上幕府軍の敗北に終わります。

徳川慶喜の意を受け、勝海舟により宮島で停戦が行われました。高杉晋作は四境戦争で燃え尽きたように翌年四月に結核で死去しています。この第二次長州征討によって、朝敵の汚名を背負った酢屋の九州各地の拠点は、少なからず影響があったものと推測しています。

第17章　明治維新後の酢屋と錫の杯

1　大政奉還と江戸城の無血開城

異国勢力と長州を怨み嫌っていた佐幕派の孝明天皇が十二月二五日急死し、公武合体を目指す徳川慶喜にとって大きな痛手となります。

慶応三（一八六七）年一月九日、明治天皇が践祚《せんそ》されます。薩長同盟は討幕を進めようとし、一方の慶喜もフランスと提携し兵庫も開港して幕藩体制改革を進めようとしています。慶喜は徳川幕府が無くなっても、リーダーシップが取れると考えていたのです。

佐幕派だった土佐藩は時代の変化に身動きが取れず、ただ富国強兵に努めていました。慶応三（一八六七）年、土佐の後藤象二郎は長崎で木戸と面識を得て、その後坂本龍馬との会談を行い、公武合体論から意見を改めます。会談後帰国した後藤は、坂本龍馬が最初に提案したと言われている大政奉還論を押し進め、いわゆる船中八策に基づき、前藩主の山内容堂に対し将軍徳川慶喜に大政奉還させるよう進言します。

慶応三（一八六七）年十月、土佐藩は将軍徳川慶喜に大政奉還の建白書を提出します。慶喜は京都二条城に在京諸藩の藩主、家老職を招集し、そこでの会議で大政奉還の上奏文の提出を決定、朝廷へ上奏文を提出し大政奉還がなされました。大政奉還がなされなかった場合、薩長は討幕の密勅を受け取っていたといいます。大政奉還がなされても幕府軍は抵抗し内戦状態が続きます。大政奉還後、坂本龍馬は宿泊場所を酢屋から土佐藩邸近くの近江屋に移します。薩摩藩から安全のため藩邸に入るように勧められましたが間に合わず、十一月十五日に暗殺されます。

大政奉還の後、幕府は諸侯の合議制で運営するはずでしたが、徳川慶喜によって新体制になっても徳川家は維持されようとしていました。つまり大政奉還しても徳川慶喜が持つ所領や幕府軍はそのまま維持できたのです。十二月、岩倉具視と薩摩の大久保利通による討幕の密勅が下され、王政復古の大号令が発せられ、慶喜の征夷大将軍の職を廃止し、天皇親政のもとでの新政府が発足するクーデターが起こります。新政府が徳川家の所領も没収することになったのです。

二条城から大坂城に引いた慶喜は旧幕府軍を率い倒薩軍を進め、慶応四（一八六八）年正月、鳥羽・伏見の戦いが起きます。旧幕府軍は大軍でしたが、新政府軍が承久の乱で用いられた錦の御旗を立て戦ったことから、官軍につく兵士が出て形勢が逆転し、慶喜は大阪城から江戸城に撤退を余儀なくされます。

三月、慶喜追討令によって官軍が江戸城を攻め落とそうとしていた矢先、西郷隆盛と勝海舟による交渉で江戸城が無血開城され、九月、明治に改元され徳川幕府は崩壊したのです。

2　廃藩置県と崩壊した酢屋屋敷の利用

慶応三年十二月九日に勃発した王政復古のクーデターは、事実上の中央政府が徳川幕府から朝廷へ移っただけに過ぎず、中央集権を進めるには各地に未だ残る大名領（藩）の存在をどうするかが問題でした。これを解決しようとしたのが廃藩置県です。

廃藩置県に関しては木戸孝允が主導し西郷隆盛が賛成したため、急きょ会議が持たれます。会議では西郷隆盛、大久保利通、西郷従道《さいごうつぐみち》、大山巌《おおやまいわお》、木戸孝允、井上馨、山県有朋《やまがたありとも》の七名の薩長の要人が木戸孝允邸に集まり、廃藩を断行できない場合全員辞表を出し、断行の際の障害については、軍事力の行使もいとわないと決定します。密かに練られた廃藩置県案は、三条実美、岩倉具視、板垣退助《いたがきたいすけ》、大隈重信《おおくましげのぶ》らの賛成を得て、明治四年七月十四日、明治政府は在東京の知藩事を皇居に集め廃藩置県を命じます。翌十五日の政府会議では、「各藩にて異議が起り候はば、兵を以って討ち潰すほかありません」という西郷の一喝の威力が会議を圧倒し決定しました。これは王政復古に次ぐ第二のクーデターといえるでしょう。

各県には、知藩事に代わって新たに中央政府から県令が派遣されます。当初は藩をそのまま県に置き換えたため現在の都道府県よりも細かく分かれ、三府三百二県あり、廃藩置県の後幾度か合併が繰り返されました。明治九年には奈良県が廃止され、生駒・葛城・金剛の山並みを越えたところが堺県に組み入れられ、明治十四（一八八一）年には奈良県を含んだまま、堺県の大阪府への合併が実行されます。逃亡時に木戸が堺を熟知し堺の重要性を認識していたことが、大きな堺県となって表れたのです。

さらに木戸が酢屋の全国ネットワークを知っていたことを示すものとして、元禄絵図にある材木町の酢屋

廃藩置県によって生まれた堺県。
堺が南都と一体であるという認識があった

長左衛門（幕末清兵衛持家）が堺県警察署の仮庁舎になり、大分府内の堀川町にある酢屋平右衛門の家は、明治五年一月二三日に大分県庁が開庁した際仮庁舎として使用されたことにも表れています。

3　明治天皇大和行幸と錫の杯を受けた久次郎

明治十（一八七八）年一月、京都並びに大和国への天皇行幸に関する宮内省の通達が出されます。廃藩置県により、大和国（奈良）への行幸は堺県を通じて連絡が行くようになっていました。

堺県布達というかたちで行幸の準備が始まりましたが、世の中はまだまだ騒然としていました。

明治九（一八七七）年、熊本・福岡・山口では政府に不満を持つ士族の反乱が相次ぎ、さらに茨城・三重などで地租改正に反対する農民一揆が起こります。明治十年一月三十日には西郷隆盛を信奉する若者たちが鹿児島で挙兵し、ここに西南戦争が勃発します。行幸は明治天皇の存在を強くアピールし新政権の安定を狙ったものですが、その最中に西南戦争は起こったのです。

このように、慶応四年の戊辰戦争から明治十年の西南の役まで、日本列島はまだ内戦状態が続いていました。慶応二（一八六六）年十二月末、孝明天皇が亡くなり、十五歳で即位した明治天皇にとって、行幸は明治維新がどのように起こったかを知ることも目的の一つであったと考えられます。

行幸布達によって日程が決められています。天皇は明治十年一月二二日、朝御門を出て新橋から横浜まで汽車に乗り、横浜から船で神戸に向かい、二五日に京都御所に入り、しばらく京都に滞在し東山陵を訪ね、兵庫―京都の鉄道開通式に臨んでいます。

二月七日、一行はいよいよ京都を出発します。体調のすぐれない三条実美と西南戦争の情報収集やその処理に忙しい伊藤博文・山形有朋は京都に残し、宇治―奈良―今井村―道明寺と宿泊し、十三日に堺に到着、一泊し大阪に向かいます。明治天皇の堺での行在所（宿泊所）は、中之町大道（旧河盛仁兵衛宅）です。

堺での日程は、十三日に行在所から中之町大道筋を北へ、宿屋町北之辻を東へ、山之口を出て堺県庁（本願寺堺別院に置いた）へ、その後熊野《ゆや》小学校へ、そして最後に千歳橋を渡り戎島製糸場という道程が組まれています。行幸の一行はおよそ百五十名にのぼり、有栖川宮・山階宮と続き、次に木戸内閣顧問となっており、木戸孝允は寺地町・益山嘉平宅に宿泊しています。

おそらくこの行幸宿泊時、助けを受けたことが原因で亡くなった薬種商・酢屋の後継者が探し出されたのです。そして酢屋藤七の後継者として、久次郎の元に錫の杯が届けられたのです。

この錫杯の箱の表には純錫杯、ふた裏には庚申乃夏日、蔵六造と書かれ、杯の底には蔵六の刻印があります。庚申乃夏日とは万延元（一八六〇）年に造られたものであり、京都の伝統工芸家・初代秦蔵六の作品です。

初代蔵六師は多数の政治家・文人と親交があり、明治六（一八七三）年、宮内省・木戸孝允より明治天皇が使用する天皇御璽と大日本国璽（約三・八キログラムの重量で、九センチ角もある金印）の製作依頼を受けており、八ヶ月宮中にこもって製作したとされます。

錫の杯は、一点ずつ蝋で型を作る蝋型鋳金と呼ばれる、仏教とともに伝来した伝統的な鋳造法で造られた工法のサンプルとして、木戸の手に渡ったものです。宮内庁尚蔵館には初代蔵六師作の中国古銅器を模した作品が所蔵されていますが、宮内庁以外にあるものは貴重だといわれています。

堺で商人の集団捕縛があった元治元（一八六五）年、久次郎は十歳でした。その当時の状況を示す資料として、共に薬種商を営み、明治になり堺紡績所建設に尽力した田中屋庄助（青木秀平）の人物伝の表記が参考になります。

当時、「薬種売価暴騰してたちまち巨富を累《かさ》ねた。然るに幕末に際して浪人横行、殊に貿易商人たる久兵衛を忌むこと甚だしく、しばしばその邸を襲ひ、首級を獲らんとし、或いは放火の貼紙をして威嚇した」とあります。幕末の堺は浪人が横行し、無法地帯に近かったと考えられます。朝敵を匿った罪で拿捕された清兵衛や藤七ら主人が居なくなった家は、しばしば襲われたことでしょう。身の危険を感じた久次郎は、同居

初代蔵六作　錫の杯

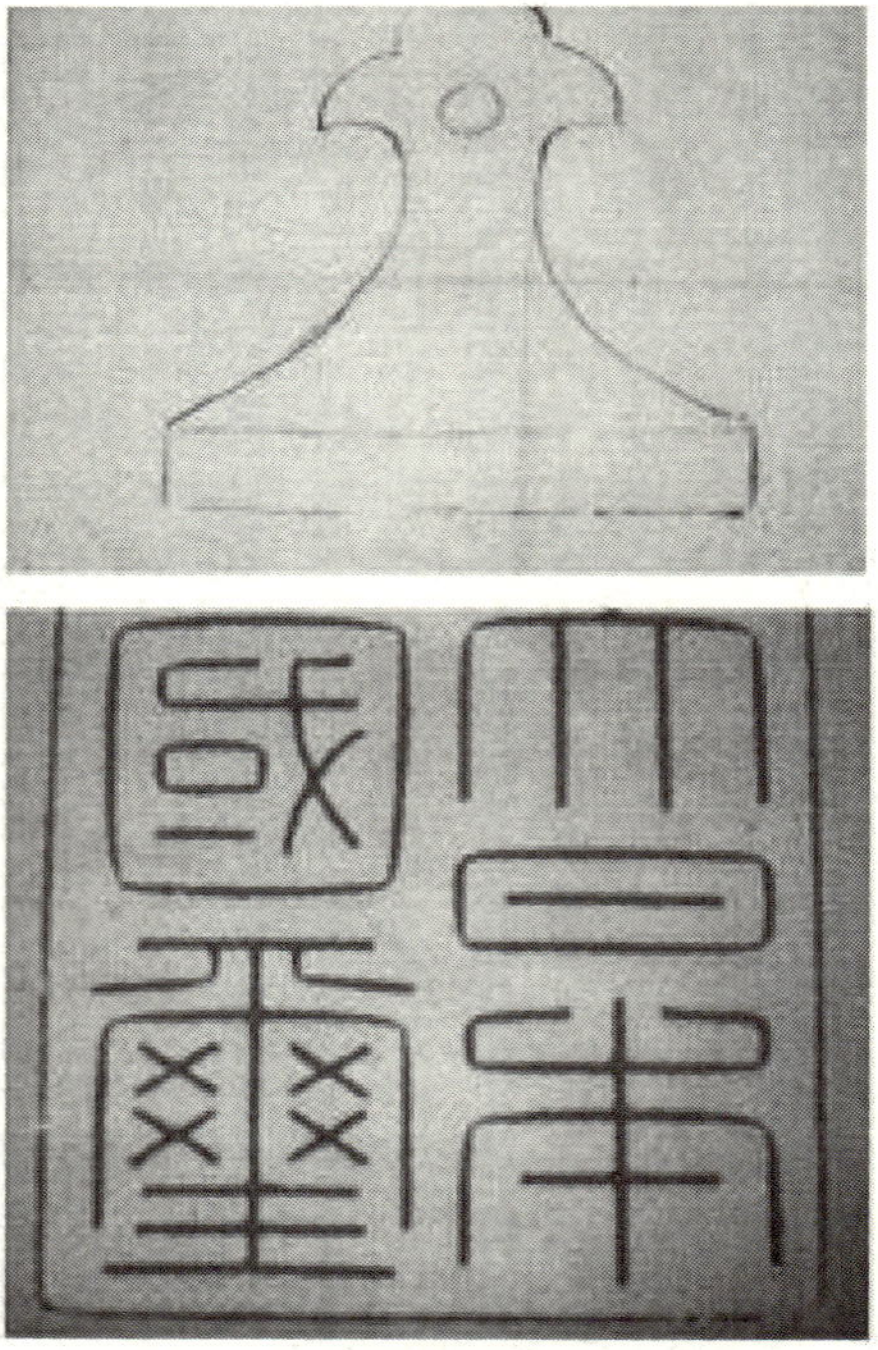

蔵六作　大日本国璽印形図（秦蔵六家資料より転載）

昭和32年当時の喜福工業（元堺紡績、明治25年設立）と久次郎家の位置（右下囲み）
（写真：西野元恵氏所有、一心堂書店・鎌苅一身氏提供）

していた初代藤七の末娘志海《しめ》と一緒に湊村に身を隠します。そして、明治十年の明治天皇の行幸によって、ようやく日の目を見たのです。

久次郎は明治十二（一八七九）年に結婚し、明治十三（一八八〇）年に正式に藤七の家督を継ぎます。久次郎は湊村で米屋を営み、石津の米相場を支配するほど力があったといわれていますが、明治三三（一九〇〇）年に亡くなります。湊村では村会議員も務めていたため、同会議員である山本吉右衛門、中田左七、熊取吉松、片桐寛龍、定金岩次郎、山口松太郎、堀田徳次郎、泉川伊三郎各氏名の弔辞が残っています。

久次郎が米屋を営んだ西湊の家は二階建ての大きな旧家で階段が東西二箇所あり、座敷の上には中二階の部屋もあり、店の上は倉庫でしたが昭和の初め頃改装し、向かいにあった紡績工場（喜福工業）の女工が間借していたといいます。家の裏には長屋の借家が十六軒あり、店の間の奥の腰の間には、薬種商の名残を示す薬簞笥が置かれていました。そして久次郎を祀る仏壇にこの錫の杯も遺されていたのです。

あとがき

明治維新の維新とは変革の意味をもつ語句であり、古くは大化改新の詔に応じた中大兄皇子の「天人合応厥政惟新」という言葉から生まれたといわれています。もともとの意味は、「天《かみ》も人も合《あ》い応《こた》へて、厥《そ》の政《まつりごと》、惟《こ》れ新《あらた》なり」。つまり天皇による政治の回復によって、社会システムを新しくするというものです。

日本の国には、倭の大乱後の卑弥呼の共立、河内王朝の成立、大化の改新、鎌倉幕府の崩壊、応仁の乱や本能寺の変、関ヶ原の戦いに至るまで、多くの変革期が訪れました。今回「すや」の歴史を調べてみてわかったことは、「すや」一族はこれらの変革期の多くに関わりを持ちながら、その時代時代に命をつなぎながら生きてきたということです。そしてこれほど日本の変革に多く関わった一族は他に類を見ないと思えることです。

残念ながら、学校で学んだ歴史は断片的で、次の時代にどうつながってゆくのか見えなかったように思えます。それは登場人物がどのように生活していたのかという記述が少なく、生活感のない語りものだったからなのです。

生活つまり生きるために何かを変えていく、あるいは生活が変わらないように抵抗していくということがあって、その中で変革に遭遇し、どのように対応して生きたのか、その結果が歴史だと私は思います。すなわち歴史とは、人々の営みの連鎖の上に成り立っているのだとつくづく感じた次第です。

明治維新の立役者は誰かと問えば、坂本龍馬や西郷隆盛などいろんな人物が候補に挙がりますが、私は、薩長同盟締結や廃藩置県を行い、明治十年の天皇行幸まで立ち会った木戸孝允が、重要な立役者であったと考えます。坂本龍馬のように暗殺されれば、意図することが実現できないのです。もし禁門の変後の逃亡に際し、偶発的であれ酢屋が木戸孝允を助けていなかったら、明治維新は実現していなかったかもしれません。そういう意味で、酢屋のような明治の変革に遭遇し不運にも悲劇にあった人たちも、維新に関わった人達だと私は思っています。

日本の歴史を見ると、その変革に人々は命を懸けて多くの争いを繰り返していました。平和な時代などあったのでしょうか。いや平穏な生活を願い戦ってきたのかもしれません。現在私を含め太平洋戦争以降に生まれた世代は命を懸けた戦いなど知らないわけです。この先、平和を願いながらも、何が起こるかはわからない時代ですので、歴史を知り、歴史は繰り返すことと肝に銘じ、決して平和ボケにならない気構えを持つよう子供たちにも伝えていきたいと思います。

話は変わりますが、誰でもご先祖様がいて、木の股から生まれた人間は誰一人いないわけです。しかし最近、核家族化が進み、親子や兄弟そして親戚筋の縁も薄まり、自分一人で生まれたという思い違いも起こってきているように思います。名前、出身地、お寺、家紋、過去帳など、いろいろな手段で調べることから始めればいいと思います。つながっていることを知ることは本当に有意義だと思います。是非自分のルーツ調べをやってみることをお勧めします。

私も初めは自分のルーツを調べる為に名前の由来を探すことから始めました。偶然に近い形で、「すや」の名前のルーツは南河内の地名である加田主岐や一須賀に由来することがわかりました。注意しなければいけないのは、もともと日本語は表音文字で漢字はあとから当て字のように付いてきたわけで、「すや」の表記に時代とともにいろいろな字が使われたことです。途中で字数が替わったり、漢字を簡単に略すことがあるので、読み方を基本に調べることが大切だと思います。「すや」を表す漢字も、須屋・隅屋・角屋・酢屋・朱屋等いろいろと使われています。つまり私が調べた「すや」のルーツは単に酢屋・酢谷姓だけでなく、全国のいろいろな漢字を使った多くの「すや」「すたに」姓の方に関係しているかもしれません。このように、違う漢字も頭に入れてルーツを探すことも、きっかけになるかもしれません。

今回、時間はかかりましたが、多くの「すや」に関する出来事を調べることができました。これは我が家に届けられた小さな錫の杯のおかげだと思っています。小さな錫の杯には「次はここに行ってこれを調べよ」という先人のパワーが宿っていたように感じています。

薬種商酢屋が大坂道修町の問屋行司であることを道修町文書で知り、ついでに隣町である平野町を調べようと中之島図書館で平野町文書を見た際、その中に酢屋清兵衛の子の名前が藤七であることを偶然発見できたり、藤井寺の古墳を調べようと応神天皇陵を訪ねた際、ある神社でこの地域には畠山氏に関わった隅屋の末裔が存在していることも発見しました。京都三条の酢屋を訪ねた際は、山科が出身地と聞きその時は気にも留めなかったのですが、ある時畠山氏と山科本願寺の接点を発見し、納得したのです。このように錫の杯のおかげで、時代が不思議なくらいつながっていきました。

今回出版についてお世話頂いた花伝社とのつながりも、「すや」に関わる問い合せがきっかけから始まったものです。大田南畝の「壬戌紀行《じんじゅつきこう》」には「中津川の駅の中を　たてにさかひて小流あり　駅舎のさまにぎはゝし　右の方の人家に　金龍山あんもち松屋といへるあり　左に菊屋といへる家ありて楊弓などみゆ　二八うんどん蕎麦といへるもあり　瀬戸物の陶器多し　小流をわたる橋あり　石多し右に扇屋といふありて人参康済湯といふ薬あり左に本家岡崎つも　といへる招牌を出せり　十八屋といへる家三戸ばかり見へたり」とあり、岩波書店の新日本古典文学大系にある「壬戌紀行」の解説や中山道分間延絵図の解説には、十八屋のひとつが「すや」であったと書かれているので気になっていました。ある日、明治維新の題名が気になり、たまたま読んだ大島栄子氏著『商人たちの明治維新』が、この十八屋のことが書かれている本でした。この本の出版社が花伝社だったので、早速、問い合わせをさせていただいたのが始まりです。そして問い合わせの内容を説明しているうちに、私の書いた資料に興味を持って頂き、感想やら編集についてのアドバイスを頂けたので、出版をお願いすることになったのです。縁があったというか、これも錫の杯のおかげと思っています。本書を出版するにあたり、よく私の考えを理解して頂き、適確に助言を頂き、編集を進めてくださった花伝社の編集者である佐藤恭介氏に感謝申し上げます。

なお本書をまとめるため、多くの史料の提供、読解に協力頂いた堺市立中央図書館、大阪歴史博物館、大阪市中央図書館、金沢市玉川図書館他多くの学芸員の皆様に感謝申し上げます。また出版に関し、自らの経験をもとに多くのアドバイスを頂いた友人の勝本俊朗氏にもお礼申し上げます。そして、錫の杯の由来調査を通じ、研究のきっかけを作って頂いた堺市湊駅前にある一心堂書店の郷土史研究家・鎌苅一身氏には、感謝申し上げるとともにますます堺の郷土史の発信にご尽力賜りたいと存じます。

最後に、歴史の中にはまだまだ多くの埋もれた真実が人知れず隠れていると思います。酢屋に関わる幕末の謎もまだ解決したわけでなく、私が調べたことを知っていただくことで、新しい史実が発見され、次の一ページが始まるかもしれないと考えています。

筆者

酢屋一族に関わる日本史年表

時代区分	西暦	年号	主な出来事	「すや」一族に関わる出来事
古代	５７年		倭奴国王が後漢光武帝の楽浪郡に朝貢。金印授受。	
	１０７年		倭国王帥升等が朝貢（後漢六代目の安帝朝の頃）。	
	二世紀後半	恒霊の間	倭国内で大乱が起きる。	
	２３９年頃		女王卑弥呼の邪馬台王権誕生。古墳時代始まる。	
	四世紀中頃		仲哀天皇の後継者争いが起きる（忍熊王の戦い）。	
	３５０年頃		神宮皇后と武内宿禰によって河内王権の誕生。	孝元天皇後裔の蘇我氏が河内石川に入植する。
	３９２年	応神三年	百済辰斯王は倭天皇に対して無礼があり、阿花王擁立。	石川宿禰他武内宿禰後継氏族を百済派遣する。
	五世紀後半		河内磯長郷に河内王家の墓陵が出来る。	
	５３１年		欽明天皇即位。	河内石川の蘇我稲目、大臣になり大和進出。
飛鳥時代	５７２年		敏達天皇即位。蘇我稲目が亡くなり馬子が大臣になる。	
	５８５年		敏達天皇が崩御し、用明天皇が即位。	敏達天皇の母である石姫が磯長郷に祀られる。
	５８７年	用明二年	大臣馬子と物部守屋が争い、物部氏滅ぶ（丁未の乱）。	
	５９２年		蘇我馬子が東漢直駒に命じ、崇峻天皇を暗殺させる。	
	５９３年		推古天皇即位。摂政の聖徳太子が四天王寺を作る。	
	６２６年		蘇我馬子が亡くなり、蝦夷が大臣になる。	
	６２９年		推古天皇が崩御し、舒明天皇が誕生。	
	６４５年	大化元年	大化改新により蘇我蝦夷と入鹿親子の蘇我本宗家滅亡。	倉山田氏等河内には武内宿禰後継氏族は存続。
	６４９年	大化五年	倉山田石川麻呂が異母弟蘇我日向の密告により滅びる。	
	７１０年	和銅三年	元明天皇、平城京遷都。	

奈良時代	736年	天平八年	敏達天皇の後裔葛城王が橘宿禰姓を賜る。	
	743年	天平十五年	墾田永年私財の法制定（荘園開発の始まり）。	
	756年		聖武天皇没、道祖王を皇太子とする。	蘇我氏と共に入植した山代氏、忌寸の姓を賜る。
	757年		橘奈良麻呂のクーデター失敗。	
	762年		天皇の漢風諡号を淡海三船らが撰進。	石川宿禰命十世孫石川年足朝臣亡くなる。
平安時代	815年	弘仁六年	嵯峨天皇の命により編纂された新撰姓氏録が完成。	新撰姓氏録の皇別氏族として蘇何氏が掲載。
	844年	承和十一年	畿内の班田使を任命する。	蘇我氏族の龍泉寺宗岡氏国衙の横領を訴える。
	1057年	天喜五年	陸奥守源頼義を鎮守府将軍に兼任させる（前九年の役）。	宗岡氏開発荘園に対し国衙の横暴に訴え続く
	1158年	保元三年	後白河天皇の院政始まる。免祖免役荘園できる。	須屋氏開発荘園を八条院に寄進（一志賀庄）。
鎌倉時代	1185年	文治元年	平家滅亡。	
	1192年	建久三年	鎌倉幕府誕生。源頼朝、征夷大将軍になる。	
	1219年	建保七年	河内源氏の流れを汲む鎌倉将軍家三代で途絶える。	
	1221年	承久三年	承久の乱が起きる。敗れた後鳥羽上皇を隠岐に配流。	北条氏西国進出。
	1274年	文永十一年	蒙古襲来・文永の役。	承久の乱後、金剛橘氏と河内須屋氏が関係を結ぶ。
	1281年	弘安四年	蒙古襲来・弘安の役。	
	1297年	永仁五年	永仁の徳政令（御家人救済策）を出す。	
	1324年	正中元年	日野資朝、日野俊基らのクーデター発覚（正中の変）。	
	1331年	元弘元年	後醍醐天皇、笠置山での挙兵（元弘の変）。	楠木正成笠置山で後醍醐天皇と面会。
	1332年	元弘二年	護良親王、吉野で挙兵。楠木正成千早城により応ず。	楠木正成赤坂城奪回。
	1333年	元弘三年	元弘の乱が起き、鎌倉幕府滅亡。	南河内楠木軍団ゲリラ戦法で幕府軍に勝利。
	1334年	建武元年	後醍醐天皇の建武の新政始まる。	楠木正成摂津・河内・和泉の守護となる。
	1336年	延元元年	足利尊氏兵庫合戦で楠木正成を破る。北朝の誕生。	楠木正成自害。
	1348年	正平三年	四条畷の戦いで南朝楠木正行自決。	楠木正儀河内国司となる。

西暦	和暦	日本の出来事	酢屋一族の出来事
南北朝時代			
1352年	正平七年	後村上天皇、京へ還幸。	北朝皇族三上皇を弘川城に幽閉。
1358年	正平十三年	足利尊氏死去。	楠木正儀、河内城整備。
1360年	正平十五年	細川氏清と赤松範実の北朝軍の河内攻め。	弘川城主の隅屋余市正高も討死。
1369年	正平二四年	楠木正儀、北朝に下る。	
1378年	永和四年	足利義満、正儀の河内国守護職を罷免。	
1379年	永和五年	楠木正儀に代わって、畠山義深が河内国守護になる。	南朝楠木党の和田・須屋・甲斐庄が降参。
1392年	明徳三年	南朝側の和議により足利義満、南北朝統一。	
室町時代			
1398年	応永五年	畠山基国、管領に就任。	
1399年	応永六年	応永の乱が起きる。畠山満家、堺にて大内義弘を討つ。	
1402年	応永九年	義満、九州の倭寇禁圧を島津伊久に命ず。	管領基国、隅屋藤九郎正道召出す。
1406年	応永十三年	明船が兵庫に着岸。義満これを見る。畠山基国没す。	隅屋藤九郎正道の子正夏、基国の寵愛を受ける。
1410年	応永十七年	畠山満家、管領に就任。	
1437年	永享九年	管領畠山持国の実子、義就（義夏）誕生。	隅屋藤九郎家は義就の乳母家になる。
1441年	嘉吉元年	六代将軍足利義教を赤松教康が暗殺（嘉吉の変）。	
1448年	文安五年	持国家督を持冨から義夏に変更。	
1460年	長禄四年	畠山持国没。足利義政が畠山家督を政長に交替。	義就河内下向（須屋と甲斐庄の楠党が後陣）。
1460年	寛正元年	畠山家督争いの大和龍田神南山の合戦が起きる。	
1461年	寛正二年	畠山義就、獄山に籠城し、弘川合戦となる。	弘川合戦にて須屋孫次郎、討死。
1462年	寛正三年	畠山政長、義就の金胎寺城を攻略。	隅屋藤九郎（正信）を義就鷹にて取り返す。
1467年	応仁元年	畠山家督争い（上御霊社の戦い）から応仁の乱に発展。	上御霊社にて隅屋次郎の子野伏矢に倒れる。
1475年	文明七年	蓮如、越前吉崎を退去し、河内国出口への旅に出る。	蓮如・興正寺蓮教の河内布教。
1476年	文明八年	堺から遣明船が出発。	堺の堅木屋道場（堺御坊）造られる。

戦国時代

１４７７年	文明九年	義就河内へ下向し、大内氏も撤収により応仁の乱終結。	義就堺を制し代官を置く。酢屋も堺に進出。
１４８０年	文明十二年	山科本願寺御影堂建立。	畠山総州家、山科本願寺造営に関与。
１４８２年	文明十四年	細川政元と義就が和睦し河内摂津を交換(文明の一統)。	堺北荘の甲斐庄代官辞任。
１４９３年	明応二年	将軍義材廃立事件によって畠山政長自害(明応の政変)。	
１４９６年	明応五年	石山本願寺の造営始まる。	
１５０４年	永正元年	細川政元、北陸門徒を使い河内大和制圧（河内錯乱）。	高屋城陥落し、畠山義英、尚順敗走。
１５０７年	永正四年	細川政元が暗殺される。	
１５０８年	永正五年	永正の錯乱が起き、細川高国が実権を握る。	
１５２７年	大永七年	細川晴元と三好氏が高国を追いやり室町幕府崩壊する。	
１５３１年	享禄四年	三好元長、足利義維を擁して堺公方を立てる。	畠山義堯、天王寺の合戦で高国を破る。
１５３２年	享禄五年	細川晴元、本願寺一揆を使い、三好・畠山を破る。	畠山義堯と三好元長が自刃（天文の錯乱）。
１５３２年	天文元年	天文法華一揆が起き、山科本願寺が焼き討ちされる。	
１５３６年	天文五年	本願寺第十世証如上人天文日記始まる。	堺の朱屋が加賀の献金を石山本願寺に届ける。
１５３８年	天文七年	この頃より、日本銀の輸出始まる。	小西党の斡旋により堺御坊が再建される。
１５３９年	天文八年	大内義隆、尼子氏の石見大森銀山を攻略。	堺の朱屋が加賀の献金を石山に再び届ける。
１５４９年	天文十八年	江口の戦いにて細川晴元を追放し、三好政権が誕生。	
１５６８年	永禄十一年	信長は義昭の三好氏追討要請を応諾し、信長上洛する。	信長、堺に矢銭二万貫を要求。
１５７０年	元亀元年	信長と石山本願寺の十年戦争始まる。	
１５７４年	天正二年	越前一向一揆や伊勢長島の一向一揆が発生。	信長、高屋城を攻撃（高屋城の戦い）。
１５７５年	天正三年	信長・家康、長篠の戦いにて武田勝頼を破る。	
１５８０年	天正八年	顕如、石山本願寺を明け渡す。その後炎上する。	
１５８２年	天正十年	信長、甲斐進攻し、甲斐武田氏滅ぶ。	
１５８２年	天正十年	本能寺の変が起きる。	家康、堺より岡崎へ逃避行。

安桃山時代			
1583年	天正十一年	秀吉、柴田勝家を賤ヶ岳の戦いにて破る。	
1591年	天正十九年	秀吉により、本願寺の寺基を京都七条堀川に移す。	七条堀川に西酢屋町名が残る。
1598年	慶長三年	豊臣秀吉亡くなる。	
1600年	慶長五年	関ヶ原の戦いにて石田三成ら西軍大敗する。	
江戸時代			
1601年	慶長六年	徳川家康、政略結婚を決める（珠姫を前田家に嫁入り）。	酢屋権七の采配により珠姫の花嫁行列を進行。
1603年	慶長八年	江戸に幕府が開かれる。	堺の薬種商参画し、江戸本町に進出する。
1604年	慶長九年	糸割符制度始まる。	堺の商人が中心。酢屋も糸割符商人になる。
1615年	元和元年	大野道賢堺を焼討ち。大坂夏の陣で大坂城炎上。	元和の町割りを行い、堺の町を再建する。
1685年	貞享二年	糸割符仕法が復活。	
1689年	元禄二年	堺元禄大絵図が完成。	酢屋治兵衛他堺の惣年寄が絵図を承認。
1704年	宝永元年	堺の北に大和川の付替えが行われる。	
1715年	正徳五年	江戸本町に二十四軒の薬種商仲間が出来る。	小西や酢屋等、堺出自の薬種商が中心となる。
1751年	宝暦元年		堺酢屋他万問屋株所持者四軒が米問屋となる。
1782年	天明二年	天明の大飢饉が起きる。	
1784年	天明四年	幕府、米の買占めと売惜しみ、徒党と打ちこわしを禁ず。	酢屋治左衛門大坂道修町の唐薬年行司に就く。
1787年	天明七年	各地で打ちこわしが発生。堺では起きず。	酢屋利兵衛が米の安売りを実施する。
1797年	寛政九年	幕府、これ以前の金銀訴訟につき相対済し令を出す。	酢屋利兵衛が富山藩への融資に加わる。
1808年	文化五年	指定薬種問屋以外の薬種直荷引受禁止（江戸本町等）。	酢屋利兵衛と淡路屋太郎兵衛が富山藩訴える。
1810年	文化七年	伊能忠敬九州第一次測量開始する。	大分府内にて堀川町酢屋平右衛門立会。
1816年	文化十三年		大坂売薬番付にて人参三臓圓が東大関となる。
1823年	文政六年		堺紀州藩屋敷酢屋利兵衛他五名仕入方に指名。
1824年	文政七年	水戸藩イギリス捕鯨船員捕捉。	江戸買物独案内が作られ江戸本町酢屋が掲載。
1825年	文政八年	異国船打ち払い令を出す。	

江戸時代

1837年	天保八年	大塩平八郎の乱が起きる。	
1846年	弘化三年	英、仏船琉球に来航、幕府外国船入港阻止を命ず。	新板大江戸持〇長者鑑に酢屋平兵衛が掲載。
1851年	嘉永四年	十組問屋など株仲間の再興を許可。	泉州堺の酢屋の北前船深浦円覚寺に髷額奉納。
1853年	嘉永六年	ペリー黒船が浦賀に来航する。	
1854年	嘉永七年	日米和親条約を締結し、鎖国政策が崩壊する。	堺で非常之節具足拝借並帯刀願が出される
1856年	安政三年	吉田松陰に松下村塾の再興を許す。	越中締綿廻船中が住吉灯篭を奉納。
1858年	安政五年	日米修好通商条約の締結。安政の大獄が起きる。	
1860年	万延元年	桜田門外の変が起こる。	
1863年	文久三年	八・一八の政変が起こる。	文久泉州堺絵図が完成する。
1864年	元治元年	池田屋事件・禁門の変が起こる。	禁門の変後、桂小五郎は京都を出て潜伏する。
1864年	元治元年	第一次長州征伐。	堺の薬種商他船商人達が謎の死を遂げる。
1865年	慶応元年	桂小五郎下関に戻る。	
1866年	慶応二年	薩長同盟成る。	
1866年	慶応二年	第二次長州征伐。	
1867年	慶応三年	坂本龍馬、船中八策に基づき大政奉還を進言。	薩長同盟締結後坂本龍馬、三条酢屋に移る。

明治

1867年	慶応三年	大政奉還、王政復古の大号令を出す。	
1868年	慶応四年	鳥羽伏見の戦いが起きる。	
1868年	慶応四年	江戸城無血開城される。	
1868年	明治元年	明治に改元され、江戸城を皇居とする。	
1871年	明治四年	廃藩置県を実施。堺県が出来る。	堺材木町の酢屋が堺県警察署仮庁舎になる。
1877年	明治十年	明治天皇の大和行幸を実施。	堺にて木戸孝允より錫の杯を受取る。

参考文献（書名あいうえお順）

『悪党』小泉宜右、吉川弘文館（２０１４年）
『石山本願寺日記　上・下巻』北西弘・薗田香融、清文堂（１９８４年）
『和泉陶邑窯の歴史研究』中村浩、芙蓉書房（２００１年）
『一向一揆と石山合戦』神田千里、吉川弘文館（２００７年）
『糸割符制度から見た堺商人の一考察』中村佳子、奈良大学（２００８年）
『石見銀山街道：鞆ヶ浦道・温泉津沖泊道調査報告書』島根県教育委員会（２００４年）
『乳母の力・歴史を支えた女たち』田端泰子、吉川弘文館（２００５年）
『海の総合商社北前船』加藤貞仁、無明舎出版（２００３年）
『江戸幕府旗本人名事典　第一・四巻』小川恭一、原書房（１９８９年）
『ＮＨＫ歴史への招待〈第十巻〉決戦関ケ原／三〇〇キロの逃避行』和久峻三、ＮＨＫ出版（１９８８年）
『応仁・文明の乱』石田春男、吉川弘文館（２００８年）
『王陵の谷・磯長谷古墳群　太子町の古墳群』太子町教育委員会（１９８４年）
『大坂と堺』三浦周行・朝尾直弘、岩波書店（１９８４年）
『大坂の歴史六十号　和薬改会所――幕府の薬種政策と薬種商の対応』野高宏之、大阪市史料調査会（２００２年）
『おまつと利家――加賀百万石を創った人びと』前田利祐・松尾美恵子他、集英社（２００１年）
『街道の日本史33　大坂――摂津・河内・和泉』今井修平・村田路人、吉川弘文館（２００６年）
『加賀繁盛記――史料で読む藩主たちの攻防』山本博文、ＮＨＫ出版（２００１年）
『加賀百万国物語』酒井美意子、角川書店（２００１年）
『葛城と古代国家』門脇禎二、講談社（２０００年）
『金澤墓誌　和田文次郎』加越能史談会（１９１６年）
『伽耶国と倭地』尹錫暁・兼川晋 訳、新泉社（１９９３年）

『伽耶は日本のルーツ』澤田洋太郎、新泉社（１９９４年）
『伽耶を知れば日本の古代史がわかる』高濬煥、池田菊敏訳、双葉社（１９９５年）
『河内の古道と古墳を学ぶ人のために』泉森皎、世界思想社（２００６年）
『河内木綿・歴史と資料』八尾市文化財調査研究会（２００７年）
『河内木綿史』武部善人、吉川弘文館（１９８１年）
『河内木綿と大和川』山口之夫、清文堂（２００７年）
『河内木綿史の研究』武部善人、吉川弘文館（１９８５年）
『帰化人・古代国家の成立をめぐって』上田正昭、中央公論社（１９６５年）
『北前船 寄港地と交易の物語』加藤貞仁、無明舎出版（２００２年）
『騎馬民族国家日本古代史へのアプローチ』江上波夫、中央公論社（１９６７年）
『京都 高瀬川――角倉了以・素庵の遺産』石田孝喜、思文閣出版（２００５年）
『近世大坂薬種の取引構造と社会集団』渡辺祥子、清文堂（２００６年）
『近世の唐薬種流通・道修町の役割』渡辺祥子、道修町文書保存会（２００５年）
『近世幕府農政史の研究』本城正徳、大阪大学出版会（１９９４年）
『百済武寧王の世界――海洋大国・大百済』蘇鎮轍、彩流社（２００７年）
『国造の研究』河野泰彦、近代文芸社（１９９７年）
『研究入門　日本の荘園』阿部猛、東京堂出版（２０１１年）
『建武中興・後醍醐天皇の理想と忠臣たちの活躍』久保田収、明成社（２００４年）
『広開土王陵碑の研究』李進熙、吉川弘文館（１９７２年）
『広開土王碑』朴時亨・全浩天訳、そしえて（１９８５年）
『講座日本荘園史　六、七、八　近畿地方の荘園・河内国』網野善彦・丹生谷哲一他、吉川弘文館（１９９５年）
『古事記　上中下巻　全訳注』次田真幸、講談社（１９７７年）
『古代出雲』門脇禎二、講談社（２００３年）
『古代出雲と大和朝廷の謎』倉橋日出夫、学習研究社（２００５年）

『古代伽耶と倭の交流を解明する・巨大古墳と伽耶文化』西嶋定生他、角川書店（1992年）
『古代河内政権の研究』直木孝次郎、塙書房（2005年）
『古代史の復元シリーズ二　伊都国と渡来邪馬壹国』佃収、星雲社（1998年）
『古代史を解く九つの謎』黒岩重吾、PHP研究所（2003年）
『古代の鉄生産と渡来人』花田勝弘、雄山閣（2002年）
『古代の鉄と神々』真弓常忠、学生社（1985年）
『古代文化の探究』上田正昭、講談社（1977年）
『古代北東アジアの中の日本』西谷正、梓書院（2010年）
『古代を考える　河内飛鳥』門脇禎二・水野正好（編）、吉川弘文館（1989年）
『堺大絵図に関する地誌的考察』山澄元、前田書房（1977年）
『さかい夜ばなし歴史・民俗・人物　大野翠峰遺稿集』大野翠峰・北村文庫会編、廣文堂（1976年）
『三角縁神獣鏡の研究』福永伸哉、大阪大学出版会（2005年）
『史実考証　木戸松菊公逸事』妻木忠太、村田書店（1984年）
『寺内町の研究一巻　一向一揆　寺内町』峰岸純夫・鍛代敏男、法蔵館（1998年）
『寺内町の研究二巻・寺内町の譜系』峰岸純夫・脇田修、法蔵館（1998年）
『寺内町の研究三巻　歴史地理学からみた寺内町の性格』金井年、法蔵館（1998年）
『私本太平記』吉川英治、講談社（1990年）
『守護領国支配機構の研究』今谷明、法政大学出版局（1986年）
『荘園分布図　上巻・下巻』竹内理三、吉川弘文館（1975年）
『知るほど楽しい鎌倉時代』多賀譲二、理工図書（2011年）
『新・中世王権論――武門の覇者の系譜』本郷和人、新人物往来社（2004年）
『戦国期の権力と文書』矢田俊文、高志書院（2004年）
『戦争の日本史8　南北朝の動乱』森茂暁、吉川弘文館（2007年）
『戦争の日本史11　畿内・近国の戦国合戦』福島克彦、吉川弘文館（2009年）

『先代旧事本紀の研究』鎌田純一、吉川弘文館（1960年）
『全現代語訳日本書記　上下』宇治谷孟、講談社（1988年）
『蘇我三代と二つの飛鳥／近つ飛鳥と遠つ飛鳥』西川寿勝・相原嘉之・西光慎治、新泉社（2009年）
『蘇我氏の古代史・謎の一族はなぜ滅びたのか』武光誠、平凡社（2008年）
『大化の改新』北山茂夫、岩波書店（1961年）
『大日本読史地図』吉田東伍、富山房（1935年）
『地名・苗字の起源99の謎』鈴木武樹、PHP研究所（1992年）
『中国正史日本伝1　新訂魏志倭人伝――後漢書倭伝・宋書倭国伝・隋書倭国伝』石原道博 訳　岩波書店（1951年）
『中世後期畿内近国守護の研究・畠山氏と河内国人』弓倉弘年、清文堂（2006年）
『中世後期の寺社と経済』鍛代敏雄、思文閣出版（1999年）
『中世史研究選書　一向一揆と真宗信仰』神田千里、吉川弘文館（1991年）
『朝鮮三国志 高句麗・百済・新羅の300年戦争』小和田泰雄、新紀元社（2012年）
『鉄の古代史』奥野正男、白水社（2000年）
『鉄の古代史1　弥生時代』奥野正男、白水社（1991年）
『天徳夫人小伝』近藤磐雄、高木亥三郎（1922年）
『天皇の系譜と神話　1、2、3』吉井巌、塙書房（1976年）
『日本国誌資料叢書　第七巻　河内』太田亮、臨川書店（1992年）
『日本古代史正解』大平裕、講談社（2009年）
『日本古代の国家形成』水野祐、講談社（1967年）
『日本国家の成立・古代史上の天皇』水野祐、講談社（1968年）
『日本語とタミル語』大野晋、新潮社（1981年）
『日本語の起源』大野晋、岩波書店（1987年）
『日本語の正体・倭の大王は百済語で話す』金容雲、三五館（2009年）
『日本語はどこからきたのか』大野晋、中央公論新社（1999年）

『日本史研究一八六号　伯太藩在払とその市場的条件』本城正徳、日本史研究（1978年）
『日本史料選書　糸乱記』中田易直　近藤出版社（1979年）
『日本荘園制史論　第二巻・比較土地制度史の研究日本の部』小野武夫、有斐閣（1943年）
『日本神話』上田正昭、岩波書店（1970年）
『日本神話と古代国家』直木孝次郎、講談社（1990年）
『日本神話の考古学』森浩一、朝日新聞社（1999年）
『日本中世土地制度史の研究』網野善彦、塙書房（1991年）
『日本・中国・朝鮮東アジア三国史』田中俊明 監修、日本実業出版社（2010年）
『日本の古社・住吉大社』三好和義・岡野弘彦他、淡交社（2004年）
『日本の歴史1　神話から歴史へ』井上光貞、中央公論社（1973年）
『日本の歴史2　古代国家の成立』直木孝次郎、中央公論社（1973年）
『日本の歴史4　平安京』北山茂夫、中央公論社（1973年）
『日本の歴史6　武士の登場』武内理三、中央公論社（1973年）
『日本の歴史9　南北朝の動乱』佐藤進一、中央公論社（1973年）
『日本歴史・河内高屋城の近況と保存問題』今谷明、日本歴史学会（1981年）
『日本歴史新書　堺――商人の進出と都市の自由』豊田武、至文堂（1957年）
『日本歴史 私の最新講義　古墳からみた倭国の形成と展開』白石太一郎、敬文社（2013年）
『白村江・古代東アジア大戦の謎』東山美都男、講談社（1997年）
『羽曳野資料叢書一　畠山記集成』黒田俊雄、羽曳野市（1988年）
『東アジアに開かれた古代王宮』積山洋、新泉社（2014年）
『東アジアの動乱と倭国』森公章、吉川弘文館（2006年）
『東アジア文化圏の形成　世界史リブレット』李成市、山川出版社（2000年）
『卑弥呼の謎』安本美典、講談社（1972年）
『福井県文書館研究紀要　第四号・木谷藤右衛門家と福井藩関係文書』長山直治、福井県文書館（2007年）

『風土記』吉野裕訳、平凡社（２０００年）
『幻の伽耶と古代日本・ここまでわかった日韓古代史』大塚初重他、文藝春秋（１９９４年）
『馬見古墳群と葛城氏の検討』白石太一郎・藤田和尊・塚口義信、古代を考える会（１９７５年）
『万葉秀歌　上下巻』斉藤茂吉、岩波書店（１９３８年）
『万葉の時代』北山茂夫、岩波書店（１９５４年）
『三輪山の神々』上田正昭・門脇禎二・桜井治男・塚口義信・和田萃、学生社（２００３年）
『むかしの小松　第一巻』小野寺松雪堂、むかしの小松刊行頒布会（１９４９年）
『むかしの小松　第二巻』小野寺松雪堂、むかしの小松刊行頒布会（１９５０年）
『木簡が語る日本の古代』東野治之、岩波書店（１９８３年）
『邪馬台国から日本国誕生の道程・東アジア世界の中で』寺山宏、吉備人出版（２０１４年）
『邪馬台国がみえてきた』武光誠、筑摩書房（２０００年）
『邪馬台国と狗奴国と鉄』菊池秀夫、彩流社（２０１０年）
『邪馬台国と大和朝廷』武光誠、平凡社（２００４年）
『邪馬台国論争』佐伯有清、岩波書店（２００６年）
『ヤマト王権と加羅諸国・日本古代国家形成史の再検討・伽耶はなぜ滅んだか』鬼頭清明他、大和書房（１９９８年）
『ヤマト王権の誕生・王都・纒向遺跡とその古墳：橿原考古学研究所論集　第六巻』寺沢薫、吉川弘文館（１９８４年）
『邪馬台《ヤマト》国・唐古・鍵遺跡から箸墓古墳へ』水野正好・白石太一郎・西川寿勝、雄山閣（２０１１年）
『ヤマト古代祭祀の謎』小川光三、学生社（２００８年）
『ヤマトタケル』吉井巖、学生社（１９７７年）
『大和朝廷・古代王権の成立』上田正昭、講談社（１９９５年）
『弥生時代の集落　大阪府立弥生文化博物館編』学生社（２００１年）
『夕陽丘の寺院と寺町・調査報告書』大阪市教育委員会事務局生涯学習部文化財保護課（２００６年）
『吉野ケ里遺跡と邪馬台国の知られざる謎』武光誠、大陸書房（１９９２年）
『倭国の世界』上田正昭、講談社（１９７６年）

『倭国・東アジアの中で』岡田秀弘、中央公論社（1977年）
『倭人伝を読む』森浩一、中央公論社（1982年）
『倭人のルーツと渤海沿岸』佃収、星雲社（1997年）
『倭の五王』藤間生大、岩波書店（1968年）
『倭の正体・見える謎と見えない事実』姜吉云、三五館（2010年）

（以下都道府県市史資料）
『石川県史』
『石川県能美郡誌』
『大分市史』
『大阪市史史料編・幕末期の大坂』
『大阪府全志・第三篇国郡市町村志第2章河内国第一節南河内郡河内村』井上正雄
『河内長野市史　第一巻（上・下）本文編　考古・古代・中世』
『杵築市誌本編　杵築市誌編集委員会 編』
『堺市史　第六巻』
『堺市史・続編付図　堺市役所』
『新修大阪市史　第四巻』
『富山県の歴史』
『富田林市史　第二巻　富田林市史編集委員会』
『富山市史』
『福井県史』
『八尾市史』

酢谷能政（すたに・よしまさ）
1949年、大阪府堺市生まれ。大阪府立大学工学部卒（船舶工学専攻）。
船舶エンジニアとして、民間企業でモーターボートや小型漁船の設計、商品企画開発等を行う。会社役員を経て、現在は堺衆酢屋の調査、研究に取り組む。

酢屋一族の日本史――加田主岐の系譜／時代の転換を支えた堺衆

2018年1月20日　初版第1刷発行

著者――――酢谷能政
発行者―――平田　勝
発行――――花伝社
発売――――共栄書房
〒101-0065　東京都千代田区西神田2-5-11 出版輸送ビル2F
電話　03-3263-3813
FAX　03-3239-8272
E-mail　info@kadensha.net
URL　http://www.kadensha.net
振替　00140-6-59661
装幀――――三田村邦亮
印刷・製本――中央精版印刷株式会社

ISBN978-4-7634-0840-2 C0021